本书的出版得到国家社会科学基金西部项目（编号：23XJY010）和四川省社会科学院院级项目（编号：23RCYJ07）的资助

柑橘合作社交易契约
对成员绿色生产行为的影响研究

章睿馨 ● 著

西南财经大学出版社

中国·成都

图书在版编目(CIP)数据

柑橘合作社交易契约对成员绿色生产行为的影响研究/
章睿馨著.--成都:西南财经大学出版社,2025.1.
ISBN 978-7-5504-6516-9

Ⅰ.F326.13
中国国家版本馆 CIP 数据核字第 2024W4U388 号

柑橘合作社交易契约对成员绿色生产行为的影响研究
GANJU HEZUOSHE JIAOYI QIYUE DUI CHENGYUAN LÜSE SHENGCHAN XINGWEI DE YINGXIANG YANJIU
章睿馨　著

责任编辑:石晓东
责任校对:张　博
封面设计:墨创文化
责任印制:朱曼丽

出版发行	西南财经大学出版社(四川省成都市光华村街 55 号)
网　　址	http://cbs.swufe.edu.cn
电子邮件	bookcj@swufe.edu.cn
邮政编码	610074
电　　话	028-87353785
照　　排	四川胜翔数码印务设计有限公司
印　　刷	成都市新都华兴印务有限公司
成品尺寸	170 mm×240 mm
印　　张	15.25
字　　数	304 千字
版　　次	2025 年 1 月第 1 版
印　　次	2025 年 1 月第 1 次印刷
书　　号	ISBN 978-7-5504-6516-9
定　　价	88.00 元

前　言

习近平总书记在党的二十大报告中提出："必须牢固树立和践行绿水青山就是金山银山的理念，站在人与自然和谐共生的高度谋划发展。"柑橘产业作为我国南方丘陵山区的农业支柱产业，在带动农民增收、脱贫致富和解决农村劳动力就业方面发挥了重要作用。然而，柑橘产业在持续快速发展的过程中仍面临着柑橘单位面积产量和优果率低、柑橘供给由短缺转为过剩、消费市场需求结构变化等严峻挑战。因此，柑橘产业亟须以绿色发展为导向，走出一条产出高效、产品安全、资源节约、环境友好的高质量发展道路。农民专业合作社（后文简称"合作社"）作为组织内部交易的典型代表，是引导广大小农户进行绿色生产的重要载体，农户通过合作社交易农产品能够降低交易费用，增强市场谈判能力，获得高标准农产品市场的准入资格，为其优化要素配置和进行绿色生产提供支持。但由于资源禀赋的约束以及对成本效率的衡量，农户与合作社在交易过程中面临着多种机会主义风险和协同合作风险，契约便成为合作社交易的重要治理机制。不同交易契约的背后，合作社在成员农业生产过程中提供的生产资料、信息、技术等服务，以及交易过程中形成的社会信任、互惠等关系都有较大不同，会对成员生产方式产生异质性作用，影响成员的绿色生产行为决策。因此，合作社交易契约在影响成员柑橘销售时，能否引导成员在生产过程中实施绿色生产行为，实现经济效益、社会效益和生态效益的统一？本书通过对这一关键问题进行研究，力求为合作社带动成员进行绿色生产的路径优化提出政策建议，从而推动柑橘产业绿色高质量发展。

首先，本书借鉴交易费用理论、不完全契约理论、农户行为理论和农业绿色发展理论等，搭建"合作社交易契约—治理功能—成员绿色生产行为—绩效评价"分析框架。其次，本书梳理了中国及四川柑橘产业的特征和发展规律，在微观调研数据的基础上全面考察成员交易契约选择的概况，深入分析成员在柑橘种植过程中绿色生产行为的现状。再次，本书应用二元 Logit 模型探讨成员交易契约选择决策的影响因素；运用内生转换模型（ESR）分析合作社交易契约对成员绿色生产行为的影响；采用逐步检验法剖析合作社交易契约治理功能影响成员绿色生产行为的作用机理；使用倾向得分匹配法（PSM）分析合作社交易契约对成员绿色生产行为绩效的影响。最后，本书提出，要注重合作社的培育与发展，促进柑橘产业交易环节向组织内部整合与发展；促进合作社高质量发展，带动成员与合作社缔结稳定交易契约；完善合作社内部治理结构，实现合作社与成员嵌入式协同绿色生产；营造良好的市场营销环境，完善政府激励与监管并重的政策体系，等等。

本书的出版得到国家社会科学基金西部项目（编号：23XJY010）和四川省社会科学院院级项目（编号：23RCYJ07）的资助。

章睿馨

2024 年 11 月

目　录

1 绪论

1.1 研究背景

推进农业绿色发展是农业发展观的一场深刻革命。近年来，全球范围内极端气候事件频繁发生且强度不断增加（高鸣和张哲晰，2022），农业作为稳定国民经济发展的"压舱石"，兼具"碳汇"和"碳源"的双重特征（吴贤荣 等，2014），在推进我国"碳达峰"与"碳中和"（以下简称"双碳"）工作中起到至关重要的作用（何可 等，2022）。农业绿色发展以尊重自然为前提，以资源节约型、环境友好型和生态保育型技术、装备为支撑，旨在通过生态环保的方式提供优质农产品和农业生态产品，与"双碳"目标具有高度一致性。但我国农业在绿色生产转型过程中也面临着传统农业生产要素依赖性高（龚继红 等，2019；胡浩 等，2015），农业资源利用效率低（郑旭媛 等，2022），农业绿色生产技术推广应用难（谭永风 等，2022；万凌霄和蔡海龙，2021；Scott et al.，2014），农民组织化、农业规模化程度低（赵昶 等，2021；张露和罗必良，2020）等严峻挑战。以化肥为例，2021 年，我国单位播种面积化肥施用量为 307.73 千克/平方千米①，而国际公认安全施肥上限为 225 千克/平方千米，故与发达国家相比仍有较大差距。

因此，为促进绿色发展，党和政府相继出台了一系列相关政策。2015年 10 月，党的十八届五中全会正式把"绿色发展理念"作为指导我国社

---

① 数据来源：国家统计局 https://data.stats.gov.cn/search.htm。2021 年，我国农作物播种面积 16 869.51 万公顷，化肥施用量 5191.26 万吨，单位播种面积化肥施用量=化肥施用量/农作物播种面积。

会经济发展和生态文明建设的五大理念之一。2017 年，中共中央办公厅、国务院办公厅印发《关于创新体制机制推进农业绿色发展的意见》，确定了"资源利用更加高效、产地环境更加清洁、生态系统更加稳定、绿色供给能力明显提升"的农业发展目标，开启了农业绿色转型升级的新征程。2019 年，农业农村部、国家发展改革委等七部门联合印发《国家质量兴农战略规划（2018—2022 年）》，强调质量兴农、绿色兴农、品牌强农。2021 年，农业农村部、国家发展改革委等六部门联合印发我国首部国家级农业绿色发展专项规划（《"十四五"全国农业绿色发展规划》），聚焦农业绿色发展，提升农业发展质量。由此可见，推行农业绿色生产，提高农业可持续发展水平已成为我国构建低碳运行体系的重要组成部分。

合作社是引导农户绿色生产的重要载体。我国小农户数量约为 2.03 亿户，占各类农业经营主体总数的 98.1%，经营耕地面积占总耕地面积的70%，是推进农业绿色发展的关键主体（张露 等，2022）。消费市场通过博弈规则对农户生产行为进行管理，具有滞后性和重复性的特点；政府对单个农户的监管需要付出高昂成本且具有间接性和不及时性（Xiong et al.，2011；Charalambous et al.，2015）；这意味着需要引入其他中介机制来推进小农户生产经营行为的转变（程杰贤 等，2018；梅星星，2017）。现有研究表明，合作社通过推行标准化生产（蔡荣，2011）、提供社会化服务（袁雪霈，2019）、获取产品质量认证（Barham et al.，2012）等手段使小农户获得大市场对高标准农产品要求的准入资格，有效地纠正了小农户和大市场间的信息不对称（徐旭初，2005；王丽佳和霍学喜，2013；Fischer et al.，2012），改善了农户的生产要素配置（Ma et al.，2017），被认为是引导农户进行绿色生产的重要载体之一（Deng et al.，2010；Garnevska et al.，2011）。中国政府也大力支持合作社发展。自《中华人民共和国农民专业合作社法》颁布以来，合作社数量如雨后春笋般地增长，截至 2021 年 11月底，全国依法登记的农民合作社达到 221.9 万家，其中县级及以上示范社达到 16.8 万家①。

交易契约是合作社协同成员生产行为的关键纽带。随着中国农产品交易市场制度的不断完善和深化（孙枭雄和仝志辉，2021），绿色、安全农产品的价格日益上涨（丁声俊，2020），农产品生产驱动力也逐渐由传统

---

① 数据来源：2022 年 1 月农业农村部管理干部学院和中国农村合作经济管理学会在京发布的《国家农民合作社示范社发展指数（2020）研究报告》。

的生产导向转变为市场导向（袁雪霈 等，2019）。与此同时，我国逐渐形成了多元化、多渠道、多层次的交易模式，丰富了小农户实现农产品市场化的途径（张益丰 等，2021），但也使小农户和大市场之间的矛盾日益突出。合作社代表小农户与产品收购方进行价格谈判，能够增强小农户的市场谈判能力，改变其销售只能随行就市的现状（苑鹏，2013），减少小农户与各类交易主体间的交易费用，被认为是解决农产品销售问题的重要组织之一（徐志刚 等，2017；程漱兰，2005；何慧丽，2007）。从交易费用经济学的视角来看，合作社是一种基于交易的制度安排，合作社治理实际上是对合作社与成员间不同类型交易的治理，契约构成了合作社交易的重要治理机制（崔宝玉，2017）。由此可见，交易契约影响着合作社与成员嵌入式协同中的生产行为，决定了成员参与农产品产业链的依赖性与持久性。

1.2　问题的提出

柑橘作为世界上最重要的经济作物之一，是高度市场化的"新农业"（黄宗智，2016）。在巩固拓展脱贫攻坚成果同乡村振兴有效衔接的历史背景下，柑橘产业已成为我国南方丘陵山区、库区和革命老区的农业支柱产业，在带动农民增收、脱贫致富和解决农村劳动力就业方面发挥了重要作用。近几十年来，我国柑橘产业规模持续快速扩大，栽培面积从1949年的32.7万公顷增长到2020年的269.7万公顷，增长了近7.25倍；我国柑橘产量从1949年的21万吨增长至2020年的5 121.87万吨，增长了近242.9倍，栽培面积与产量均居世界第一。然而，日益扩大的柑橘产业规模也带来了更为激烈的市场竞争，柑橘产业发展逐渐陷入困境。一是柑橘单位面积产量和优果率低。我国柑橘建园标准普遍较低，管理较为粗放，柑橘单位面积产量及优果率明显落后于一些国家。2020年，我国柑橘单位面积产量为18.99吨/公顷，与美国、巴西等国家相比仍有一定差距（沈兆敏，2020；奎国秀和祁春节，2021）。二是柑橘供给由短缺转为过剩。我国柑橘消费量逐年上升，鲜果人均消费水平已明显高于世界平均水平，存在着总量过剩、结构性过剩、季节性过剩、低品质类型过剩等问题（李向阳，2021；邓秀新，2018）。三是消费市场需求结构变化。随着中国居民收入水平的提升，消费者越来越重视农产品的质量安全，柑橘消费市场由价格导向逐渐转变为品质导向，传统的柑橘生产供给难以满足人们高品质的柑橘需求（祁春节 等，2021）。因此，我国柑橘产业生产方式亟待从"粗放型"转向"集约型"，必须要以绿色发展为导向，走出一条产出高效、产品安全、资源节约、环境友好的高质量发展道路。

在上述背景下，合作社作为重要的新型农业经营主体之一，是小农户对接大市场的有效途径（Chagwiza et al.，2016；Hellin et al.，2009），有利于推动农户绿色生产方式转型（Zhou et al.，2019）。一方面，农户通过合作社交易农产品能够获得高标准农产品要求的市场准入资格，增强市场谈判能力，降低交易费用，为农户引进绿色生产技术与优化要素配置提供支持；另一方面，合作社的规模化、标准化生产能够带动农户融入绿色产业链。但由于资源禀赋的约束和对成本效率的衡量，农户和合作社在交易过程中面临着多种机会主义风险以及协调合作难题，契约构成了合作社交易的重要治理机制（崔宝玉，2017）。不同交易契约背后，合作社在成员农业生产过程中提供的生产资料、信息、技术等服务（Li et al.，2019；Verhofstadt and Maertens，2014），以及交易过程中形成的社会信任、互惠等关系都有较大不同（蔡荣，2011；钟真和孔祥智，2012），对成员生产行为产生异质性影响。由此可见，交易契约影响着合作社与成员嵌入式协同中的绿色生产行为，决定了成员参与农业产业链的依赖性与持久性。这也给学术界带来了一个重要问题：柑橘合作社交易契约在影响成员柑橘销售时，能否引导成员在生产过程中实施绿色生产行为，实现经济效益、社会效益和生态效益的统一？具体来讲，这一问题分解后包括以下三个问题：一是柑橘合作社交易契约选择决策的内在逻辑及其影响因素是什么？二是柑橘合作社交易契约对成员绿色生产行为是否有影响？影响程度如何？作用机理是什么？三是柑橘合作社交易契约对成员绿色生产行为的经济绩效、社会绩效和生态绩效的影响如何？为了回答以上问题，本书首先从理论上厘清上述问题，从而确立理论分析框架；其次运用四川省柑橘大县的柑橘合作社成员调查数据，采用有效的计量经济学方法进行分析，为合作社带动成员绿色生产行为的路径优化提出建议，推动柑橘产业绿色高质量发展。

1.3 研究目的与研究意义

1.3.1 研究目的

本书以四川省柑橘合作社及其成员为研究对象，全面考察成员交易契约选择和绿色生产行为的现状，系统分析成员交易契约选择决策的影响因素，深入剖析合作社交易契约对成员绿色生产行为及绩效的影响，进而为成员交易契约选择提供行动指南，为合作社带动成员绿色生产行为的路径优化提出建议，为合作社规范化建设提供新的思路。

1.3.2 研究意义

1.3.2.1 理论意义

（1）从交易契约的视角拓展了农户行为理论。现有研究很少对农户加入合作社和农户与合作社交易进行区分，忽略了中国合作社成员突出的异质性。本书将合作社与成员之间的关系看成交易契约的联合，从交易契约的视角解释成员绿色生产行为，是对现有农业生产组织和农户生产行为研究的丰富，弥补了以往研究主要考察入社行为对成员绿色生产行为影响的不足。

（2）从契约治理的功能维度丰富了中国本土化合作社理论。本书将建筑项目工程、联盟战略等领域契约治理的思路应用到合作社契约治理实践中，基于契约治理的控制性功能和协调性功能剖析了合作社交易契约对成员绿色生产行为的作用机理，对中国合作社的制度特性、治理结构进行新的阐释，揭示了交易契约背后隐含的契约治理逻辑，无疑是对中国本土化合作社理论的一次有益探索。

1.3.2.2 现实意义

（1）有利于带动成员进行绿色生产。研究清楚合作社交易契约对成员绿色生产行为影响的作用机理，能有效促进成员绿色生产，进一步推进我国农业绿色生产的实施进程，最终达到增加农民收入、实现农业可持续发展、增强农产品国际竞争力的目的。

（2）有利于促进合作社提质增效。合作社通过识别成员交易契约选择决策的主要影响因素，将有助于采取针对性措施来进一步激发成员与合作社建立紧密契约关系的积极性，从而为成员交易契约选择提供行动指南，为合作社规范化建设提供新思路。

（3）有利于提高合作社的政策效率。发展新型农业经营主体如合作社一直是国家"三农"政策的要求，通过合作社控制管理成员生产行为从而推动农业绿色发展，更具直接性和有效性。为下一步合作社带动成员绿色生产的政策制定、制度建设、市场规范等方面提供建议和参考依据。

1.4 文献综述

1.4.1 契约相关研究

1.4.1.1 交易契约出现的原因及分类

在现代市场经济的运行过程中，交易是实现资源合理配置和商品所有权转移的重要手段，是构成经济活动的基本单位构件（康芒斯，1997）。交易行为及交易环境均具有一定风险和不确定性，会产生不同的交易费用（Williamson，1975；Omamo，1998）。契约作为促进交易成功和减轻机会主义威胁的正式治理约束机制，能够有效促进交易达成，因此交易产生往往伴随着契约的完成。从交易费用经济学的视角来看，农户与市场之间是通过各种交易契约联系在一起的（王颖，2009；唐浩，2011；张静，2009；Williamson，1999），交易行为决定了交易契约的形式（彭佳，2012；祁春节和赵玉，2009；薛莹，2020）。随着我国市场经济体制改革不断深化，农产品市场的交易契约呈现出多样化的特点。

农户与市场不同主体缔结多元化的交易契约类型。从契约规范性、约束力强度和稳定性等视角出发，有学者将契约分为正式契约（书面契约）和非正式契约（口头契约）两种形式（张露 等，2021；钱龙 等，2015）。在农产品交易过程中，口头契约主要是为了节约交易费用，适用于农户生产规模较小的情况；书面契约主要是便于取证和分清责任，适用于生产较为复杂和对质量要求较高的农产品（Eaton et al.，2001），生产规模较大农户往往也更愿意签订书面契约（Goodhue et al.，2003）。严静娴和陈昭玖（2016）发现，销售对象是影响农户销售契约选择的关键因素，当农户销售给专业大户、合作社、龙头企业或超市等新型营销主体时，大多会签订书面契约；当农户销售给集贸市场和营销商等传统营销主体时，大多会签订口头契约。毛慧等（2019）发现，养殖户如果与龙头企业签订书面订单，会显著影响养殖户的技术及兽药投入，扩大养殖户的养殖规模并增强其收入的稳定性。从产销联系紧密程度的视角出发，有学者将农产品交易方式分为销售合同、生产合同、合作社和垂直一体化等形式（张利国 等，2015；应瑞瑶和王瑜，2009）。还有学者按照成员是否将土地、资金、设备、劳动力等生产要素投入合作社作为分类标准，将合作社与成员之间的契约分为要素契约以及就相关产品和服务交易达成一致的商品契约（刘洁等，2012；陈莱和周霞，2014）。

还有一部分学者对契约组织形式的选择进行了研究，探讨了农户与公司、合作社、批发市场、批发商、农贸市场（市场自销）、电商平台等市场交易主体之间契约联结的属性、特征以及相互关系（Royer et al.，2016；Peterson et al.，2001；Hayenga，1985；Hendrikse，2007；Deng and Hendrikse，2013；陈富桥 等，2013）。学者们普遍认为，契约有利于稳定生产，优化农业生产资源配置，进而影响农业生产的绩效（郭欣旺，2011；李晓静，2021）。例如，黄梦思等（2017）从契约的控制功能和协调功能出发，发现在"农业龙头企业+农户"的契约联结模式中，契约的控制功能有利于交易稳定，而协调功能有利于促进相互合作，进而提高交易绩效。不同类型交易契约的生产效率存在显著差异，应根据实际需求选取恰当的契约组织模式，必须根据不同产品、不同生产阶段的实际情况选择合适的契约组织模式，而非单纯地追求紧密、复杂的契约关系（黄丽萍，2009）。

其中，合作社与外部产业链主体的交易契约模式主要包括"龙头企业+合作社+农户""超市+合作社+农户""联合社+合作社+农户"等类型（郭斐然 等，2018）。外部契约实现了各主体间的联合发展，有助于增强合作社的竞争力，降低相关企业和农户的交易成本，进而形成互利共赢、协调共生的合作机制。在农业产业化进程中，龙头企业凭借其资本、技术、信息上的优势催生出"龙头企业+合作社+农户"的运营模式（郭晓鸣 等，2007；刘学侠和温啸宇，2021），实现了帕累托改进性质的转变，也通过契约的方式使各个主体成为紧密的利益联结体。合作社在同龙头企业缔结交易契约后，提高了组织稳定性（郑少红 等，2013）、合法性、盈利能力（郑风田 等，2021；邓宏图 等，2020；李康，2021），企业也进一步降低了交易成本和农户的机会主义行为（杨柳和万江红，2018；李武江，

2014）。现有研究结果表明，减少农产品流通环节，能够进一步精减优化契约类型。"农超对接"模式能够减少农产品流通环节、降低交易成本并且提升农产品的质量安全水平（李靓和穆月英，2020；朱茂然和钱泽森，2018；赵佳佳 等，2014）。以蔬菜为例，在"超市+合作社+农户"的"农超对接"模式中，农户获得了价格溢价、合作社获得了经济租金、超市获得了超额利润，实现了三方合作共赢，提升了蔬菜的市场价值（施晟 等，2012）。但"农超对接"模式对合作社服务能力、资金实力、生产经营规模等均有较高要求，如殷慧慧等（2015）对哈尔滨蔬菜"农超对接"绩效进行测算发现，由于合作社生产规模和服务能力等限制，其"农超对接"水平较低，超市对接意愿较低。

1.4.1.2 契约治理的多重功能

作为生产要素所有者，合作社是基于共同利益目标联结而成的一组契约关系（黄胜忠和伏红勇，2014；高华云，2018；Bernard et al，2009；Bonus et al.，1986），是由契约治理与关系治理共同驱动发展的互助性经济组织（崔宝玉 等，2017；胡平波，2013）。与企业契约治理不同，合作社相关的契约治理主要是利用股权分配方式、决策参与形式、盈余返还、成员大会、理事会构成等方面的正式契约制度安排来保障成员的权利并约束成员的行为（陆倩 等，2016；王真，2016；吴彬，2014；Bijman et al.，2013）。从合作社治理成本视角来看，随着合作社规模的扩大，基于合作价值、关系性规则和声誉的关系治理成本逐渐增加，而以正式契约来治理交易的成本会不断降低，因而关系治理将让位于契约治理（崔宝玉和程春燕，2017）。合作社通过契约治理，能够降低合作社交易与组织成本，带动农户共享产业链收益（邓宏图 等，2020；马彦丽，2019）。合作社与成员之间的农产品交易过程实际上是契约的缔结过程，合作社通过与成员签订契约来实现对双方交易的治理，保障产品交易在一定的制度安排下良性运转，是各主体交易关系调整的重要表现形式，是对不同类型交易的治理（崔宝玉和刘丽珍，2017）。目前，关于合作社与成员间交易契约治理的研究大多侧重于契约具体条款的安排设置，通过优化交易属性相关的治理决策来达到保障交易双方的利益并降低交易成本的目的（宋雅楠和张璋，2019）。农户与合作社交易过程中的契约治理，不仅约束了双方的投机行为，降低了违约诉讼成本，还增强了农户的组织化程度与市场竞争能力，提高了农户的市场话语权（陈东平 等，2017；周月书和彭媛媛，2022）。

相较于单个合作社，联系更紧密的合作社为降低违约风险，更倾向制定内容更加明确、详细的契约，进而提升合作社的契约治理强度（郭利京和仇焕广，2020）。

建筑项目工程、联盟战略、企业间合作等领域的契约治理不仅仅聚焦契约安排的结构设置，相反更多学者从契约功能的视角研究契约治理不同功能对项目运行的影响，总结出契约治理功能大致可以分为契约控制功能、契约协调功能、契约适应功能（Walker and Weber，1984；Lumineau and Quélin，2012；Lumineau and Henderson，2012；Lusch and Brown，1996；权基琢鋆，2017）。威廉姆森（1979）基于交易费用理论最先提出契约具有控制功能，认为通过缔结契约的方式可以降低在交易过程中由于机会主义带来的关系风险，从而达到规范和控制交易行为与过程的目的。学者们的进一步研究也佐证了威廉姆森关于契约具有控制功能的观点，认为契约中的权利分配就是契约控制功能的体现，合约的终止权能够有效保障项目参与者中弱势方的利益（Adegbesan and Higgins，2011），比如药物生产商一般拥有合约终止权，以达到降低交易风险的目的（Robinso and Stuart，2007）。而且在契约中制定有关违反契约内容的惩罚条款，能够防范一定的机会主义，促进组织间合作的顺利进行，提高绩效，这也是契约的控制功能的具体体现（Joskow，1987）。随着交易双方契约复杂度增加，其控制功能也逐渐增强，有利于削弱一方资产专用性投资导致的交易风险威胁（Poppo and Zenger，2002）。

在此基础上，不少学者开始对契约的协调功能进行探索，以此来协调项目双方之间的合作关系，提高交易效率（Dekker，2004；Jha and Misra，2007；Lumineau and Henderson，2012；Mellewigt et al.，2007）。一项对科技公司与客户契约缔结的多案例研究发现，由于契约的不完全性，最初制定契约时并不能完全预料到未来发生的所有情况，因此交易双方在交易过程中通过对契约不断地进行调整和变更，能够促进项目参与双方间的相互交流和信息共享，建立良好的协调机制（Mayer and Argyres，2004）。与此同时，协调性条款能够增加双方的友好型信任，在面对冲突和争端的时候，增强双方的合作意愿，降低冲突成本（Malhotra and Lumineau，2011）。不少学者总结出契约中相关的项目进度汇报、清晰任务描述和双方职责、定期检查和记录以及详尽图纸规划等协调性条款，能够提升工程项目绩效，增强组织协调能力，改变双方看待冲突和争端的态度（Jha and Iyer，2006；

Chang and Shen，2013；Faems et al.，2008；金梦夏，2018)。

由于在交易过程中面临着高度的不确定性和复杂性（Lawrence and Lorsch，1967)，契约治理应当具有适应性功能（Leiblein，2003；Klein and Gulati，2004)。契约中的适应性条款能够让项目双方在面对突发情况时，最大程度地做出调整，保障项目交易的稳定性和顺利进行（聂辉华，2004；Klein，1992；Grossman and Hart，1986)。例如，高楠（2018）通过对180份建筑工程契约进行分析，发现在契约中关于物价变化、汇率变化、无法预见的气候变化、无法预见的地质条件处理的适应性条款能够有效应对项目的环境复杂性。但契约中的适应性条款并非越多越好。有学者研究发现，契约中的适应性条款数量达到一定程度后如果再继续增加，反而会降低项目绩效，紧急事件的适应能力和契约完备性与项目绩效之间呈倒"U"形关系，因此提出在契约中应该加入适量的应急计划条款（Luo，2002)。

1.4.1.3 契约选择的影响因素

农户与不同市场主体缔结交易契约时，往往会考虑交易费用（Abdulai and Birachi，2010；Berthon et al.，2003)。科斯（1937）和威廉姆森（1979）也强调，交易成本往往是农户选择不同产业组织的重要影响因素。目前，已有一些学者从具体交易费用入手分析影响农户选择市场组织契约关系的因素（应瑞瑶和王瑜，2009；Lu et al.，2010)。例如，信息成本、谈判成本和执行成本三类交易费用对农户选择果品站、批发市场、零售市场、集团客户、农民协会等不同交易渠道有显著的影响（黄祖辉 等，2008)。应瑞瑶和王瑜（2009）在基于江苏省542户生猪养殖户数据的实证研究中发现，信息成本和谈判成本对大、中、小三类规模的生猪养殖户垂直协作选择的影响均较大，执行成本对大规模生猪养殖户垂直协作的选择影响远大于小规模养殖户。此外，学者们普遍认为降低交易成本是促进小农户对接大市场的有力措施（蔡晓琳 等，2021；Ferto ang Szabo，2002)，交易成本对不同经营规模农户销售行为的影响也有较强异质性（屈小博和霍学喜，2007)。

但也有一部分学者认为，在当前农村老龄化严重、农户受教育程度不高的情况下，很难准确计算交易过程中具体的交易费用。因此，这部分学者依据威廉姆森（1991）对交易特性的分类，从资产专用性、交易频率和不确定性三个维度进一步分析农户选择市场组织契约类型的影响因素

（Riordan et al.，1985；Pascucci et al.，2011；Hobbs and Young，2000；Zhang and Hu，2011；刘洁、祁春节，2009；陈超 等，2019）。有研究表明，资产专用性越高、农产品的市场价格波动程度越大、交易频率程度越频繁的农户更倾向选择组织化程度越高的产销形式（史冰清和钟真，2012），不确定性对农户产业组织模式选择也具有明显的影响（李霖，2018）。在契约缔结形式方面，有学者认为资产专用性越强的企业更偏好签订书面契约，交易不确定性较高时更偏好签订口头契约（蔡荣和马旺林，2014）。周霞和邓秀丽（2012）研究农产品交易频率特征后得出，农户通过中介经纪组织交易农产品能够降低交易频率，获得较好的交易绩效。此外，关系、信任等社会资本因素也被认为是交易各方选择签订协议的形式及契约履行情况的重要影响因素（Goodhue，2003）。还有学者认为，交易双方任何一方的资产专用性更强，都会面临较大的违约风险，契约的稳定性会降低（俞雅乖，2008）。

关于影响合作社内部契约选择的重要因素，现有研究主要从交易费用和交易特性两个维度展开探讨（Bruynis et al.，2000；Hao et al.，2018；张艳、祁春节，2013；侯建昀 等，2013；刘颖娴和郭红东，2012；朱涛和邹双，2013）。一些学者运用定性分析的方法分析了资产专用性、交易频率和不确定性三个维度对合作社与成员之间契约选择的影响（崔宝玉和程春燕，2017），并从资产专用性的角度出发对合作社进行多案例研究，揭示了普通成员和核心成员在不同契约模式下的利益分配问题（周振和孔祥智，2017）。部分学者研究还发现，"合作社+农户"模式能够有效降低农户在农用物资采购和产品销售环节的运输与时间费用并且提高交易价格，从而进一步增加农户收入（蔡荣，2011），资产专用性对成员与合作社之间签订一体化合约有显著正向影响（苟茜和邓小翔，2019）。除上述影响因素外，还有一部分学者发现，合作社组织结构、成员身份、成员对合作社的认知程度、双方信任程度等因素对成员与合作社内部的契约选择有较大影响（徐虹 等，2009）。例如，合作社内部相关持股模式、成员规模、发展阶段等组织结构特征对成员契约选择行为的影响较显著，合作社外部环境以及市场交易环境对成员契约选择行为也有一定影响（刘洁，2011）。此外，还有学者认为，影响合作社与成员双方契约关系的主要因素有成员对合作社的认知态度、信任程度、合作深度以及是不是核心成员（陈茉 等，2014；苟茜和邓小翔，2019）。从经验证据来看，温斐斐和王礼力

（2014）通过对陕西省关中地区 235 个成员样本数据分析发现，成员受教育程度对成员履约行为有一定负向影响，合作社在农业生产中对成员施肥技术培训指导、田间指导次数、农产品运输服务、市场价格波动以及收购价格对成员履约行为有显著正向影响（温斐斐和王礼力，2014）。

关于合作社与外部产业链契约合作模式的影响因素，大部分学者均从交易主客体特性和外部环境两个方面进行了研究（施晟 等，2012；张明月 等，2017；张俊，2015；Fares and Orozco，2014；Nazari et al.，2019）。部分学者从影响"农超对接"模式稳定性的视角切入，分析发现供应链内部的合作社成员规模、超市信誉、外部环境的政策支持以及当地物流便捷程度等均对交易契约合作模式有较大程度影响（朱茂然和钱泽森，2018）。合作社的销售渠道、品牌、是不是示范社等无形资产以及政策倾斜和资金扶持等外部环境是促使合作社加速联合的主要影响因素（王军 等，2021）。公司通过合作社与农户发展订单农业有利于提高农户履约率，其中，农户性别、受教育程度等个人特征、种植规模等家庭特征以及外部市场价格和波动情况都对其有较大影响（张艳平和武拉平，2012）。

1.4.2 绿色生产行为相关研究

1.4.2.1 绿色生产行为的内涵及影响因素

目前，学术界关于绿色生产行为的内涵界定尚未达成共识，已有研究关于绿色生产行为的界定视角可概括为以下三类：

（1）依据环境可持续维度划分。大部分学者发现，造成农业生产环境污染的来源主要是化肥、农药的过度施用和滥用（陆文聪和刘聪，2017；何悦，2021）以及农业和农村废弃物随意处置等长期粗放式的农业生产活动（张巍 等，2020；程良晓 等，2017）。因此，不少学者将合理的农药配比浓度、绿色施肥方式、废弃物处理方法（李芬妮 等，2019）、少耕免耕、有机肥施用和秸秆还田技术采纳行为（龚继红 等，2019）视为农户绿色生产行为，并指出粮食绿色生产是与资源环境承载力相匹配、与生态生活相协调的可持续生产方式（杨志海和王洁，2020）。

（2）依据不同产业特点划分。不同产业具有独特的产业特性，其绿色生产行为也不尽相同。在畜牧业中，将绿色生产行为视为清洁生产行为；在生猪养殖中，清洁生产行为包括苗猪繁育环节、饲料喂养环节、医疗防疫环节以及粪便处理环节（周力和薛莘绮，2014）；在粮食产业中，绿色生产行为主要体现在灌溉环节、施肥环节、施药环节和秸秆处理环节（曹慧，2019）。

（3）依据产业生产环节维度划分。基于全产业链的视角，绿色生产行为应该包括产前绿色投资行为、土地绿色改良行为，产中农药、农膜、肥料的绿色施用行为、绿色生产技术采纳行为以及绿色经营管理行为，产后的绿色包装运输行为以及污染防治行为（陈吉平，2020）。在畜牧业中，清洁生产行为往往包括源头预防行为、过程控制行为以及末端治理行为三大类（应瑞瑶 等，2014；于超和张园园 等，2018）。

现有对影响绿色生产行为因素的研究主要集中在农户个人、家庭、认知特征层面以及外部市场环境和政府制度层面（Abdollahzadeh et al.，2015；Bagheri et al.，2018；Damalas，2021；Kassie et al.，2013；Liu and Wu，2022；Pan et al.，2021）。

（1）个人特征方面。学者们研究发现，农户的性别、年龄、受教育程度、身体健康状况、外出务工经历以及风险偏好等因素对绿色生产行为均产生了显著的影响（于艳丽，2020；朱玮晗 等，2021）。性别对绿色生产行为选择具有差异性，男性相较于女性对生物农药施用知识有更多的了解，在实践中其安全使用行为也更多（李昊 等，2020）。杨志海和王洁（2020）提出，劳动力老龄化对不利于农户实施绿色生产行为，这与任重等（2016）的研究结论相反。受教育程度越高的农户对环境的认识更为全面，更加倾向绿色生产行为（张晖 等，2011；宋言奇 等，2010）。而农户外出务工与其可持续农业技术采纳程度呈负相关关系（邹杰岭 等，2018）。此外，风险偏好程度越高的农户越倾向采纳资本密集型绿色生产行为（石志恒、崔民，2020）。

（2）家庭特征方面。一般而言，家庭特征包括经营规模、家庭劳动力数量、家庭收入等因素（Zhang et al.，2015；Ma et al.，2018）。不少学者研究发现，家庭经营规模与绿色生产行为呈倒"U"形关系，超出一定阈值后再继续扩大经营规模反而会显著减少绿色生产行为（赵昶和孔祥智 等，2021；张露和罗必良，2020）。一般来说，劳动力数量越多越能完成精耕细作的农业生产（张童朝 等，2017），家庭收入更高的农户往往具有较小的生计压力，生活品质较高，更容易投资绿色生产（石志恒和崔民，2019）。特别地，农业收入占比越高，农户家庭生产重心越倾向农业，对农产品的品质和产量等方面要求更高，更容易采纳绿色生产技术（黄炎忠 等，2018）。

（3）绿色认知方面。根据认知心理学的相关理论，农户对事物的认知能力会影响其意愿和行为（Li et al.，2019；韩洁 等，2020；雷家乐 等，2021；Ying et al.，2011）。有学者从经济价值、健康安全和生态安全三个维度对农户价值感知进行划分（杜三峡 等，2021），还有学者从资源环境的浪费和污染感知、环境政策了解程度和化肥减量认知以及绿色生产重要性和生态责任意识等方面对农户的绿色认知进行划分（余威震 等，2017），为绿色认知研究提供了依据。大部分学者发现，若农户相关绿色生产的知识储备更多与责任意识更强，则更加有利于其做出绿色生产行为决策（麻丽平 等，2015；郭利京和王少飞，2016）。

（4）市场环境方面。在市场经济背景下，农业投入品供应市场以及消费者需求市场对农户生产行为影响巨大（何劲，2021）。一方面，农户作为理性经济人，农业投入品的价格影响了其生产决策，农户可能会由于成本控制而选取价格较低的化学肥料和农药（王建华 等，2016）；另一方面，"优质优价的市场机制"带来的经济利益会驱动农户对农产品质量与安全进行控制，倒逼农户采取绿色生产行为（张红宇 等，2003）。除此之外，在农产品进出口贸易市场中，其他国家通过设置"绿色壁垒"来影响农用化学品安全施用，促进了农业绿色生产技术的推广应用（徐晓鹏，2017），同时也提升了农产品安全水平与质量（孙红雨 等，2019）。

（5）政府制度方面。政府一般从激励和约束两个方面来制定和实施政策，从而控制农产品质量与安全。激励机制主要包括政府培训、教育、宣传、税收、补贴等。已有大量研究证明政府通过不同方式组织培训能够促进农户绿色生产行为（华春林 等，2013），比如提供物质补贴或减少税收，降低了农户生产成本（罗岚 等，2021），促使农户选择有机肥、生物农药等。约束机制主要包括制定法律法规、定时抽检、农用物资市场监管等方面。例如，政府通过加大产品抽检力度，倒逼农户重视农产品质量与安全，从而影响农户的生产行为（黄祖辉 等，2016），还通过出台相应的法律法规进一步规范农户的生产行为，也为相关违法违规生产行为提供处罚依据，以此实现保障农产品质量与安全的目标（娄博杰 等，2015）。

1.4.2.2 合作社带动成员绿色生产行为的实现路径

合作社作为带动农户推行农业绿色发展的中坚力量（陈吉平和任大鹏，2022；朱哲毅 等，2021），是协助政府对农产品绿色生产管理的重要组织（高锁平 等，2011）。已有研究证实合作社能够推动成员养成良好的环境行为习惯（宋燕平和滕瀚，2016），使用绿色生产技术（万凌霄和蔡海龙，2021；Abebaw et al.，2013），将绿色生产意识转化为绿色生产行为（龚继红 等，2019），实施清洁生产（应瑞瑶 等，2014）、环境友好型生产（王真和王谋，2016）和安全生产（常倩 等，2016；李英、张越杰，2013；Ji et al.，2019），进行安全农产品生产控制（赵晓颖 等，2020），提供安全农产品（田永胜，2018）等。具体来看，合作社主要通过以下路径带动成员绿色生产行为：

（1）通过标准化生产实现产品全过程的控制。合作社作为推行农业标准化的理想载体（梁红卫，2009；李小洁和邹富良，2012；Zhou et al.，2019；Kirezieva et al.，2016）能够将分散的小农户组织起来，并对农产品生产全过程进行监督和约束，是从源头保证农产品绿色安全的经济组织（赵建欣 等，2010；王忠锐 等，2004）。一是合作社通过产前统一购买农用物资，能够有效降低农用物资的实际购买价格（朱哲毅 等，2016），并且有利于实现农业投入品的质量控制。二是合作社通过制定相对应的生产技术标准和规程（万凌霄和蔡海龙，2021；郭熙保和吴方，2022），对在农户生产过程中农药、化肥等施用次数和时间进行监管以及成员之间的相互监督来实现产中过程的管理监督（王芳 等，2013），能够有效减少成员道德风险。三是合作社通过定时抽检成员农产品质量并制定相应的奖惩措施，构建产品追溯体系来管控成员的生产行为（袁雪需 等，2019；余建宇和高坚盾，2014）。

（2）通过提供社会化服务支持成员绿色生产。教育培训是丰富人力资本的有效途径，国际合作社联盟（ICA）一直将教育作为合作社核心原则之一，后明确其内涵扩展为教育、培训和信息的统一体（唐宗焜，2003）。合作社通过为成员提供绿色生产技术指导服务，能够进一步增强成员的绿色生产意识，从而影响农户生产行为决策（罗磊 等，2021）。信息服务能帮助农户及时获取最新的市场信息、技术信息和管理方法等内容，增强农户对绿色生产的有用性和易用性感知（闫贝贝和刘天军，2022；薛洲 等，2017），传递绿色生产经营意识和消费市场的需求（韩秋明，2015），从而带动其生产转型。生产外包服务能够有效解决农村劳动力质量和数量较低的问题，还能优化生产要素配置（郑旭媛 等，2022；卢华 等，2021），实现专业化分工。合作社提供的田间管理服务，能够提高成员生产经营效率，解决其技术管理能力不足等问题（郓正鸿和魏顺泽，2017），促成成员生产绿色、高品质的农产品。合作社还通过田间档案管理、认证管理、品牌管理、产品检测、生产检查、村民监督、制定清单等监管机制有效带动实现安全生产（袁雪霈，2019）。

（3）通过签订合同形成硬性约束。农户与合作社等经济组织签订合同是监督其进行绿色和安全生产的重要方式，农户与组织间形成了更加紧密的协作方式，能有效实现风险共担（毛慧，2018；宋雅楠和张璋，2019）。产品合同对农产品的数量、质量都做出了一定要求，往往与分级收购制度紧密联系（谭永风 等，2022），合作社在收购成员产品时会加大质量检测与处罚的力度，倒逼其绿色生产转型。通过合同，成员与合作社形成了一种履约约束机制（薛宝飞，2019），成员生产出满足合作社要求的农产品后，再通过合作社实现优质优价销售，甚至获得"二次返利"。与此同时，当农户与合作社签订产品合同后，可以规避一定的市场风险和收益不确定性，也降低了合作社经营的不确定性。钟真等（2016）通过对阳光合作社进行分析后发现，"分成制"契约关系建立了相对稳定的合作关系，合作社有了稳定的原料奶，成员则有了稳定的销售渠道。

（4）通过产品质量认证提升农产品品质及市场竞争力。产品质量认证实现了规制工具由末端管理向源头控制的转变（幸家刚，2016；Barham et al.，2012；Kleemann et al.，2013），通过溢价激励、成本压力与组织支持等机制带动农户改进已有的生产方式（李晗和陆迁，2020；Ibanez et al.，2016）。合作社通过严苛的产品质量认证营造新的生产经营环境，带动成员共享农产品产业链、价值链的增值收益（Papista et al.，2013）。一方面，合作社申请产品质量认证后，对其产品所处土壤环境的肥力、保水、供养等方面质量标准要求较高（Wang et al.，2018；Tran et al.，2019），促使成员施用有机肥和生物农药改善土壤质量；另一方面，合作社经过产品认证的农产品表现出明显的价格优势（van Rijsbergen et al.，2016），提升了农产品竞争力，拓宽了销售渠道，其带来的"溢价激励"有助于成员主动使用绿色投入品（Blackman et al.，2012；Bernard et al.，2008；Liu et al.，2018）。

1.4.2.3 绿色生产行为绩效评价

已有研究表明，绿色生产行为的绩效主要包括经济绩效、社会绩效和生态绩效。学者们普遍认为绿色生产行为对社会和生态环境具有正向影响，但是对于绿色生产行为带来的经济效益却尚未达成共识。

（1）绿色生产行为的经济绩效。已有大部分学者针对不同环节的绿色生产行为经济绩效做了大量研究。一是肥料管理方面。李顺等（2019）发现，使用有机肥替代化肥技术能提高旱地小麦水分的利用效率和氮素利用效率，带动农户平均收益增加52.2%。运用测土配方技术的绿色种植行为后，苹果种植每亩（1亩≈666.67平方米，下同）产值和净收益分别平均提高了6.88%和7.58%（张复宏等，2021）。二是水分管理方面。如通过对比分析膜下滴灌、膜下沟灌和沟灌三种接水管技术，发现膜下滴灌技术不仅能提高生产效率，成本也相对较低（赵财等，2006），但对北京市郊区节水灌溉技术进行绩效评价发现，滴灌技术能够提高作物的产值和净收益，节水效果却差强人意（李珠怀和韩青，2009）。节水的增产增收效应得到了印证。吕杰等（2016）以玉米种植户为样本，分析节水灌溉技术对玉米产量和收益的影响，结果表明，玉米节水灌溉能够达到每亩增产10千克的效果，成本收益能够达到每亩130元的效果。三是病虫害管理方面。有学者通过对长江流域822户水稻种植户的调查发现，稻农采纳绿色防控技术后，能降低1.52%~9.52%的成本，并且增加产量，从而实现降本增收（黄炎忠等，2020）。马锞等（2018）发现，应用管道喷药系统有利于及时防治病虫害、降低人工成本且方便工人进行操作，平均每亩降低成本143.5元。四是树体管理方面。以3年生幼龄柠檬果树为例，按照树木不同阶段修枝整形，不仅产量高，综合效益也最好，达到丰产、优质的目的（彭满秀等，2013）。在葡萄种植管理过程中，较好的疏花疏果技术可保障葡萄果粒饱满、形状好看、颜色晶莹剔透等，进而提高种植户的经济收益（力世敏，2019）。五是废弃物处理方面。秸秆还田时搭配腐秆剂能够增加土壤有机质含量，使水稻增产增收（潘艳婷和徐秋兰，2011），通过对蛋鸡粪便进行清理和利用能够保证鸡蛋产量、实现养殖效率的提升（朱宁，2014）。

然而，还有部分学者认为绿色生产行为并不一定能够提升经济绩效。例如，王秀丽等（2018）在测算高效低毒农药技术的实施效果时发现，高效低毒农药受到价格"天花板"和成本"地板"的双重限制，反而会降低家庭亩均净收入。一些学者还认为绿色生产行为对提升经济绩效的效应并不显著，如通过对湖北省水稻种植户绿色行为调查发现，不管是集成绿色防控技术还是测土配方技术，对农户水稻生产绩效的影响都不显著（吴雪莲，2016）；熊鹰和何鹏（2020）发现，稻农是否采用绿色防控技术对其生产绩效也没有显著的影响。杀虫灯技术由于投资较大并且有较强的收益外部性，经济效应也不显著（耿宇宁 等，2018）。

（2）绿色生产行为的社会绩效。农户绿色生产行为的社会效果主要体现在人与自然的和谐发展、邻里之间互帮互助以及对人们身心健康影响方面。农药使用不规范的情况会引发农药暴露问题，不仅会影响农户的身体健康（蔡键，2014；Qiao et al.，2012），还会影响其他家庭成员的健康（Lu et al.，2000）。长期的农药暴露轻则会引起皮肤健康和呼吸系统问题（王志刚 等，2009），重则会对农户有生命威胁。同时，绿色生产往往对劳动力需求较高，会进一步促进邻里之间的社会互动（唐林 等，2022），实现信息共享。因此，农户学会科学施药，使用低毒农药、生物农药，采纳绿色防控技术等农业绿色生产行为，有利于保护农户的身体，具有较高的社会绩效。

（3）绿色生产行为的生态绩效。绿色生产行为还有一定的环境效果，主要表现在污染治理、减少温室气体、提升土壤肥力和增加生物多样性方面。绿色生产行为有助于化肥、农药等化学投入品的减量使用，从源头上减少了农业污染源（胡浩 等，2015）。有研究发现，绿色生产行为还有固碳减排的效果，从而减少对环境的污染（巨晓棠和谷保静，2014），如利用测土配方施肥技术能够提高肥料利用率、显著减少农业碳排放（张灿强 等，2016），推广控制灌溉有利于降低中国稻田甲烷（CH_4）的排放量（彭世彰 等，2013）。此外，还有研究认为，绿色生产行为还可以提升土壤肥力和增加生物多样性。例如，农作物秸秆适当加工后可转化为肥料、生物质能源、饲料、食用菌生产基质等（严文高，2013），秸秆还田技术不仅可以增加土壤氮、磷、钾等养分及有机质含量，增强保水力、培肥地力（潘艳婷 等，2011），还可以增加生物多样性（陈鲜妮 等，2012）。但绿色生产行为的生态绩效也可能表现不显著。耿宇宁等（2018）通过对不同绿色防控技术的经济和环境效应分别进行测算，发现果园生草技术由于与传统果园兼容性较差因此环境效应不显著。总体来说，农户的绿色生产行为不仅有利于节能减排，减少污染，还对提高土壤肥力和增加生物多样性产生积极影响，具有较好的生态效益。

1.4.3 契约和绿色生产行为相关研究

农户通过与市场交易主体缔结合作契约，能够加强双方的联系与交流，从而建立起相对稳定的交易关系，有助于双方形成紧密的利益联结体（蔡海龙，2013；潘璐，2021；Ji et al.，2018）。一方面，保障了农户有相对稳定的交易渠道（傅晨，2000；王志涛 等，2013），促进农户按照市场需求和生产标准来调节生产结构和生产行为以提供符合市场标准和消费者需求的农产品，减少了由信息不对称带来的机会主义风险和市场风险。农户可以从市场交易主体那里获取资金、生产技术指导、农产品市场信息等（张云华 等，2004；杨明洪，2002）。另一方面，市场交易主体通过稳定的契约关系也能获得一批有质量保障且供应稳定的农产品供应渠道，从而实现双赢（蔡荣 等，2013；钟真 等，2017）。目前，学术界已有不少学者从农户与不同市场主体契约联结形式、签订契约类型及契约的紧密性、稳定性等方面（蔡荣和易小兰，2015；范太胜 等，2018），来探讨契约关系对农户绿色生产行为的影响。

基于全面质量安全观的视角，钟真（2011）发现，市场交易模式即"如何交易产品"能够更显著地影响产品的安全属性，生产组织方式即"如何生产产品"能够更显著地影响产品的营养属性。还有学者发现，"农户+合作社"的横向合作模式相较于"农户+企业"的纵向协作模式对稻农的绿色生产行为影响更大，其中农户绿色认知起到中介调解作用（张康洁 等，2021）。从产业链组织模式视角来看，"合作社+农户"模式对种植户安全生产行为的影响最大，优于"协会+农户"模式和"基地+农户"模式（张会，2012）。以苹果的销售对象为标准，袁雪霈 等（2019）通过对合作社、批发市场、农贸市场、果商以及网络电商交易等不同模式下的苹果种植户安全生产行为进行分析发现，相对于农贸市场自销模式，采用合作社、批发市场、果商交易模式的农户安全生产行为效率由高到低依次递减。还有的学者通过对比分析农户参与生产合同和合作社两种不同垂直协作模式与完全市场交易模式下清洁生产关键点的不同之处，为政府提供了监管视角及差异化补贴政策的制定思路（应瑞瑶 等，2014）。由此可见，农户与不同市场交易主体的契约联结方式会导致农户绿色生产行为选择的差异。

契约类型不同会导致所缔结的利益联合体的紧密程度有差异，这会影响契约缔结主体之间的联系频率和交易关系，会导致资源权属特征（刘源 等，2019）、供应链中的协调性（胡军 等，2013）等方面存在不同，使农户绿色生产行为具有差异性。戴迎春（2006）对雨润、苏食两家肉类屠宰加工企业进行案例分析发现，松散型联结可能存在质量安全隐患，在新型的猪肉供应链内，生猪养殖阶段与屠宰阶段之间的松散的交易关系导致质量安全隐患的存在，屠宰阶段通过产品合同、要素一体化的方式与零售阶段进行有效整合，能在一定程度上解决质量安全问题。例如，在销售合同、生产合同、合作社、垂直一体化等更为紧密的契约合作方式下，水稻种植户的化肥施用量分别比市场自由交易模式下的用量少125.121千克/公顷、143.314千克/公顷、161.648千克/公顷、194.831千克/公顷（张利国，2008）。

契约稳定性和紧密性越高，对农户绿色生产行为的影响就越显著。农户通过契约可以与外部市场主体构建稳定的关系，掌握市场信息和动态，从而保证生产的稳定性，这对农户生产行为具有显著影响。但不同引入方式、不同服务模式（王颖丹，2022）等因素都会导致契约稳定性有差异。学者们以心理契约理论为基础探讨影响订单农业有效性和稳定性的因素，发现在订单农业中生产合同模式优于销售合同模式，更容易与农户建立风险共担的利益机制，提高农户的履约率，更容易生产出符合质量要求的农产品（姚文和祁春节，2017）。这说明，契约的稳定性对农户绿色生产行为转型、保障农产品质量安全起着积极作用。学者们还提出可以从农业交易、生产、资源三种契约的具体特征建立有针对性的治理机制（叶祥松和刘敬，2014）来提升契约的稳定性。也有学者发现，紧密的契约关系对农产品质量控制的作用机理体现在通过对生产资料统一供应等制度条款来约束交易双方的行为（孙艳华 等，2009）。谢欣（2014）从生产和销售两个环节的交易及契约关系剖析某龙头企业的质量安全控制水平发现，专用性资产与契约紧密性正相关，越高紧密性的契约联结模式（生产合同或垂直一体化）对食品的质量安全控制程度越高。

目前，学术界就农户加入合作社对绿色生产行为的影响（Li et al.，2021；Moustier et al.，2010）以及合作社契约选择对组织绩效（张益丰，2018；陈东平 等，2017）、治理结构（范旺达，2015；郭利京和仇广焕，2020；Robelo et al.，2008）、收入绩效（郑风田 等，2021）的影响等方面展开了大量的研究。学者们普遍认为，自加入合作社后，合作社的相关制度条约、对接市场需求、统一农用物资采购、生产过程管理等，均会对农户绿色生产行为产生正向影响（郭锦墉 等，2020；朱哲毅，2021）。蔡荣（2011）发现，合作社可以通过技术指导、质量奖励、质量检测等内容的契约安排优化农户的肥料施用结构，有效激励农户增加有机肥投入。在组织绩效与内部治理等方面，学者们提出，合作社内部的产权、治理契约内容以及契约执行都具有不完全性，并在不完全契约视野下分析了不同类型合作社的经济绩效、社会绩效以及可持续发展能力（肖端，2016）。通过对"产品买卖型合作社"和"要素参与型合作社"两种类型的合作社进行对比分析发现，社会关系治理能促进商品契约和要素契约的融合治理，提升合作社的产业协同能力和规模化经营能力（张益丰，2019）。李海斌和荆文英（2019）分析了契约规则在合作社运营过程中发挥作用的理论依据，并提出契约规则能够有效提升合作社民主管理能力。刘洁（2011）构建了 SSCP 范式，剖析了合作社内部不同契约选择下的治理结构、行为、绩效三者之间的深层逻辑关系，发现合作社是否能够有效运行离不开其内部契约安排的适宜性。可见，合作社内部契约的不同选择对合作社的绩效、治理结构等方面均存在较大的影响。因此，在合作社契约选择中，要充分尊重适应性原则，才能充分发挥合作社带动农民增收致富、壮大集体经济组织实力的作用。

从交易契约视角出发，有学者发现合作社组织内部交易模式相较于市场交易模式，能够通过降低市场风险，提升农产品的品质和安全性（胡定寰，2006；麻丽平，2017；Kirezieva et al., 2016；Naziri et al., 2014）。以往的研究表明，合作社统一销售能够提高小农户与产品收购方的议价能力，节省交易费用（Zhou et al, 2019；徐志刚 等，2017）。相较于农户分散生产，合作社与农户缔结交易契约形成的紧密关系，能够有效保障交易的稳定性、安全生产行为的效率和农产品质量。合作社通过推进标准化生产、品牌建设、信息获取等手段增强农业的市场竞争力和生产力，提升资源的利用效率和利润水平，并且可以通过再组织化促进合作社与产业链其他主体之间的联系和合作，从而降低外部风险（罗千峰和罗增海，2022）。例如，学者们研究发现，以合作社为主体的中间商交易模式对养殖户安全生产的影响更为显著，尤其在奶价、签订购销合同、参加养牛培训等方面存在明显区别（钟真和孔祥智，2012）。除养殖业领域外，对种植业的研究也支持这一观点。麻丽平（2017）基于苹果种植户数据的分析发现，市场交易模式和组织内部交易模式对农户安全生产认知与行为的作用存在差异，并指出参与合作社内部交易可以通过限制农户要素配置从而保障苹果的安全生产。

对成员生产行为影响的研究发现，合作社内部合约安排中的质量检测力度、收购定价方式以及提供测土配方技术服务等内容，能够带动农户调整肥料施用结构，转变生产方式。实证结果表明，平均每亩减少化肥投入344.6元，增加有机肥投入269.4元；农残检测、产中管理控制和收购定价方式等安排，能够减少农户化学农药施用投入，平均每亩降低189.7元（蔡荣，2011）。朱哲毅等（2021）对上海市192家蔬菜合作社的研究发现，契约安排对合作社的绿色生产行为具有显著影响，但不同类型的契约对合作社的施肥和施药行为具有差异化的影响。学者们认为，合作社通过"抱团取暖"的形式整合资源，增强合作社的带动能力（汪恭礼和崔宝玉，2022），建立健全农业保险体系和公共服务体系（赵冉、苏群，2016），优化产品结构，做好品牌延展性（程慧和贾广宇，2022），优化利益分配机制（田艳丽和修长柏，2012）等方式实现降低市场风险的目标，有利于带动成员提升农产品的品质和安全性。

1.4.4　文献述评

综上所述，学者们在契约和绿色生产行为等方面展开了大量研究。具体而言，在契约方面的研究主要包含交易契约出现的原因及分类，契约治理的多种路径，农户与不同市场交易主体契约联结的属性、特征和相互关系，并从具体交易费用和交易特性等维度分析了农户交易契约选择的影响因素。绿色生产行为方面的研究主要包括绿色生产行为的内涵及影响因素、合作社带动成员进行绿色生产的实现路径、绿色生产行为的绩效评价。契约与绿色生产行为相关研究主要包括农户签订契约类型和契约的完备性、紧密性、稳定性等方面对其绿色生产行为的影响。这些研究发现，合作社组织内部交易模式相较于市场交易模式，能够提升农产品的品质和安全性。上述相关研究成果为本书的研究奠定了基础，但笔者发现仍可以从以下四个方面进行完善：

（1）从合作社交易契约视角分析成员的绿色生产行为。现有研究大多证明农户加入合作社能够在一定程度上规范其绿色生产行为，很少有研究将农户加入合作社和农户与合作社进行交易区分。众多学者要么侧重分析合作社不同契约类型对其组织绩效、治理结构、成员约束等方面的影响，要么主观分析合作社与外部不同市场主体契约联结方式对其收入绩效、交易绩效和生产绩效等方面的影响，忽略了合作社交易契约类型和模式对成员绿色生产行为影响的异质性。故本书在深入探讨合作社交易契约对成员绿色生产行为影响的同时，进一步从合作社交易契约类型和模式两个层面考察其影响的异质性。

（2）从合作社交易契约的治理功能维度剖析其影响成员绿色生产行为的作用路径。合作社与成员之间的农产品的交易过程实际上是契约的缔结过程，合作社通过与成员之间签订契约来实现对双方交易的治理，保障产品交易在一定的制度安排下良性运转，契约治理也被普遍认为是最为有效的项目治理机制之一。目前，合作社相关契约治理研究主要是利用股权分配方式、决策参与形式、盈余返还、成员大会、理事会构成等方面的正式契约制度安排来保障成员的权利和约束成员的行为。但是，由于我国制度环境存在较大差异及成员突出的异质性等问题，中国合作社契约治理机制发挥的作用还不够显著。有学者在建筑工程项目、联盟战略等管理领域的契约治理研究中发现，书面契约或口头契约条款背后实际代表着契约治理的不同功能。因此，本书将上述管理领域契约治理的思路应用到合作社交易契约治理实践中，从契约治理的控制性功能和协调性功能剖析合作社交易契约影响成员绿色生产行为的作用机理。

（3）从交易特性探析影响成员交易契约选择决策的因素。成员交易契约的选择决策受到合作社组织结构、成员身份、成员对合作社的认知程度、双方信任程度等因素的综合影响，但影响最大的因素还是交易费用。现有研究大部分从具体交易费用或者交易特性某一个维度研究农户选择合作社交易契约的影响因素，较少有研究从资产专用性、交易频率和不确定性等视角说明成员交易契约选择的影响因素，且现有研究基本上是定性研究，很少有计量证据说明。

（4）丰富柑橘成员绿色生产行为的内涵和绩效评价内容。现有研究主要聚焦在农业生产中农户是否实施某一种或某一类绿色生产技术，或者从减肥、减药、节水、废弃物处理等某个绿色生产环节进行研究，没有形成完整的绿色生产行为概念，缺乏理论性和系统性。与此同时，现有绿色生产行为的绩效评价主要集中于经济绩效且结论尚未统一，对绿色生产行为的社会绩效和生态绩效研究较少。因此，本书在已有研究基础上结合《晚熟柑橘生产技术规程》，立足柑橘生产的投入、管理和产出全过程对柑橘成员绿色生产行为做出较为系统的定义，将经济绩效、社会绩效和生态绩效三者纳入一个框架来分析绿色生产行为的绩效。

1.5　研究思路与研究内容

1.5.1　研究思路

本书研究的目的是，要回答"柑橘合作社交易契约在影响成员柑橘销售时，能否引导成员在生产过程中实施绿色生产行为，实现经济效益、社会效益和生态效益的统一？"这一问题，最终达到绿色生产理论与实践共同发展的目标。

首先，本书从理论上探索成员交易契约选择的影响因素，深入剖析合作社交易契约对成员绿色生产行为的影响及其作用机理，搭建"合作社交易契约（S）—治理功能（G）—成员绿色生产行为（C）—绩效评价（P）"分析框架。其次，本书利用宏观和中观层面数据梳理了中国及四川柑橘产业的特性和发展规律，在四川省 69 个柑橘合作社和 619 个成员的微观调研数据基础上全面考察合作社交易契约选择的概况，深入分析成员在柑橘种植过程中绿色生产行为的现状。再次，本书运用二元 Logit 模型探讨成员交易契约选择决策的影响因素，运用内生转换模型剖析合作社交易契约对成员绿色生产行为的影响，采用中介效应模型从契约治理的控制性功能和协调性功能维度验证其作用机理，运用倾向得分匹配法分析合作社交易契约对成员绿色生产行为绩效的影响。最后，本书得出主要结论，并针对以上结论为合作社带动成员绿色生产行为提出针对性和操作性较强的对策建议。本书的技术路线如图 1-1 所示。

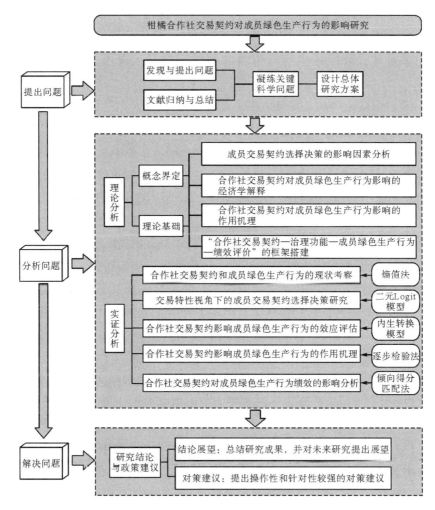

图 1-1　本书的技术路线

1.5.2　研究内容

基于上述研究思路，本书聚焦以下四个方面的内容展开深入研究：

（1）成员交易契约选择决策及对其绿色生产行为影响的理论研究。本部分搭建了"合作社交易契约（S）—治理功能（G）—成员绿色生产行为（C）—绩效评价（P）"分析框架。一是科学界定柑橘合作社、合作社交易契约、农业绿色生产行为、柑橘成员绿色生产行为的内涵与外延；二是基于农户行为理论、交易费用理论、不完全契约理论、农业绿色发展理论，讨论了成员交易契约选择决策的影响因素，深入剖析了合作社交易契约对成员绿色生产行为影响的经济学解释，系统解析了合作社交易契约治理功能对成员绿色生产行为影响的作用机理，进而搭建本书的理论框架。

（2）柑橘合作社交易契约和成员绿色生产行为的现状考察。本部分主要从两个层面进行现状考察。一是利用宏观和中观层面数据梳理中国与四川柑橘产业的特性及发展规律；二是在微观调研数据基础上对成员交易契约选择的现状及特征的差异性进行描述，构建成员绿色生产行为测度的指标体系并使用熵值法进行测算，对比分析在不同交易契约选择下成员绿色生产行为的现状及特征差异。

（3）合作社交易契约对成员绿色生产行为影响的实证分析。本部分运用二元 Logit 模型、内生转换模型、逐步检验法、倾向得分匹配法等方法，识别成员交易契约选择决策的影响因素，验证合作社交易契约对成员绿色生产行为的影响并探讨合作社交易契约不同类型和模式作用的异质性，系统剖析合作社交易契约治理的控制性功能和协调性功能对成员绿色生产行为的作用机理，深入分析合作社交易契约对成员绿色生产行为的经济绩效（柑橘销售净收入和柑橘销售价格）、社会绩效（技术咨询积极性和带动周围农户积极性）、生态绩效（土壤肥力提升程度和改善周围环境程度）的影响。

（4）提升成员绿色生产水平的对策研究。本部分解析了成员交易契约选择决策及对其绿色生产行为所发挥的功效，为合作社带动成员绿色生产的实现路径提供参考，为成员契约选择提供行动指南，为合作社规范化建设提供新的思路。

1.6 数据来源与研究方法

1.6.1 数据来源

本书研究所用数据主要来自两个方面：一方面是各类公开的宏观数据，主要源于历年的中国统计年鉴、中国农村统计年鉴、中国农村经营管理统计年报、农业农村部网站、四川统计年鉴以及各类涉及柑橘产业的政策文件等；另一方面是微观调研数据，主要源于研究团队于 2021 年 7 月至 8 月对四川省柑橘合作社及成员绿色生产行为的专项调研。数据的具体获取过程如下：

在样本区域选择方面，主要考虑柑橘产量和柑橘种类两个方面。四川省作为我国重要的柑橘主产区之一，复杂多样的地形和丰富的气候类型为四川柑橘生产提供了良好的条件，四川是我国最大的晚熟柑橘基地。数据显示，2020 年四川柑橘种植面积为 33.89 万公顷，约占全国柑橘生产面积的 11.98%，位列全国第三；柑橘产量为 488.96 万吨，约占全国柑橘总产量的 9.54%，位列全国第四。自 2017 年起，四川柑橘种植面积持续扩大，平均每年扩种面积超过 2 万公顷，并且这种增长趋势仍在保持。相较于平原地区发展粮、棉、油、糖等关系国家粮食安全的重要产业，柑橘在我国南方丘陵山区的经济发展中占有很重要的位置，对实现我国南方丘陵山区农民增收和脱贫致富的意义重大，解决了大量的农村劳动力的就业问题。笔者依据四川省农业农村厅提供的数据整理了 2019 年和 2020 年生长特性较为接近的柑、橘、橙三类柑橘产量排名靠前的县（市、区），相关数据见表 1-1。基于柑橘产量大县的分布，综合考虑四川省五大经济区域标准，本书最终选择在成都平原经济区（蒲江县、丹棱县、金堂县、仁寿县、雁江区）、川南地区（资中县、江安县）、川东北地区（渠县、高坪区、蓬安县）10 个县（市、区）进行调研。其中，预调研在蒲江县开展，正式调研在剩余县（市、区）开展。

表 1-1　2019—2020 年四川柑橘大县　　　　单位：吨

排名	县（市、区）	2019 年柑橘橙产量	2020 年柑橘橙产量	平均值
1	仁寿县	342 308	356 808	349 558
2	资中县	205 363	224 444	214 904
3	蒲江县	202 820	225 554	214 187
4	雁江区	178 651	179 425	179 038
5	金堂县	166 372	166 505	166 439
6	荣县	138 714	151 468	145 091
7	丹棱县	133 301	148 125	140 713

表1-1(续)

排名	县（市、区）	2019年 柑橘橙产量	2020年 柑橘橙产量	平均值
8	东坡区	131 996	141 442	136 719
9	高坪区	132 444	140 644	136 544
10	渠县	118 598	125 141	121 870
11	江安县	113 735	88 014	100 875
12	蓬安县	82 388	86 555	84 472
13	富顺县	80 351	88 158	84 255
14	青神县	66 342	69 147	67 745
15	石棉县	60 000	66 005	63 003
16	邻水县	57 665	60 362	59 014
17	邛崃市	44 937	60 178	52 558
18	苍溪县	48 722	48 972	48 847
19	岳池县	43 723	45 583	44 653
20	简阳市	43 377	39 900	41 639

数据来源：根据四川省农业农村厅调研数据整理。

实地调研分为预调研和正式调研。调研团队于2021年7月对四川省成都市蒲江县水口村的柑橘合作社及其成员进行预调研，测验问卷题项，进一步修改调研问卷和访谈提纲。在预调研基础上，调研团队分成三个组对9个样本县（市、区）进行正式调研，采用典型抽样与多阶段随机抽样相结合的方法。具体抽样过程为：调研团队按照访谈提纲与样本县（市、区）的相关负责人进行座谈，了解当地柑橘产业发展现状及合作社情况，请相关单位提供较为典型的柑橘合作社名单，调研团队再从其中随机抽取6~10个柑橘合作社进行调研，每一家合作社再随机抽取8~12个成员展开调研。为保证调研样本的质量，成员主要选择家庭柑橘种植决策者进行调研。本次调研共发放合作社问卷74份，合作社有效问卷69份，问卷有效率为93.24%；发放成员问卷645份，成员有效问卷619份，问卷有效率为95.97%。

1.6.2 研究方法

1.6.2.1 规范分析法

借助中国知识资源总库、ELSEVIER 数据库、官方统计资料和公报等途径广泛收集国内外相关资料，运用逻辑推导与演绎归纳法，明确柑橘合作社、合作社交易契约、农业绿色生产行为、成员绿色生产行为等相关内涵，解析成员交易契约选择决策的影响因素，厘清合作社交易契约影响成员绿色生产行为的理论逻辑。

1.6.2.2 比较分析法

比较分析法主要用于分析两个或两个以上有某种联系的事物或对象的相似之处与差异所在。本书比较分析了选择合作社交易契约成员和未选择合作社交易契约成员在个体特征、家庭特征、生产特征以及绿色生产行为特征层面的差异。具体而言，个体特征层面比较了两类成员在年龄、受教育程度、身体健康情况、外出务工经历方面的差异；家庭特征层面比较了两类成员在家庭年收入、柑橘收入、家庭柑橘种植面积、柑橘种植年限方面的差异；生产特征层面比较了两类成员在环境价值观、环境责任感、环境知识、肥料和农药使用行为（包括次数、比例、成本等方面）方面的差异；绿色生产行为特征层面比较了两类成员在肥水管理、病虫害防控、树体管理、废弃物处理等环节行为的差异及经济绩效、社会绩效、生态绩效的差异。

1.6.2.3 实地调查法

实地调查法采取典型访谈与问卷调查相结合的方法。一是在本书具体研究内容的基础上，科学设置访谈提纲，通过与相关农业部门负责人进行重点访谈，宏观掌握全省和样本县柑橘产业现状及合作社发展概况；二是通过大量文献资料和访谈情况形成初步的调查问卷，进行小范围的预调研，并邀请相关专家进行多次讨论和修改，进一步完善问卷内容，形成正式问卷；三是运用正式问卷，采用分层随机抽样方式对目标区域进行正式调研，以获取目标数量的问卷。

1.6.2.4 计量分析法

本书基于微观调研数据，主要采用了熵值法、内生转化模型、中介检验法、倾向得分匹配法、二元 Logit 模型等计量方法进行分析和检验。

具体而言，采用客观赋权法（熵值法），从客观和科学的角度对成员在柑橘种植过程中绿色生产行为进行测度评价。二元 Logit 模型适用于因变量取值 0 和 1 的情况。在本书中，成员交易契约选择决策只有选择和不选择两种情形，故适合采用二元 Logit 模型来实证分析成员交易契约选择决策的影响因素。内生转换模型通常用来解决不可观测因素和可观测因素造成的内生性问题，成员会根据自身资源禀赋条件选择是否通过合作社交易农产品，其决策行为可能会受到一些不可观测因素的影响，同时影响着成员的绿色生产行为，因此本书选择内生转换模型考察合作社交易契约对成员绿色生产行为的影响。中介检验法通常用来验证中介传导机制，因此本书用这一方法揭示合作社交易契约背后隐含的治理功能逻辑，探析合作社交易契约影响成员绿色生产行为的作用机理。倾向得分匹配法通过构建反事实假设，有效解决"自选择"引起的内生性问题。因此，本书选用倾向得分匹配法评估成员在柑橘种植过程中绿色生产行为的经济绩效、社会绩效和生态绩效。

1.7　主要创新之处

（1）搭建"合作社交易契约（S）—治理功能（G）—成员绿色生产行为（C）—绩效评价（P）"分析框架。本书在借鉴产业组织学研究范式的基础上，将研究视角从产业的领域转移到合作社组织范畴。本书基于交易费用理论识别成员交易契约选择决策的影响因素，根据契约治理功能解释合作社交易契约影响成员绿色生产行为的作用机理，进一步评估合作社交易契约对成员绿色生产行为经济绩效、社会绩效和生态绩效的影响，厘清了契约状态、治理、行为和绩效之间的深层逻辑关系，为深入研究合作社带动成员绿色生产行为的路径提供了分析范式。

（2）从交易契约的视角拓展农户行为理论。本书将合作社与成员之间的关系视为一组契约的联合，从交易契约视角阐释成员绿色生产行为，并进一步考察合作社交易契约不同类型和模式下成员绿色生产行为的差异性。其中，前者从合作社交易契约的约束力程度来分析，后者从合作社交易契约的组织模式选择来分析，弥补了以往研究主要考察入社行为对成员绿色生产行为影响的不足，拓展和丰富了对农户绿色生产行为的研究。

（3）从契约治理的功能维度剖析合作社交易契约影响成员绿色生产行

为的作用机理，丰富中国本土化合作社理论。本书将建筑工程项目、联盟战略等管理领域契约治理的思路应用到合作社交易契约治理实践中，从契约治理的控制性功能和协调性功能两个维度剖析了合作社交易契约影响成员绿色生产行为的作用机理，揭示了合作社交易契约背后隐含的契约治理逻辑，为合作社交易契约治理提供了经验证据，这无疑是对中国本土化合作社理论的一次有益探索。

2 概念界定、理论基础与分析框架

2.1 概念界定

2.1.1 柑橘合作社

合作社最早出现于工业革命时期，成员民主控制、按惠顾额分配盈余和资本报酬有限等本质性规定构成了其制度内核（Cook，1995；唐宗焜，2007；邓衡山、王文烂，2014；Ajates，2020；Barton，2000）。目前，各国普遍认可的是 1995 年国际合作社联盟（International Cooperative Alliance，ICA）对合作社做出的定义，即合作社是由自愿联合起来的人们通过财产共有和成员民主管理，来满足其共同的社会、文化和经济需求及理想的自治型组织。合作社原则与本质赋予了其益贫性（Bernard et al.，2009；Gava et al.，2021；McCain，2008）及经济、社会治理等功能（Bijman et al.，2013；徐旭初，2014；Bravo-Ureta et al.，1988）。随着合作社国际化发展，其定义不断演进，实践趋于本土化，美国"新一代合作社"、西班牙蒙德拉贡农业合作社、荷兰农业合作社公司化等均是例证（王征兵，2010；郭晓鸣，2020）。合作社被引入中国后，受乡土社会"共同体合作"、农村社会阶层分化、现代农业转型、政府规制和法律等现实环境的影响（赵晓峰，2018；马彦丽 等，2018），制度安排亦呈现出中国特征（苑鹏，2013；黄祖辉，2018），如决策与收益的差别发展（牛若峰，2004）、显著的成员异质性（邵科 等，2008）、领办主体多元化等（张晓山，2012）。2006 年10 月 31 日颁布的《中华人民共和国农民专业合作社法》（以下简称《合作社法》）将合作社定义为："农民专业合作社是在农村家庭承包经营基础上，同类农产品的生产经营者或者同类农业生产经营服务的提供者、利用者，自愿联合、民主管理的互助性经济组织。"2017 年 12 月 27 日，颁布了修订后的《合作社法》，取消了原合作社定义中的"同类"限制。

因此，借鉴《合作社法》中的定义，本书中的柑橘合作社是指在农村家庭承包经营基础上，由以柑橘为主要种植作物和经营品种的果农共同建立的自愿联合、民主管理的互助性经济组织。合作社依托当地柑橘产业的优势，可以为成员提供产前柑橘生产资料购买服务，产中柑橘生产技术支持、信息共享等服务，产后柑橘收购、销售、加工、储藏等相关服务。

2.1.2 合作社交易契约

交易又称贸易、交换，原指以物易物，后泛指买卖商品。通常所讲的交易是指双方以货币及服务为媒介的价值交换。在现代市场经济的运行过程中，交易是实现资源合理配置和商品所有权转移的重要手段，是构成经济活动的基本单位构件（康芒斯，1997）。合作社是农户在自愿、互利、平等和互惠原则的基础上兴办的合作组织，主要面临两种交易环境：一种是合作社与外部市场主体之间的交易（张益丰，2019；麻丽平，2017），另一种是合作社与成员之间的交易（蔡荣，2011；王丽佳，2013）。这些交易构成了合作社运营、扩张与治理的基础（范旺达，2015）。但无论合作社在何种发展阶段，合作社与成员之间的交易都是主要的交易类型（崔宝玉和刘丽珍，2017；邓衡山 等，2022），是其他交易类型形成与发展的根基，否则，合作社就不会存在，更遑论其他类型交易的生成与发展。从交易频率视角出发，崔宝玉和刘丽珍（2017）将合作社与成员之间的交易分为个别交易、重复交易、长期交易三种类型；从交易内容视角出发，合作社与成员之间的交易活动主要涉及农用物资购买、农产品销售及相关服务交易方面（麻丽平，2017；黄季焜，2010；黄凤、杨丹，2014；高钰玲，2014）。随着"小农户"和"大市场"之间的矛盾日益突出，农产品生产驱动力也逐渐由传统的生产导向转变为市场导向，农产品交易已然成为影响小农户融入农业产业链、获得产业链增值的重要环节。已有学者考虑到成员的"部分销售"现象，以成员是否将产品销售给合作社为标准将"合作社+农户"模式细分为部分横向合作交易模式和完全横向合作交易模式（李霖，2018；万凌霄和蔡海龙，2021）。因此，本书中的成员与合作社之间的交易是指成员通过合作社销售农产品。

契约是指双方或者多方当事人之间的一种协议、约定或合同。契约古典思想可以追溯到《圣经·旧约》，宗教契约意为与上帝"立约"。现代契约思想发源于罗马法，法理契约将契约定义为一种发生、变更债务关系的法律行为。受罗马法契约思想的启发，社会契约在16世纪快速发展，强调人们在相互交往中为求得互不伤害而制定的公正、自由和公平的协议，包括正式契约和非正式契约。19世纪70年代，随着新古典经济学的边际革命，契约研究不再局限于法学和政治学领域，开始向经济学领域拓展。现代经济学中的契约概念实际上是将所有市场交易都看作一种契约（不管是正式的还是非正式的交易，显性的还是隐性的交易，长期的还是短期的交易），并将其作为经济分析的基本要素。科斯（1937）在《企业的性质》一文中开始从契约的角度解释交易行为。诺斯（1984）指出，契约是一种微观性的制度。威廉姆森（1975）认为，契约是交易的微观规制结构。张五常（1983）进一步阐释和发展了科斯的思想，将契约定义为"当事人在自愿的情况下的某些承诺，它是交易过程中的产权流转的形式"。因此，契约与交易作为一枚硬币的两面，属共生关系，交易在一定契约（隐性或显性）规定下才能发生，契约规定着以后的交易行为并对交易效用具有一定的预见性。在本书中，合作社交易契约特指成员通过合作社销售农产品过程中对双方权利与义务所达成的具有约束性的承诺合集。本书将选择合作社交易契约的成员简称为"交易成员"，将未选择合作社交易契约的成员简称为"未交易成员"。成员与合作社缔结交易契约后，可进一步细分不同类型和模式，具体分类见图2-1。

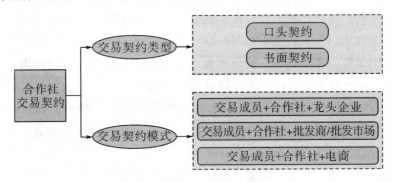

图 2-1　合作社交易契约解析

　　合作社与成员之间的交易契约关系的约束力越强，越能够促进合作社交易成本与组织成本的降低，进一步优化组织结构（崔宝玉和程春燕，2017；邓宏图 等，2020；马彦丽，2019）。以成员与合作社签订契约时的承载体为分类标准，本书将合作社交易契约划分为正式契约（书面契约）

和非正式契约（口头契约）。一是书面契约。成员与合作社以书面形式约定农产品交易过程中双方的权利、义务等内容，契约约束力较强。成员与合作社签订书面契约后利益联结较为紧密，合作社提供细致全面的服务。二是口头契约。成员与合作社之间就有关农产品数量、质量、价格等内容口头达成一致，进行产品交易，契约约束力较弱。签订口头契约的成员与合作社"社会互动"也往往较少，只能够获得部分合作社的相关服务，当合适的卖家出现，成员极有可能做出违约行为，双方的契约稳定性较低（刘洁，2011）。成员农业生产过程的自由性和灵活性较强，缺乏一定的监督和管理。

合作社外部不同的交易对象传递了不同的质量信号，在不同的质量信号下，合作社会根据差异化的集体目标引导成员进行生产活动。以合作社农产品的直接销售对象为标准，合作社交易契约模式可以分为"交易成员+合作社+龙头企业""交易成员+合作社+批发商/批发市场""交易成员+合作社+电商"三种交易契约模式。一是"交易成员+合作社+龙头企业"交易契约模式。合作社与农业相关龙头企业达成协议并签订相关农产品供销合同，合作社组织成员在其自有耕地或生产基地种植指定农产品，并根据龙头企业的要求制定相应的生产操作规程，生产出数量稳定和质量可靠的农产品并销售给龙头企业。这种交易契约模式一方面提高了成员的经济和社会地位，降低了成员在农产品销售时的风险，使成员有机会共享农产品加工、销售环节的利润（邓宏图 等，2020），产生持续的经济激励；另一方面能够以"农民监督农民"的方式约束成员的机会主义行为，降低对成员生产环节的监督成本（郭斐然 等，2018）。二是"交易成员+合作社+批发商/批发市场"交易契约模式。合作社与批发商或批发市场达成协议并签订相关农产品供销合同，也是合作社最常选用的交易契约方式。批发商和批发市场都是为了将产品销售给下一级供应链主体，具有较强的质量控制动机（袁雪霈 等，2019），批发市场和批发商一般对果子的大小、数量、果皮外观、酸甜度、鲜度有一定协议和约定（刘小兰，2014），但很难监督成员在柑橘生产过程中的行为。三是"交易成员+合作社+电商"交易契约模式。合作社利用信息和通信技术在网上直接面向消费者开展农产品销售活动，主要通过合作社自建电商平台和网站、第三方电商平台（淘宝、京东、天猫）、微信或者抖音等社交平台进行售卖。合作社在网上和消费者签订交易订单后，一方面，消费者可以利用电商平台的在线留言、产品评论等信息披露和反馈评级机制，对交易农产品质量进行评价（李晓静，2021），从而推动合作社生产绿色农产品，以树立良好口碑、获得正向评价；另一方面，在微信、抖音等社交平台购买产品的消费者，可以直接和合作社相关负责人进行沟通和交流，激励合作社按照消费者的需求变化进行生产活动。

2.1.3 农业绿色生产行为

1989年，联合国环境规划署（UNEP）正式提出了清洁生产的概念并于1996年完善了其定义。清洁生产主要针对工业发展而提出，目的是减少工业生产带来的污染，以减少或者消除对人类健康和环境的危害，最终促进工业的可持续发展。绿色生产是指以节能、降耗、减污为目标，以管理和技术为手段，实施生产全过程污染控制，使污染物产生量最少化的一种综合措施。随着农业生产引发的环境污染和农产品质量安全问题越发严重，农业绿色发展日益受到重视，推广农业绿色生产行为成为农业可持续发展的主要手段。本书所指的农业绿色生产行为，是绿色生产在农业领域的具象化，是集资源节约、环境友好、生态保育、质量高效于一体的可持续行为系统（Stern，2000）。对此类行为描述类似的有"安全生产行为"（娄博杰，2015）、"亲环境行为"（曹慧，2019）、"标准化生产行为"（马兴栋，2019）和"生态生产行为"（畅倩 等，2020）等。也有学者用绿色生产技术采纳水平来表征农业绿色生产行为（张康洁 等，2021）。农业绿色生产行为主要有以下四个特征：一是要求节能、降耗、减污。具体而言，要以节约能源、减少消耗、减轻对环境的污染为目标，从而达到减少原材料投入、降低农药残留的效果（张童朝 等，2017）。二是强调绿色生产技术的采用，如保护性耕作技术、节水灌溉技术、病虫害绿色防控技术以及测土配方施肥技术等（Pretty et al.，2015；Harada et al.，2010）。三是追求全产业链绿色化。具体而言，农业绿色生产行为不仅涉及终端产品，也强调过程监督与管理，以实现"从农田到餐桌"的全程质量控制（吕美晔 等，2004；杨致瑗 等，2017）。四是注重多重效益的统一。通过改进生产技术和作物品种，产品价值提升，实现经济效益增值，同时创造良好的生态效益，促进农业农村生产生活环境的改善（罗小娟 等，2014）。

2.1.4 柑橘成员绿色生产行为

柑橘是中国种植面积最大和产量最高的经济作物，我国已经制定大量涉及柑橘产业绿色生产的国家标准和地方标准，如《柑橘生产技术规范》《晚熟柑橘生产技术规程》《晚熟柑橘绿色高效生产技术规程》《无公害食品林果类产品产地环境条件》《无公害农产品柑橘生产技术规程》等。这一系列国家和地方标准，都为我国柑橘产业实现绿色生产做出了重要贡献。

基于联合国环境规划署关于绿色生产的定义，结合国家和地方对于柑橘绿色生产的规范，立足柑橘生产的投入、管理和产出全过程，本书将柑橘成员绿色生产行为界定为：在柑橘生产过程中，成员坚持在肥水管理环节、病虫害绿色防控环节、树体管理环节、废弃物处理环节中贯彻绿色发展环境战略，坚持集资源节约、环境友好、生态保育、质量高效于一体的可持续行为系统。参照现有学术文献、国家、行业、地方标准等相关研究结论和技术规定，结合柑橘种植业生产实际情况，并咨询相关柑橘专家，笔者总结了柑橘成员绿色生产行为涉及的环节及相关特征，如表 2-1 所示。

表 2-1　柑橘成员绿色生产行为涉及的环节及相关特征

具体环节	内容与特征	量化方式
肥水管理	平衡施肥：是否做到有机肥和无机肥，N、P、K 肥合理平衡施肥，避免偏施氮肥？	否 = 0，是 = 1
	商品有机肥施用：2020 年，是否施用袋装有机肥？	否 = 0，是 = 1
	农家肥施用：2020 年，是否施用养殖粪便、秸秆、油枯等制作的农家肥？	否 = 0，是 = 1
	无害化技术：利用养殖粪便、秸秆等农业废弃物堆沤腐熟的农家肥是否经过无害化处理？	否 = 0，是 = 1
	水肥一体化技术：是否采用水肥一体化技术？	否 = 0，是 = 1
	测土配方技术：是否采用测土配方技术？	否 = 0，是 = 1
	水分管理：是否采用喷灌、滴灌、管道输水等节约用水方式？	否 = 0，是 = 1

表2-1(续)

具体环节	内容与特征	量化方式
病虫害 绿色防控	农业防治：是否使用生草（白三叶、紫花苜蓿等）技术？	否 = 0，是 = 1
	生物防治：利用及释放捕食螨等天敌，控制有害生物产生？	否 = 0，是 = 1
	是否采用糖、酒、醋诱杀罐和性诱剂等诱杀害虫？	否 = 0，是 = 1
	物理防治：是否采用黑光灯、黄色黏虫板、频振式杀虫灯等物理装置？	否 = 0，是 = 1
	药剂防治：农药施用浓度是否按照说明书进行配比？	否 = 0，是 = 1
	科学用药：是否严格执行农药安全间隔期？	否 = 0，是 = 1
树体管理	修枝整形：是否会采取剪除病虫枝、清除枯枝落叶等措施？	否 = 0，是 = 1
	花果管理：是否控制开花和结果的数量与质量，及时疏果，避免大小年？	否 = 0，是 = 1
	套袋技术：是否选用质量较好、符合标准的果袋？	否 = 0，是 = 1
	熏烟防霜：是否控制熏烟时间，白天不熏烟，傍晚天黑后开始熏烟，减少烟霾的影响？	否 = 0，是 = 1
	覆膜技术：是否在冬季寒潮来临之前，采用树体覆盖薄膜，采用主干覆草来增强树干抵御低温能力？	否 = 0，是 = 1
废弃物处理	农药包装回收：使用完的农药包装是否进行回收？	否 = 0，是 = 1
	肥料、套袋回收：是否将肥料包装袋、果树套袋等农业生产资料废弃物进行回收处理？	否 = 0，是 = 1

注：本量表根据相关文献及《晚熟柑橘绿色高效生产技术规程》设计。

2.2 理论基础

2.2.1 交易费用理论

1937年，科斯在《企业的性质》一文中搭建了市场和企业的两级制度框架，探讨了市场与企业之间的替代关系，并认为市场价格机制的运行需要费用。交易费用的思想首次出现，但科斯并未使用"交易费用"一词。随后，以威廉姆森（1985）、巴泽尔（1997）为代表的学者开始从签订、执行契约和所有权等微观层面来定义交易费用，以 Arrow（1969）、North（1984）和张五常（1999）为代表的学者开始从市场机制运行和制度运行等宏观层面来定义交易费用，代表性人物及交易费用的定义详见表2-2。

表 2-2　代表性人物及交易费用的定义

代表人物	交易费用的定义
微观层面	
（1）科斯（1937）	谈判费用、信息寻找费用、签约费用、执行费用以及监督费用
（2）威廉姆森（1985）	事前：签约、谈判、监督和履约等费用 事后：解决契约问题（改变契约条款、终止和退出契约）的费用
（3）Eggertssom（1990）	个体交换经济资产所有权，执行个体独有权力的费用
（4）巴泽尔（1997）	获取权利、保护权利和转移权利的费用
宏观层面	
（1）Arrow（1969）	市场机制运行的费用
（2）North（1984）	与购买原材料、销售产品等交易行为相关的一切费用
（3）张五常（1999）	鲁宾逊·克鲁索经济中不可能存在的成本，包括制度建立的初始费用、制度结构变化费用等
（4）Mccann等（2005）	市场交易费用、维持市场运行的制度和管理费用、制度环境创立的初始费用及变动费用

注：笔者根据相关文献整理。

　　虽然学者们从微观和宏观两个层面对"交易费用"的概念进行了探讨，但一直处于"难以量化"的尴尬境地，难以进行实证研究。幸运的是，威廉姆森（1991）将交易作为基本分析单位，通过使用"比较制度"的分析方法选用资产专用性、不确定性和交易频率三个交易特性来实际度量交易费用，使其可操作化，并在此基础上创建了交易费用理论，推动了新制度经济学的发展。从威廉姆森对交易费用三个维度的总结可以发现，交易费用的实质是交易主体在商品交易以及利益分配、调节过程中所产生的资源损耗。为了获取最大化利益，交易主体均不愿意面临高昂的交易费用，因此一方面希望通过技术手段来降低交易费用，另一方面希望通过改变交易双方契约形式来降低交易费用。

　　科斯搭建了市场和企业的两级制度框架。实际上，市场和企业之间还有其他中间机制，是介于企业和市场之间的中间性治理结构，代表一种长期而稳定的交易关系，该治理结构的组织费用低于完全市场交易费用和企业组织管理的交易费用，是市场机制"看不见的手"和层级机制"看得见的手"之间的握手（Larsson，1993；Menard，1998）。农业纵向协作模式、农民专业合作社以及股份合作联盟等都是在相互信任基础上建立长期合作行为的契约关系。与企业相比，这些治理结构机制能够更加高效地合作，有效减少交易双方的机会主义行为，是较为典型的中间机制（Peterson et al.，2001）。

交易费用理论作为新制度经济学的核心理论，也是本书分析成员交易契约选择决策的重要理论工具。柑橘具有上市期集中、易腐烂等特性，随着柑橘种植规模的逐渐扩大，"增产不增收"的现象时有发生。此外，柑橘销售的不确定性程度也较高，具有更加复杂的交易费用和交易契约选择过程。生产者在交易时会考虑交易费用最低的契约安排，选择更加紧密的组织内部交易模式是为了实现生产和交易成本的最小化。因此，本章基于交易费用理论，从资产专用性、不确定性及交易频率三个交易特性来分析成员交易契约选择决策的影响因素。

2.2.2 不完全契约理论

契约理论作为经济学的分支，核心是将市场中各类产品和劳务的交易行为都看作一种契约关系，然后设计一种激励或约束交易主体行为的机制或制度，以便实现社会福利最大化（聂辉华，2017）。契约理论起源于科斯1937年发表的经典论文《企业的性质》，此后得到了蓬勃发展，可以划分为古典契约、新古典契约与现代契约三个阶段。在古典契约阶段，契约被认为是交易主体自由选择的结果，且不受外部力量的干涉，这一阶段契约不具有连续性，其谈判、签订等环节只存在于当期，主体在交易结束后主体自动退出，但对于权利、义务等契约条款规定明确，具有缺陷性；在新古典契约阶段，契约具有完全性、抽象性和不确定性等特征，这一时期交易主体足够多且契约主体能获取完全信息，契约的缔结很少受到外部因素的干扰，相关条款规定明确且能顺利执行，也不存在外部性，因此，契约执行的成本较低；在现代契约阶段，契约理论朝着完全契约理论和不完全契约理论两个方向演进。完全契约理论认为，企业和市场没有本质区别，委托人和代理人能够完全预测到契约期内可能发生的事项，出现纠纷时能够保障强制执行，主要用于解决道德风险和逆向选择的问题。许多学者将完全契约理论应用于分析组织内人员激励机制（Holmstrom，1979）、代理人竞赛机制（Lazear and Rosen，1981）、工资机制及产权安排（Holmstrom and Milgrom，1991）、寻租行为分析（Milgrom，1988）、企业的金融契约（Tirole，1996）以及政府对企业的规制（Laffont and Tirole，1993）等实践问题。不完全契约理论则正好相反，认为由于交易双方的有限理性和机会主义，契约往往是不完全的，无法规定详尽未来发生的所有情况。其中，有限理性是指交易双方不会在缔结契约前花费大量精力去收集和处理信息，因此不可能在事前完全预测交易的具体结果；机会主义是指在信息不对称与资产专用性较强、监督成本高昂以及不确定性较大等复杂外部环境中，交易主体可能会采取隐藏信息和逃避义务等违约行为来追求更多的自身利益。

不完全契约理论主要经历了三个发展阶段：第一个阶段以《所有权的成本与收益：纵向一体化和横向一体化理论》（Grossman and Hart，1986）和《产权与企业的本质》（Hart and Moore，1990）两篇论文为标志创立了G-H-M模型，科学回答了契约为什么是不完全的这一关键问题。第二个阶段围绕经典理论G-H-M模型进行了实践拓展，包括对契约不完全情况下企业破产程序设计（Hart et al.，1997；Hart et al.，1994；Hart et al.，1995）、合作情形下企业外部所有权分析（Hart and Moore，1996；Hart and Moore，2007）、不完全契约框架下企业资本结构、债务处理（Hart，1995；Hart and Moore，1998；Hart and Moore，2005）等问题进行分析。第三个阶段以《作为参照点的契约》（Hart and Moore，2008）一文为标志，将行为经济学引入不完全契约理论，引入参照点、自利偏见、互惠或报复三个行为因素，解决了G-H-M模型的缺陷，目前主要应用于对高管薪酬契约参照点效应（李维安 等，2010；徐细雄和谭瑾，2014）、产学研知识产权冲突协调（吴颖 等，2021）以及建筑项目履约行为（严玲 等，2018）等方面的研究。

不完全契约理论认为，由于交易双方的有限理性和机会主义，双方不会在缔结契约前花费大量精力去收集和处理信息，契约往往是不完全的，无法规定详尽未来发生的所有情况。成员与合作社签订交易契约后，按照签订的契约向合作社提供柑橘，但是由于契约的不完全性，成员有可能采取不按照合作社规定章程进行生产活动、交付不符合质量标准产品等多种机会主义行为。合作社可以通过明确交易双方的权利与义务等控制性契约条款来减少成员的机会主义行为。比如,合作社可以通过制定产品收购标准、规定成员生产过程中投入品种类、设置生产奖惩处理程序等控制性契约内容来促进成员按照契约协议进行合作。但是,我国农户的受教育水平普遍较低,老龄化较为严重,导致成员在与合作社的合作过程中容易出现认知偏差和沟通障碍等问题,僵硬的控制性契约有可能会降低双方对于合作的未来期望,甚至使双方关系终止,无法达到预期的结果。合作社和成员间交易的顺利开展还取决于行动协调的差异,而不只是消极的利益博弈。因此,抑制机会主义来保护自身利益并不是交易双方制定契约的唯一目的,还应该考虑消除沟通和协作障碍来促进行动协调。合作社可以通过明确生产管理程序、制定技术标准、提供生产服务等协调性契约内容来建立与成员之间的有效的沟通交流机制,加速信息共享,促进共同协作。本书所关注的合作社交易契约影响成员绿色生产行为的问题,其本质就是在不完全契约背景下探讨合作社交易契约的控制性治理功能和协调性治理功能对农户绿色生产行为的影响。

2.2.3 农户行为理论

农户行为是指农户为了实现自身特定的利益或目标而实施的包括生产、交换、分配和消费等一系列行动过程。总结国内外相关文献,农户行为理论的相关典型观点主要分为以下三大学派:

(1)理性小农学派。其代表人物是美国经济学家舒尔茨。舒尔茨通过对印度和危地马拉两个传统农业耕作区的小农户进行分析发现,在充分竞争的市场条件下,小农户是理性的,他们能较快地根据市场变化做出回应,重新配置两地的农业生产要素。这说明"理性"小农户的生产行为与企业经济运行一样,都是为了追求利润最大化,会对现有资源禀赋进行有效配置,实现帕累托最优,小农经济是贫困但有效率的。波普金(1979)在此基础上做了进一步拓展。他认为,小农户会精心计算现有资源并且在充分衡量长、短期利益及个人偏好后,以追求利益最大化为目标,实现家庭福利最大化,其行为决策并不取决于所能带给集体的利益。但西蒙(1988)认为,受制于不确定性、小农户的知识储备以及方案的不完备等因素,小农户的理性是有限的,这导致他们的行为决策并非最优,只是在当前条件下小农户满意的行为决策。

（2）组织生产学派。其代表人物是俄国农业经济学家恰亚诺夫。恰亚诺夫认为，农户生产有别于企业经营，是非理性生计生产者，农户生产经营目标主要是满足自身家庭消费，追求生产风险最小化而非追求利润最大化。其主要原因是，农户具有生产和消费两重属性，会在满足家庭自身需求与劳动辛苦程度之间进行生产决策的选择，如果农户生产经营的利润满足了家庭的消费需求，即使还没完全实现利润最大化的目标，农户可能也不会再有投入生产资料或劳动力的想法。斯科特（1976）则认为，农户追求的最根本目标是生存，因此农户在进行行为决策时往往会选择较为稳定的生产方式，而非高风险高收益的生产方式，而且农户参与集体行动会优先考虑集体行动，这也是因为集体行动更能保障其实现生存的目标。

（3）历史学派。其代表人物是美国华裔学者黄宗智。黄宗智综合了舒尔茨和恰亚诺夫的主要思想，认为小农户是追求"利润最大化理性小农户"和追求"效用最大化非理性小农户"再加上"受剥削的耕作者"三重身份的综合体，具有以下三个特征：一是中国小农户会根据市场情况实施行为决策；二是中国小农生产首先是满足自身家庭的消费需求，这与城市居民的生产决策行为不一致；三是中国的小农生产主要用于满足非农部门的消费需求。他还分析了我国 20 世纪 30~70 年代农村经济发展的各个阶段，发现农户不仅进行自给自足的农业生产，还会根据市场需求调整生产规模。

上述三大学派关于农户行为理论的解释均有其合理性，但也均有一定局限性。理性小农学派忽略了有限理性和信息不对称的现实情况，组织生产学派主要针对处于温饱边缘的农户，历史学派主要针对某一特定历史阶段，因此得出了不同的研究结论。本书认为，农户不管是选择与合作社达成产品交易，还是做出绿色生产的行为决策，生产目的都是追求效用最大化。但是受信息的不完全及其他因素的影响，农户基于有限理性进行效用最大化决策，比如可能会做出为增加产量而加大农药、化肥等化学投入品使用量等有限理性行为，因此需要合作社通过交易契约对其生产行为进行引导和监督。

2.2.4　农业绿色发展理论

20 世纪 40 年代，英国大卫·皮尔斯提出了绿色经济思想，认为经济发展和环境保护要协调发展，在经济发展中要融入绿色发展理念。此后，基于环境问题探讨绿色发展的相关研究逐渐兴起，1962年，《寂静的春天》一书中首次出现了可持续发展的理念；1981年，巴朗在《建设一个持续发展的社会》中第一次提出可持续发展观点；1987年，世界环境与发展委员会在《我们共享的未来》报告中第一次明确了可持续发展的概念；1992年，联合国召开"环境与发展大会"，通过了以可持续发展理念为核心的《里约环境与发展宣言》。自此，可持续发展理念被陆续应用到国际社会的各个领域。农业作为国民经济发展的基础产业，关系国计民生的根本性问题。21世纪以来，人类面临的资源约束和生态环境问题日益突出，可持续发展也成为关注热点。近年来，农业除生产满足人们生产生活需要的食物外，还逐渐影响整个生态系统，被认为是实现人与自然的全面、协调、可持续发展的关键产业。国际上相继出现"低碳经济""循环经济"等不同的经济发展模式，"绿色发展""可持续发展"的核心都是强调人类在发展的过程中要同时注重经济的增长、社会的发展和环境的保护。但是，两者在一些方面也存在不同，绿色发展在面对自然资源约束时鼓励通过科技创新主动解决问题，产生更多的生态资产为后代留存资源；可持续发展强调在面对自然资源约束时人类需要通过放慢发展步伐来保证后代人的生存与发展。

自古以来，我国均追求绿色发展模式，"天人合一、道法自然"即蕴含了"绿色发展"思想，马克思关于自然规律观、自然优先观等理念也对我国绿色发展产生了深远影响。党的十八大以来，我国持续推进生态文明建设，我国生态环境保护发生历史性、转折性、全局性变化，人与自然和谐之美生动展现。

总体来说，绿色发展更加强调通过发展绿色技术和制度创新来实现经济、社会、环境的共同协调发展。农户作为农产品的生产者，其行为方式的选择直接影响到农业生态系统的可持续发展、经济增长驱动力和社会福利水平。从经济层面来看，农户进行绿色生产进一步提高了产品质量，安全、绿色农产品所带来的产品增值也会提升农户的经济收入；从生态层面来看，农户采用先进的农业绿色科学技术，实现高产高效和环境保护的协调，有利于促进农业生产与生态环境和谐发展；从社会层面来看，不规范或者过量施用农药、化肥等化学投入品不仅会对消费者的身体健康带来严重损害，也会使生产者长期面临较大的健康风险。引导农户进行绿色生产，有利于解决食品质量安全问题，实现整个社会福利的提升。成员在柑橘生产过程中进行绿色生产是农业绿色发展理论在柑橘产业的具体实践，有利于促进南方柑橘产业的可持续发展。因此，本书以绿色发展理论为落脚点，对在柑橘生产过程中成员绿色生产行为带来的经济绩效、社会绩效和生态绩效进行评价，并探讨合作社交易契约对成员绿色生产行为绩效的影响。

2.3 分析框架

2.3.1 成员交易契约选择决策的影响因素分析

交易费用经济学认为任何交易都不会无成本地实现（Coase，1937），不同特性的农产品在进入市场时由于交易方式的异质性会产生不同的交易费用。农户作为有限理性经济人，为了降低交易费用和缩短交易时间，会选择符合自身生产经营状况和产品特性的交易方式。在交易成本理论中，威廉姆森（1985）提出交易特性由资产专用性、不确定性和交易频率三个维度组成，但尤其关注企业资产专用性的影响。在柑橘种植业生产活动中，柑橘作为商品率较高的产品（王卫卫，2021），受市场价格的影响较大并且往往具有较高的产量（宋金田，2013），三个维度的交易特性都影响了农户的交易方式选择，详见图2-2。

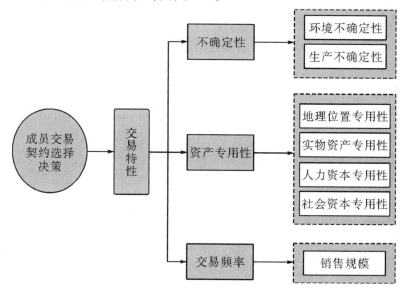

图2-2　成员交易契约选择决策分析框架

2.3.1.1 资产专用性

资产专用性是指在不牺牲其生产价值的条件下，某项资产能够被重新配置于其他替代用途或是被替代使用者重新调配使用的程度。依据威廉姆森和各个学者关于资产专用性的划分，本书将资产专用性分为地理位置专用性、人力资本专用性、实物资产专用性和社会资本专用性（冯晓龙 等，2018；宋金田和祁春节，2011）。

（1）地理位置专用性。交通运输便利、经济优势明显的区域具有天然的地理位置专用性（肖文韬，2004）。合作社所在乡镇的经济发展水平越高，越容易引进一些农业龙头企业和柑橘加工厂，合作社越容易和这些外部市场组织进行联结，不用到外地寻找经销商和销售渠道，大大降低了信息搜寻费用和一定的谈判成本。合作社所在乡镇距离汽车站越近，仓储保鲜、冷链物流以及电商基础设施的发展水平较高，合作社更容易发展多种形式的农产品交易方式，节约交易过程中的运输费用。拥有这些特征的合作社往往具有较高的地理位置专用性，容易形成产业集聚效应，进而带来专业化分工正反馈效应（冯晓龙 等，2018）。在市场专业化分工背景下，柑橘种植户如果通过合作社交易农产品，能够享受合作社融入市场专业化分工和协作带来的优势，实现产业集群效应。

（2）人力资本专用性。柑橘生产技术的学习存在长期性、过程性和动态性特征。农户在长期从事柑橘生产种植过程中，需要了解各个阶段柑橘肥料施用量及配比、应对各种病虫害的防治手段、修枝整形和疏花疏果技术等各方面的专业知识，需要参加技术培训来累积相关专业知识和经验，存在较高的技术门槛，逐渐形成了较高的人力资本专用性，也使农户难以转行从事其他行业。合作社通过举办相关技术培训，帮助成员在柑橘生产实施过程中及时、有效地获得技术指导，有效降低成员预期收益的不确定性，其带来的信赖感能够带动成员选择与合作社交易农产品。

（3）实物资产专用性。合作社为了对柑橘进行生产和加工往往会投资购置与加工相关的农业机械或设施，而这些专用设备和工具很难用于其他农产品的生产和加工环节，形成较强的实物资产专用性（刘颖娴和郭红东，2012）。由于柑橘具有季节性，如果短期内销售不出去容易腐烂变质，合作社为了进行仓储，往往会租用或者新建库房，库房的位置、大小、配套设施等都是按照柑橘规模和特性来确定的，往往难以用作其他用途。高实物资产专用性使得合作社拥有了较强的生产和加工能力，进一步提升了农户对相关设施的依赖性，促进了农户选择与合作社交易农产品。

（4）社会资本专用性。合作社若有稳定的合作伙伴并且保持良好的关系和紧密的联系，则会形成较高的社会资本专用性。比如与农用物资供应商有良好的关系则更加容易拿到优质优价的农用物资，与销售商有相似的合作目标则会提升销售渠道的稳定性，并且这些关系难以用作其他用途。与此同时，我国农村是一个血缘、亲缘、地缘和业缘关系交织，社会网络错综复杂的熟人社会。合作社通过与成员长期的交流、合作和互动，两者间会建立信任机制，进行互惠互助，从而解决成员在生产过程中可能存在的家庭劳动力短缺问题。通过信任和互惠机制成员会表现出明显的"同群效应"，愿意接受合作社所传递的信息，最终倾向选择与合作社交易农产品。

2.3.1.2 不确定性

按照奈特的不确定性理论，不确定性源于事物的复杂性和信息的不对称。柑橘产业的市场化程度较高，柑橘种植户面临的主要是生产和交易过程的不确定性。生产不确定性是指，农户在生产过程中遭遇霜冻、干旱等极度恶劣的气候以及病虫害，从而使产品数量和质量无法得到有效保障。柑橘在生长过程中会受到土壤、气候、水资源等自然资源的影响，柑橘作为多年生植物，生长周期也较一般农作物长，从幼苗到结果所需时间为3~5年，在此期间其产品质量和数量具有极强的不确定性。与此同时，柑橘还容易遭受病虫害的侵蚀，如果遭受侵蚀则需要花费极大的人力、物力、财力，并会导致柑橘大量减产。基于柑橘生产的长周期性和对生长环境的高度依赖性，柑橘的生产不确定性对柑橘种植户的生产行为具有巨大的影响。面对此类生产不确定性，柑橘种植户可以通过向相关专业技术人员请教柑橘种植技术或者购买病虫害防治服务等方式进行对冲。但是依靠单个小农户无法找寻到合适的农技人员和社会化服务组织，此时农户通过与合作社达成农产品相关交易约定，合作社能够依托自身优势找到农技人员及社会化服务组织，从而有效降低农户的生产不确定性。

环境不确定性往往体现在交易环境的动态变化，农户无法取得准确的市场销售信息、做出准确判断。随着四川省大力发展柑橘特色产业，不断扩大柑橘种植规模，柑橘供需市场结构发生了极大变化，容易使柑橘供给数量出现"大小年"的现象。分散的柑橘种植户往往缺乏对种植规模的合理估计及对品种的理性选取，容易出现同类产品扎堆的情况，造成柑橘价格的大幅度振荡，也压缩了一部分柑橘种植户的利润空间。市场价格的不确定性会影响柑橘销售的销量和收益等，此时柑橘种植下游的果子收购商具有了机会主义动机，有可能对柑橘种植户"敲竹杠"。因此，把销售过程转包合作社，能够提升柑橘种植户在交易过程中的谈判地位，降低不确定性。

2.3.1.3 交易频率

交易频率是指产品在一段时间内交易的次数，但其原意除交易次数外还有交易规模的含义（苟茜和邓小翔，2019）。柑橘种植户都需要搜寻销售商，在此期间会花费大量的时间和搜寻成本、谈判成本以及交易后的监督成本。威廉姆森提出，对于经常性交易活动可以建立专门的组织，内部化一部分费用从而实现降低交易成本。合作社能够将分散的小农户单独、重复的交易集中起来，降低了农户自己搜寻销售渠道和信息的交易费用，还能在某种程度上降低市场风险。一般来说，大宗商品的交易频率一般相对较小，小型的、分散的商品交易频率一般较高。四川省作为全国最大的晚熟柑橘基地，柑橘的产量和交易量巨大，且交易时间段集中在每年9月到次年4月。由于农产品生长周期的存在，柑橘一年最多只能成熟一次，柑橘交易的次数相对而言是一定的，柑橘交易频率与交易数量息息相关，因此本书选取柑橘交易量来衡量交易频率。

由此，本书提出假设1：成员交易契约选择决策受到交易特性的深刻影响。

假设1a：合作社资产专用性越强，成员越偏向于选择合作社交易契约。

假设1b：不确定性越强，成员越偏向于选择合作社交易契约。

假设1c：交易频率越高，成员越偏向于选择合作社交易契约。

2.3.2 合作社交易契约对成员绿色生产行为影响的经济学解释

随着人民生活水平的逐步提高，消费者对农产品的需求逐步从数量满足向质量满足转变，农产品生产驱动力也逐渐由传统的生产导向转变为市场导向，农业绿色发展成为协调生产力和生产关系、适应消费端变化的客观要求（赵建欣 等，2009；袁雪霁 等，2019）。与此同时，随着我国农产品交易市场制度不断完善和深化，绿色、安全农产品价格日益提高，逐渐形成了多元化、多渠道、多层次的交易模式，丰富了"小农户"实现农产品市场化的途径，也使"小农户"和"大市场"之间的矛盾日益突出，对农产品质量安全控制提出了更高要求，影响了农户绿色生产行为决策。当农户加入合作社后，一方面可以选择通过合作社交易农产品；另一方面也可以选择与涉农企业、超市、批发市场、农产品经纪人和消费者等其他市场主体等进行农产品交易。接下来，本部分将重点研究交易成员和未交易成员之间绿色生产行为的差异表现与特征，即探讨合作社交易契约对成员绿色生产行为影响的理论逻辑。

由于能力的限制、信息的不完全性和环境的复杂性，人的理性是有限的。成员作为有限理性经济人，其绿色生产行为和决策并不是完全追求财富的最大化，而是在个人特征、家庭禀赋、绿色生产意识、外部环境因素等影响下追求满意或幸福最大化，即效用最大化。因此，本部分基于效用最大化理论框架，就合作社交易契约对成员绿色生产行为的影响进行理论分析。首先，假设成员的家庭效用函数为

$$\text{Max}U = U(Q,\ T_l,\ \delta,\ Z) \tag{2-1}$$

其中，U 是家庭效用函数，T_l 是成员分配的休闲时间，δ 是绿色生产行为。Z 是个人和家庭特征向量。除休闲时间 T_l 外，成员还可以将他的时间禀赋（T）用于农业生产时间（T_f）和非农就业时间（T_{of}）。绿色生产行为与农户农业生产投入时间紧密相关，因此，认为农业生产时间 T_f 是绿色生产行为水平 δ 的函数，以 $T_f(\delta)$ 表示，时间约束可表示为

$$T = T_f(\delta) + T_{of} + T_l \tag{2-2}$$

其中，成员的农业生产和非农就业时间都有非负性约束，即 $T_f \geqslant 0$，$T_{of} \geqslant 0$。设定成员面临的生产技术约束如下：

$$Q = Q(I(\delta),\ T_f(\delta),\ Z,\ \delta) \tag{2-3}$$

其中，Q 表示农业产出水平，I 表示生产要素投入。因为绿色生产行为能够影响农药等相关要素投入，所以 I 是绿色生产行为的函数 $I(\delta)$。

相较于外部公开市场交易模式，合作社交易契约影响成员绿色生产行为的原因主要有以下两点。一是提高小农户与产品收购方的议价能力（徐志刚 等，2017），降低小农户的市场准入门槛（蔡荣 等，2011），提升农产品销售单价和农户收入（Liu et al.，2018）。一方面，合作社代表小农户与产品收购方进行价格谈判，能够增强市场谈判能力，改变小农户只能随行就市的现状（苑鹏，2013），拿回被过度市场力量占据的利润（何慧丽，2007）；另一方面，合作社通过获得严苛的产品质量认证，能够增强高端绿色农产品的市场竞争力（Bernard et al.，2008），"优质优价"的运行机制对农户绿色生产方式转型产生了"持续动态的经济激励"（李晗、陆迁，

2020）。二是节约小农户与各类交易主体产生的交易费用（Zhou et al.，2019；徐志刚 等，2017；Liu et al.，2019），为农户引进绿色生产技术与优化要素配置提供资金支持。例如，合作社可以帮助成员将同一批次产品运送到市场，通过集体行动来降低成员单个运送的运输成本（蔡荣，2011），减少农户在销售过程中寻找市场信息耗费的时间与精力（黄祖辉 等，2008），通过集体议价形式减少谈判的次数和相关费用（Hendrikse et al.，2001）。同时，随着农户与合作社之间交易频率的提高额度的增加，交易稳定性的增强，两者间会进行更复杂、经济性的社会互动，合作社会提供农用物资统一购买、生产统一管理等服务减少成员在生产过程中的一些投入成本，具体详见图2-3。

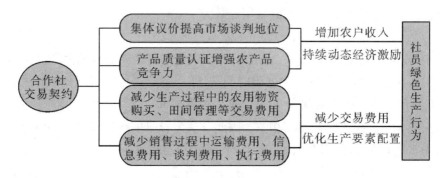

图2-3　合作社交易契约带动成员进行绿色生产的动力机制

绿色生产行为实际上是多种绿色生产技术的集合，因此本书借鉴 Ma 等（2019）拓展的农户 IPM 技术采纳框架进行进一步分析。假设 $\theta = 1$ 代表成员选择合作社交易契约，$\theta = 0$ 代表成员未选择合作社交易契约，PTC_θ^I 为每单位生产要素投入的交易成本，PTC_θ^Q 为每单位产出的交易成本。实际上，交易成本提高了投入的实际价格 P^I，降低了产出的实际价格 P^Q。因此，成员收入约束的目标函数如下：

$$\mathrm{Income} = (P^Q - \mathrm{PTC}_\theta^Q)\,Q - (P^I + \mathrm{PTC}_\theta^I)\,I - \mathrm{FTC}_\theta^Q -$$
$$\mathrm{FTC}_\theta^I + W\,T_{of} + E \tag{2-4}$$

其中，$P^I + \mathrm{PTC}_\theta^I$ 代表调整后的投入要素价格；$P^Q - \mathrm{PTC}_\theta^Q$ 代表调整后的销售价格；FTC_θ^I 代表生产要素市场的固定交易成本；FTC_θ^Q 代表销售市场的固定交易成本；W 代表非农就业工资；E 代表其他来源收入。

按照 Huffman（1991）的做法，将式（2-3）代入式（2-4）后，通过拉格朗日法就可以得到效用最大化的效用函数：

$$C = U(Q, \ T_l, \ \delta, \ Z) + \lambda \{ (P^Q - \mathrm{PTC}_\theta^Q) Q [I(\delta), \ T_f(\delta), \ Z, \ \delta] -$$
$$(P^I + \mathrm{PTC}_\theta^I) I(\delta) - \mathrm{FTC}_\theta^Q - \mathrm{FTC}_\theta^I + W T_{of} + E - \mathrm{Income} \} +$$
$$\mu [T - T_f(\delta) - T_{of} - T_l] \tag{2-5}$$

其中，λ 是收入约束的拉格朗日乘数，μ 是与时间约束相关的拉格朗日乘数。在这些约束条件下，产生了家庭的最优选择：

$$\frac{\partial C}{\partial I} = + \lambda (P^Q - \mathrm{PTC}_\theta^Q) \left(\frac{\partial Q}{\partial I} \right) - (P^I + \mathrm{PTC}_\theta^I) = 0 \tag{2-6}$$

$$\frac{\partial C}{\partial T_f} = + \lambda (P^Q - \mathrm{PTC}_\theta^Q) \left(\frac{\partial Q}{\partial T_f} \right) - \mu = 0 \tag{2-7}$$

$$\frac{\partial C}{\partial \delta} =$$

$$\lambda \left\{ (P^Q - \mathrm{PTC}_\theta^Q) \left[\left(\frac{\partial Q}{\partial I} \right) \left(\frac{\mathrm{d}I}{\mathrm{d}\delta} \right) + \left(\frac{\partial Q}{\partial T_f} \right) \left(\frac{\mathrm{d} T_f}{\mathrm{d}\delta} \right) + \frac{\mathrm{d}Q}{\mathrm{d}\delta} \right] - (P^I + \mathrm{PTC}_\theta^I) \left(\frac{\mathrm{d}I}{\mathrm{d}\delta} \right) \right\} - \mu \frac{\mathrm{d} T_f}{\mathrm{d}\delta} = 0 \tag{2-8}$$

$$\frac{\partial C}{\partial T_{of}} = + \lambda W - \mu \leq 0 \tag{2-9}$$

其中，$(P^Q - \mathrm{PTC}_\theta^Q) \left(\frac{\partial Q}{\partial T_f} \right)$ 代表农业劳动的边际产品价值。当 $\frac{\mu}{\lambda} = (P^Q - \mathrm{PTC}_\theta^Q) \left(\frac{\partial Q}{\partial T_f} \right) > W$ 时，代表成员休闲或农业劳动时间的边际价值超过其非农工作工资，非农工作的最佳时间为零。当 $\frac{\mu}{\lambda} - (P^Q - \mathrm{PTC}_\theta^Q) \left(\frac{\partial Q}{\partial T_f} \right) = W$ 时，代表成员休闲或农业劳动时间的边际价值等于其非农工作工资，家庭中的非农工作时间可能是正数（Huffman，1991）。非农就业时间也可以与成员绿色生产行为联系起来。一是农户非农就业可以减缓农户的信贷约束，以供家庭进行生产性投资和日常消费，比如购买生物农药和 IPM 组件；二是农户非农就业打破了传统交流方式中熟人网络的局限，拓宽了信息和技术获取渠道，提升了信息获取能力，有利于成员转变传统农业生产方式。

由上述公式可以得到成员实施绿色生产行为（δ）的最优选择为

$$(P^Q - \mathrm{PTC}_\theta^Q) \frac{\mathrm{d}Q}{\mathrm{d}\delta} - (P^I + \mathrm{PTC}_\theta^I) \left(\frac{\mathrm{d}I}{\mathrm{d}\delta} \right) - W \left(\frac{\mathrm{d} T_f}{\mathrm{d}\delta} \right) = 0 \tag{2-10}$$

其中，$\dfrac{\mathrm{d}Q}{\mathrm{d}\delta}$ 为 $\left(\dfrac{\partial Q}{\partial I}\right)\left(\dfrac{\mathrm{d}I}{\mathrm{d}\delta}\right) + \left(\dfrac{\partial Q}{\partial T_f}\right)\left(\dfrac{\mathrm{d}T_f}{\mathrm{d}\delta}\right) + \dfrac{\mathrm{d}Q}{\mathrm{d}\delta}$，$(P^Q - \mathrm{PTC}_\theta^Q)\,\dfrac{\mathrm{d}Q}{\mathrm{d}\delta}$ 代表成员绿

色生产行为的边际收益，$(P^I + PTC_\theta^I)\left(\dfrac{\mathrm{d}I}{\mathrm{d}\delta}\right)$ 代表成员进行绿色生产的生产

要素投入的边际成本，$W(\dfrac{\mathrm{d}T_f}{\mathrm{d}\delta})$ 代表成员采用绿色生产行为的农业劳动边

际成本。前面已经分析成员选择交易契约能够降低相关交易成本，因此
$\mathrm{PTC}_1^Q < \mathrm{PTC}_0^Q$，$< \mathrm{PTC}_0^I \; \mathrm{PTC}_1^I$。当成员选择交易契约时，成员采用绿色生

产行为的边际成本 $\mathrm{MC}^M = (P^I + \mathrm{PTC}_1^I)\left(\dfrac{\mathrm{d}I}{\mathrm{d}\delta}\right) + W(\dfrac{\mathrm{d}T_f}{\mathrm{d}\delta})$ 与边际收益 $\mathrm{MR}^M =$

$(P^Q + \mathrm{PTC}_1^Q)\,\mathrm{d}Q/\mathrm{d}\delta$ 相等时，得到成员选择交易契约后绿色生产行为最优
采纳水平（δ^M）；当成员未选择交易契约时，成员采用绿色生产行为的边

际成本 $\mathrm{MR}^N = (P^I + \mathrm{PTC}_0^I)\left(\dfrac{\mathrm{d}I}{\mathrm{d}\delta}\right) + W(\dfrac{\mathrm{d}T_f}{\mathrm{d}\delta})$ 与边际收益 $\mathrm{MR}^N =$

$(P^Q + \mathrm{PTC}_0^Q)\,\mathrm{d}Q/\mathrm{d}\delta$ 相等时，得到成员选择交易契约后绿色生产行为最优
采纳水平（δ^N），具体如图 2-4 所示。

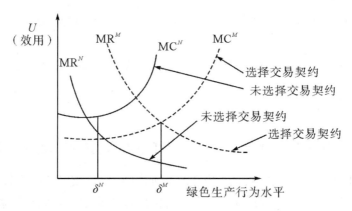

图 2-4　成员绿色生产行为最优采纳水平

由此，本书提出假设 2：合作社交易契约对成员绿色生产行为有显著
正向影响。

2.3.3　合作社交易契约对成员绿色生产行为影响的微观作用机理

不完全契约理论认为，由于交易双方的有限理性和机会主义，交易双
方缔结契约往往是不完全的，无法规定未来发生的所有情况（Hart et al.,

1997；Hart et al.，1994；聂辉华，2011）。契约治理作为降低交易成本的一种最优化契约结构设计，通过规定交易双方的权利、义务和责任，对绩效的期望、监督程序以及争端的解决方式，以保证交易顺利进行（Poppo and Zenger，2002）。目前，已有学者发现，在书面契约或口头契约的条款背后实际代表着契约治理的不同功能（黄梦思 等，2018；Robinson and Stuart，2007；Lumineau and Malhotra，2011）。目前，从契约治理功能视角研究的文献大多涉及工程建筑产业项目契约治理以及企业和联盟间契约治理，这些文献总认为，契约治理功能大致可以分为契约治理的控制功能、契约治理的协调功能、契约治理的适应功能（Walker and Weber，1984；Lumineau and Quélin，2012；Lumineau and Henderson，2012）。契约治理的控制功能强调对生产交易的既定目标和行为结果的一种控制和约束（Poppo and Zenger，2002），契约治理的协调功能强调在整个生产交易过程中对农户生产过程的监督和管理程序（Dekker，2004），契约治理的适应功能强调对未来不可预测事件的处理程序（Lumineau and Henderson，2012）。在现实中，合作社和成员之间的交易契约大多相对粗糙，不会像企业间签订的详细规范的合约，甚至会采用口头契约，因此成员与合作社交易契约中发挥治理作用的大多是契约治理的控制功能和契约治理的协调功能，具体见图2-5。

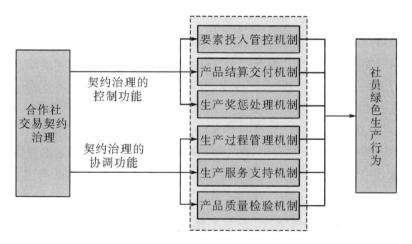

图2-5　合作社交易契约对成员绿色生产行为影响的作用机理

2.3.3.1 合作社交易契约治理的控制功能对成员绿色生产行为的作用机理

威廉姆森（1998）最先提出契约具有控制功能，认为可以通过明确交易双方的权利与义务以及产品交付要求等条款来减少交易双方的机会主义行为。契约中的控制功能类条款主要包括明确交易双方的权利和义务、奖惩机制设置及终止程序等方面（Lawrence P. and Lorsch J.，1967；Lumineau and Henderson，2012）。在合作社与成员农产品交易过程中，机会主义行为表现为交付不符合质量标准产品、隐藏市场信息等。当合作社与成员更多地将契约作为一种控制性条款来抑制投机行为时，如合作社可以拒绝收购不符合标准的产品，能够降低双方在结果和行为方面的不确定性，促进双方按照契约协议进行合作。在本书中，契约治理的控制功能主要体现在要素投入管控机制、产品结算交付机制、生产奖惩处理机制三个方面。

（1）要素投入管理机制。合作社对未缔结交易契约的成员一般不会有农业投入品的强制约束，而缔结交易契约的成员往往会对农业投入品的种类和品牌等形成明确的制度安排（钟真 等，2017），主要有以下两种形式：一种是成员按照合作社规定的农业投入品使用清单到相关农用物资经销商自行购买符合清单要求的农业投入品；另一种是由合作社统一供应生产过程中使用的农药和化肥等农业投入品（赵佳佳 等，2014）。合作社在提供生产资料投入清单时，会甄选大品牌和较好质量的投入品，限制成员农业投入品选择的范围，能够避免成员乱买滥用农用物资。合作社集中供应农业投入品能在一定程度上降低成员买到假冒低效农业投入品的概率，提高农业投入品质量（赵建欣和王俊阁，2010）。在农用物资价格方面，由合作社统一供应的农业投入品往往采用平价或者批发价格销售给成员（赵晓颖 等，2020），或者当产品统一售卖后再扣除相关农业投入品费用，提升了农户资金的流动性。同时，合作社将成员购买生产资料的运输成本、谈判成本内化到组织内部，增强成员采用绿色生产方式的动力（钟真，2012）。

（2）产品结算交付机制。成员选择交易契约后，合作社与成员对产品数量、质量、价格相关协议内容达成一致。在激烈的农产品市场竞争环境以及消费者日益增长的农产品质量安全需求驱动下，合作社通过严苛的产品质量认证营造新的生产经营环境，对成员农产品交付质量提出了更高的要求（袁雪霈，2019；Papista et al.，2013）。大量研究结果表明：以食用农产品、绿色食品和地理标志产品（以下简称"三品"）为代表的产品质量认证是当前从源头控制农业投入品的有效途径（Kleemann et al.，2013）。中国绿色食品发展中心数据显示，截至 2018 年年底，全国"三品一标"①获证单位总数达 58 442 家，已成为国家农产品质量安全治理的重要工具。农民合作社作为主要的新型农业经营主体，是获得产品质量认证的重要组织载体之一（幸家刚，2016；薛宝飞，2019）。一方面，合作社申请产品质量认证后，对其产品所处土壤环境的肥力、保水、供养等方面质量标准要求较高，促使成员采用绿色生产方式以提高土壤质量；另一方面，经过产品认证的农产品表现出明显的价格优势，增强了农产品竞争力，拓宽了销售渠道，其带来的"溢价激励"有助于成员主动使用有机肥等绿色投入品（Blackman，A et al.，2012；Bernard，T et al.，2008）。

盈余分配制度是合作社治理结构的核心构件（王真，2016；郑丹，2011），也是一种激励相容机制。一是盈余分配制度提升了产品在收益分配中的重要性，能够引导和激励成员将农产品销售给合作社（任大鹏、于欣慧，2013），促进集体与个体实现"双赢"。成员参与合作社的程度越高，获得的盈余分配就越多，能够有效激发成员的积极性，提高合作社的组织凝聚力（韩旭东 等，2020）。二是盈余分配制度有利于鼓励成员与合作社形成"风险共担、利益共享"的利益联结机制，显著提升成员履约率及农产品品质（吴欢 等，2018）。三是盈余分配制度也倒逼合作社进行经营创新并转变生产方式来开拓市场（黄胜忠和伏红勇，2014）。

（3）生产奖惩处理机制。我国农村是一个血缘、亲缘、地缘和业缘关系交织，社会网络错综复杂的熟人社会。合作社可以对符合绿色生产要求的成员进行内部表扬并给予一定经济奖励。声誉制度和经济激励制度能够稳定成员和合作社的信任关系，有利于成员接受合作社所传递的信息，表现出生产决策采纳方向上的趋同性（姜维军 等，2019；张正岩 等，2022），实现"同群效应"。相反地，合作社对于违反绿色生产要求的成员采取不收购产品、社内批评或让其退社等惩罚措施（Fatas et al.，2010），则能够让成员收益受损和感到自我羞愧，从而遵守合作社制定的规章制度。因此，制定对成员生产行为的奖励或惩罚措施，有利于实现全体成员目标的一致化，保障合作社内部的公平和效率，推动成员进行绿色生产。

---

① "三品一标"，即食用农产品、绿色食品、有机产品和地理标志产品。

由此，本书提出假设 3：合作社交易契约的控制功能对成员绿色生产行为有显著正向影响。

假设 3a：在契约治理的控制功能中，产品结算交付机制对成员绿色生产有显著正向影响。

假设 3b：在契约治理的控制功能中，要素投入管理机制对成员绿色生产有显著正向影响。

假设 3c：在契约治理的控制功能中，生产奖惩处理机制对成员绿色生产有显著正向影响。

2.3.3.2 合作社交易契约治理的协调功能对成员绿色生产行为的作用机理

在交易成本理论分析框架下，大部分研究者重视契约治理的控制功能（Wuyts and Geyskens，2005；熊焰，2009），忽略了消极合作行为对交易绩效的影响。事实上，合作社与成员之间合作行为的绩效还取决于双方的协调机制（Lawrence and Lorsch，1967；Lumineau and Henderson，2012；Reuer and Arino，2007）。协调机制主要体现在管理程序、技术标准的制定、争端解决程序等方面（Faems et al.，2008）。我国农户的受教育水平普遍较低、老龄化较为严重，导致在与合作社的合作过程中容易出现认知偏差和沟通障碍等问题，通过交易契约规定的协调机制能够建立有效的沟通交流机制，加速信息共享，促进交易双方的共同协作（Malhotra and Lumineau，2011；Robinson and Stuart，2007）。在本书中，契约治理的协调功能主要体现在生产过程管理机制、生产服务支持机制和产品质量检验机制三个方面。

（1）生产过程管理机制。合作社通过制定柑橘生产技术规程并明确成员所需完成的任务及相关流程，有利于实现柑橘的标准化生产（朱哲毅等，2021；高锁平、裴红罗，2011），为成员生产过程中应用病虫害防控技术、化肥减量技术、节水等绿色技术营造良好的技术环境。同时，合作社在成员柑橘种植的关键环节进行监督和检查能够减少成员违背道德风险的动机，让成员更好地履行自身的职责和义务（袁雪霈，2019；陈吉平、任大鹏，2022），对实现质量兴农、绿色兴农和品牌强农具有示范意义。刘浩等（2021）利用四川省 18 个县 507 位农户的调查数据发现，合作社标准化生产能够提高农户收入，主要的原因可能是标准化产品的市场价格会高于普通柑橘的价格。成员在享受到标准化生产后的利润后，越容易遵循合作社的约定，按照规范进行绿色生产。

（2）生产服务支持机制。合作社和成员在知识获取、利益诉求等方面上存在明显差异，会产生一定的沟通障碍和认知偏差，抑制合作行为的一致性（黄胜忠和伏红勇，2014）。根据计划行为理论和认知理论，农户行为是由动机到意愿再到行为的过程（Ajzen，1991），技术培训和指导是提升农户人力资本的重要路径，有利于增强其采用绿色生产技术的意愿和能力（闫贝贝和刘天军，2022）。合作社为成员提供的技术指导服务涉及柑橘生产过程中的各个方面，包含农药、化肥施用培训、苗木嫁接、病虫害防控、修枝整形、疏花疏果、防霜防冻、食品安全知识培训等。合作社在技术培训中将"三品一标"等基本认识，环境改善意识，安全、绿色农产品行业标准传递给成员，增强成员环境保护意识、土壤保护意识（罗磊等，2022）。成员将合作社农业技术培训中与绿色生产相关的内容进行转换和贮存，形成相关的生产认知，从而增强其参与绿色生产的意愿。

农户在农业生产活动中最关注的信息是销售渠道信息和市场价格信息（高杨和牛子恒，2019）。合作社作为小农户与大市场的衔接纽带，将绿色农产品市场需求和标准传递给成员，降低了成员的信息收集、加工成本（赵晓颖，2022）。合作社信息服务有效地缓解了成员绿色生产过程中的信息不对称，帮助成员打破信息壁垒，进一步发挥绿色生产在增加作物产量和收益、改善生态环境、保护人身体健康等方面的作用，优化其要素配置（Khataza et al.，2018；蔡键，2014）。总体来说，合作社的信息和技术培训服务能够使成员与合作社的行动保持协调，提高合作水平，促进成员将合作社要求的绿色生产规范内化为自律行为。

（3）产品质量检测机制。产前生产要素投入管理机制能够有效减少成员在生产环节中的道德风险，但这类机制可能会由于组织成本较高等因素而出现管理失灵（袁雪霈，2019）。合作社通过产品质量检测来控制产品质量安全是有效且直接的手段，基于农药残留的检测能够很好地反馈成员是否按照规范的实际生产行为。若成员生产的农产品不符合合作社要求就可能出现被低价收购或者给予一定惩罚，从而促进成员按照要求和规范进行生产。

由此，本书提出假设 4：合作社交易契约的协调功能对成员绿色生产行为有显著正向影响。

假设 4a：在契约治理的协调功能中，生产过程管理机制对成员绿色生产有显著正向影响。

假设 4b：在契约治理的协调功能中，生产服务支持机制对成员绿色生产有显著正向影响。

假设 4c：在契约治理的协调功能中，产品质量检测机制对成员绿色生产有显著正向影响。

2.3.4　整体分析框架

2.3.4.1　产业组织理论中的 SCP 范式

著名的经济学家马歇尔在《经济学原理》一书中最早提出了产业组织这一概念。张伯伦和琼·罗宾逊分别在其专著《不完全竞争学》与《垄断竞争理论》中提到竞争垄断理论，为后续产业组织理论的形成奠定了坚实基础。20 世纪 30 年代以后，哈佛学派的梅森和贝恩以新古典学派的价格理论为基础，构建了"结构—行为—绩效"（SCP）分析框架，标志着传统产业组织理论的形成。该理论强调市场结构决定企业的市场行为，从而影响企业的市场绩效。因此，可以通过调整公共政策来改变市场结构，规制市场中的垄断和寡占，从而恢复和维护有效的市场秩序。但哈佛学派的产业组织理论对企业异质性假设较为片面，同时大力倡导反垄断政策，过分强调政策规制。20 世纪 60 年代，以施蒂格勒、哈罗德·德姆塞茨为代表的芝加哥学派对哈佛学派的反垄断政策和政策规制提出了批判，强调市场中竞争机制的作用，认为不能靠政府的人为干预和控制实现市场均衡。20 世纪 70 年代，随着交易成本理论、博弈论等新理论的出现和引入，产业组织理论开始朝不同的方向发展。一方面，以泰勒尔为代表的经济学家将博弈论和信息经济学引入传统产业组织理论，发展成为新产业组织理论，强调企业的市场行为、市场结构和绩效都是企业博弈的后果，突破了传统产业组织理论单向、静态的因果关系；另一方面，以科斯、诺斯、威廉姆森为代表的经济学家将交易成本理论引入传统产业组织理论，发展成为"新制度产业经济学"，创建了"后 SCP 流派"，强调"交易费用"这一概念，认为企业和市场是两种不同的交易制度，不过多关注市场结构，能够更好地解释产业组织中的很多问题。

2.3.4.2　Schmid 的 SSP 范式

1987 年，爱伦·斯密德教授建立了检验制度和绩效关系的"状态—结构—绩效"范式（SSP 范式），通常用于经济学和社会学领域。SSP 范式主要分析在不同状态条件下，结构如何影响人们的相关关系和行为决策，从而决定经济绩效。状态是指相关主体及所形成的组织和物品特性，包括相关主体的价值偏好、生产函数的知识、信息处理能力、决策分析能力及组织的决策机制和物品的共享性、排他性等，揭示了相关主体的相互依赖性。结构是指主体选择的制度方案，强调权力结构，包括使用权、所有权等权力资源的集合和形成决策框架的运作程序，比如资源的配置和运用，界定了主体间的相对机会束。绩效是指财富或利益在不同个人（团体）间的分配，从整个社会角度来讲是指社会公平和效率的实现程度，从某一具体主体来讲是指主体的经济收益。从某种意义上说，绩效被认为是一定状态下权利选择的函数。SSP 范式的实质就是揭示经济制度和经济绩效之间的关系，探究相同的制度在不同的物品状态特性下会有什么样的绩效和结果。

2.3.4.3 行动逻辑分析的 SAGP 模型

2021 年，徐旭初教授提出了"性状—行动者—治理—绩效"框架下新的行动逻辑分析研究范式（SAGP 模型）。性状分为整体制度状态和趋势的客观性状与呈现重复或相似行为具体情境的局部性状。行动者是指在组织生态系统中的相关利益主体，大致分为创新者、驱动者、追随者、中继者。治理分为针对不同交易关系匹配的内部治理和获得核心资源与实现组织合法性的外部治理。绩效是指表现为组织的规模经济实现、风险共担、交易费用降低以及组织（外部）合法性的取得。徐旭初运用此模型进一步对台联九生猪专业合作社联合社的形成和发展进行剖析，发现联合社在当前生猪产业特性和转型趋势下，主要是按照生产规模化、业务产业链化、发展创新化的功能性逻辑和业务合作化、投资业务市场化、政府关系合法化的运行性逻辑实现联合社的不断壮大和可持续发展。

2.3.4.4 本书研究范式

本书借鉴哈佛学派的 SCP 范式、Schmid 的 SSP 范式、徐旭初的 SAGP 模型，提出一个拓展后的"状态—治理—行为—绩效"（SGCP）分析框架，并将其创新性地运用到对合作组织研究上，研究合作社交易契约对成员绿色生产行为及绩效的影响。这一新范式的研究逻辑是：合作社的状态特性是成员选择是否与其缔结交易契约的基础，交易契约背后代表着不同功能的治理机制，合作社会根据不同的集体目标引导成员进行差异化的绿色生产并且影响其绩效，绩效的递减最终会诱使成员缔结新的交易契约，具体分析见图 2-6。

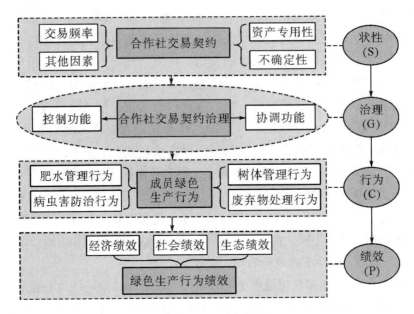

图 2-6　理论分析框架

状态（situation）包括成员和合作社交易双方的特性、交易环境和外部的社会政治力量，体现着合作社与外部的交互关系和能力程度。依据威廉姆森的交易成本理论，本书主要从资产专用性、不确定性、交易频率三个方面来研究合作社和成员缔结交易契约时的状态特征。

治理（governance）是指合作社与成员缔结交易契约后不同治理功能的制度性安排。合作社实际上是异质性成员之间不同交易类型的集合，治理则是为了支持交易形成和履约而设计的机制（崔宝玉 等，2017）。因此，本书以契约治理为重点，来分析合作社与成员不同交易契约背后的治理功能特征，大体可分为契约治理的控制功能和协调功能。

行为（conduct）是指在合作社交易契约选择下成员绿色生产行为的选择和反应。在不同治理机制下，成员与合作社的相关博弈结果会影响其行为选择。本书将绿色发展的理论观点融入其中，试图从农业绿色发展的视角来分析成员的生产行为。

绩效（performance）是指成员绿色生产行为在经济、社会、生态三个方面的绩效评价。本书所指的绩效函数作为在现有状态特性下成员绿色生产行为反映的函数，能够反映出合作社交易契约对成员行为影响的合意性与环境相容性。

2.4 小结

本章从理论上厘清了合作社交易契约与农户绿色生产行为之间的关系，从而搭建起本书的理论分析框架。本章首先基于交易成本理论，从资产专用性、交易频率和不确定性三个方面探讨了成员交易契约选择决策的潜在影响因素；其次，利用经济学理论模型推导合作社交易契约对成员绿色生产行为的影响，并从合作社交易契约的治理功能性视角分析两者之间的作用机理；最后，借鉴哈佛学派的 SCP 范式、Schmid 的 SSP 范式、徐旭初的 SAGP 模型，提出一个拓展后的"状态—治理—行为—绩效"（SGCP）分析框架，并将其创新性地运用到对合作组织的研究上，研究合作社交易契约对成员绿色生产行为及绩效的影响。

3 柑橘合作社交易契约与成员绿色生产行为的现状考察

3.1 柑橘产业的现状考察

3.1.1 柑橘产业的特性分析

柑橘属于水果类经济作物，品种繁多，在我国主要包含橘、柑、橙、金柑、柚、柠檬六大类。柑橘在中国南方丘陵山区经济发展中占有重要位置。相较于平原地区发展粮、棉、油、糖等关系国家粮食安全的重要产业，柑橘产业有如下特性：

3.1.1.1 高度市场化和高附加值

与粮食作物相比，柑橘类水果产业是高度市场化的"新农业"（黄宗智，2006）。发展市场经济后，中国水果产业率先进入市场化改革，其产品价格由市场供需决定。柑橘产品的营养价值高，药用保健功效显著，具有容易栽培、产量大、老少皆宜、全年皆可供应等特点，符合消费者对水果营养价值日益增长的需求趋势（屈小博，2008）。柑橘除可以直接食用外，还可以通过粗加工可制作陈皮，深加工可制作糖水橘瓣罐头、果汁饮料、精油、果胶等产品，具有较高的产品附加值。柑橘作为南方最主要的果业，市场竞争力较强，柑橘生产经营效率受到市场价格的影响较大。

3.1.1.2 劳动密集型和技术密集型

柑橘生产过程包括果树栽植、施肥、病虫害防控、灌溉、修剪、疏果、清园、套袋、采摘以及采摘后分拣、清洗、包装等一系列环节，这些环节都需要大量劳动力完成，劳动力要素投入通常高于土地密集型的粮食作物，季节性用工特点突出。随着雇工费用的不断上涨以及南方劳动力外出务工比例的提高，在柑橘种植过程中劳动力成本占总成本的比重不断攀升。同时，柑橘产业自身的生物特性和生产特征，不仅对人工投入要求高，而且对农户生产技术掌握程度也有较高要求。此外，柑橘种植还具有专业化特征，柑橘生产经营的每一个环节都需要精细化管理，有着较高的技术要求。以柑橘修枝整形为例，若当年农户管理不到位，极有可能出现"大小年"、果实品质和产量参差不齐等问题，甚至影响后续多年柑橘产出效益。因此，柑橘产业是典型的劳动与技术密集交叉型产业。

3.1.1.3 高风险性

在柑橘产业生产经营中常见自然风险、市场风险、技术风险和社会风险四种风险，且均普遍偏高。

（1）自然风险方面。柑橘种植具有较强的地域性特征，需要合适的气象条件。柑橘对于温度、水分、光照、土壤等外部自然环境极为依赖，加上柑橘具有跨期属性，其童期均在 4~5 年甚至更长，较长的生长周期导致其遭受自然风险大于一般单期农业产业。四川柑橘产业在 2018 年和 2021 年经历了冻害，2020 年经历了旱灾，对柑橘的产量、品质和效益造成严重影响。此外，柑橘种植中的主要病虫害有几十种并且极易暴发或流行，尤其是溃疡病和黄龙病波及范围广、危害大，几乎所有柑橘主产区均发生过溃疡病，病虫害防治任务任重而道远。

（2）市场风险方面。柑橘作为一种经济作物，受市场变化的影响巨大。随着我国柑橘种植面积的不断扩大和产量的不断增长，柑橘的供需状况发生了很大变化，柑橘产业已经从卖方市场转变为买方市场，价格波动频繁。加上南方水果品种丰富繁多，消费者可替代性水果选择广，柑橘市场非常容易受到其他水果的影响。同时，由于柑橘类水果收获和储存具有强烈的季节性，该行业的结构性、季节性和区域性过剩问题日益突出。激烈的市场竞争和剧烈的价格波动给柑橘生产经营带来了巨大的市场风险，形成了典型的"大小年"格局。

（3）技术风险方面。技术风险是指在农业生产经营中，技术的复杂性和外部环境的不确定性，导致技术采用的实际效果与预期之间的偏差。从技术复杂性的角度来看，柑橘产业是典型的农业技术密集型精细经营产业。新技术的应用通常很困难，农民对新技术掌握不足，导致我国柑橘园栽培管理呈现出参差不齐、品质不一的特征。比如四川省近期引进的新品种"明日见"，但据调研了解目前坐果率并不理想，并且从嫁接枝条到挂果的过程至少需要3年，受多种因素的影响，新技术效果的实现存在很大的不确定性。

（4）社会风险方面。社会风险是指在农业生产经营中社会因素发生各种不可预见的变化而造成损失的可能性。常见的社会风险包括农用物资、肥料等生产成本变化、劳动力短缺、政策变化等。在柑橘生产过程中，农用物资投入多，劳动力需求大，季节性强。因此，农用物资价格上涨和劳动力短缺将给柑橘产业带来巨大的社会风险。

3.1.2 中国柑橘产业的发展特征

中国是世界柑橘发源地之一，种植历史可追溯至4 000多年前。柑橘最早出现于夏朝。秦汉时期，柑橘已成为湖北、湖南等地区经济发展的重要产业；唐宋时期，柑橘种植区域扩大到今四川、浙江等地区，实现"户户栽橘，人人喜食"；南宋时期，韩彦直编写的《橘录》详细记录了丰富的柑橘品种及柑橘种植过程中的相关技术；明清时期，柑橘产业迅猛发展，呈现出商品化、规模化特征。近十年来，我国柑橘种植面积和产量整体呈现不断增加的趋势，种植面积及产量均居全球第一，已成为世界第一柑橘生产大国。在国内，柑橘种植规模和产量均已超过苹果，成为栽培面积最大、产量最高和消费量最大的水果。柑橘种植面积从2011年的207.72万公顷增长至2020年的269.69万公顷，平均年增长率约为2.98%（详见图3-1）。从图3-2可以看出，柑橘总产量从2011年的2 864.12万吨增长至2020年的5 121.87万吨，平均年增长率约为7.88%。由此可见，柑橘产业在我国农业产业中占有重要地位，整体产量保持高速增长态势。

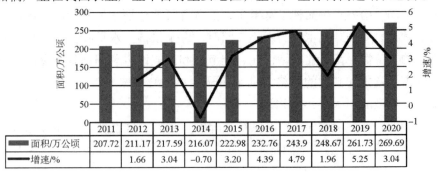

	2011	2012	2013	2014	2015	2016	2017	2018	2019	2020
面积/万公顷	207.72	211.17	217.59	216.07	222.98	232.76	243.9	248.67	261.73	269.69
增速/%		1.66	3.04	-0.70	3.20	4.39	4.79	1.96	5.25	3.04

图3-1 2011—2020年我国柑橘种植面积及增速

数据来源：根据中国农村统计年鉴数据整理。

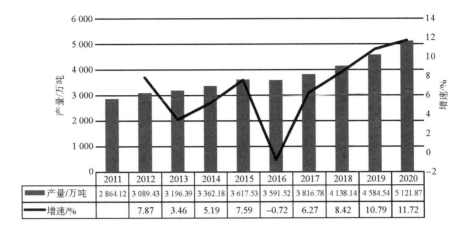

年份	2011	2012	2013	2014	2015	2016	2017	2018	2019	2020
▮ 产量/万吨	2 864.12	3 089.43	3 196.39	3 362.18	3 617.53	3 591.52	3 816.78	4 138.14	4 584.54	5 121.87
— 增速/%		7.87	3.46	5.19	7.59	-0.72	6.27	8.42	10.79	11.72

图 3-2　2011—2020 年我国柑橘产量及增速

数据来源：根据中国农村统计年鉴数据整理。

从我国各省（自治区、直辖市）柑橘产量来看，占据全国前五位的省（自治区）分别是广西壮族自治区、湖南省、湖北省、广东省和四川省，五个省（自治区）的柑橘产品产量占全国柑橘总产量的 68.44%（详见表 3-1）。其中，广西壮族自治区是我国柑橘产量第一的地区，2020 年柑橘总产量达到 1 382.09 万吨，占全国柑橘总产量的 26.98%。湖南省、湖北省、广东省、四川省 2020 年柑橘总产量分别达到 626.66 万吨、509.96 万吨、497.68 万吨与 488.96 万吨，其中湖北省的柑橘产量在华中地区排名第一，四川省的柑橘产量在西部地区排名第一。整体而言，我国柑橘产业分布广泛，东、中、西部均有柑橘产业布局。

表 3-1　2018—2020 年我国柑橘各省（自治区、直辖市）产量和面积统计情况

省（自治区、直辖市）	2018 年		2019 年		2020 年		三年平均产量/万吨	三年平均面积/万公顷	平均面积排名
	产量/万吨	面积/万公顷	产量/万吨	面积/万公顷	产量/万吨	面积/万公顷			
全国	4 138.14	248.669	4 584.54	261.73	5 121.87	282.976	4 614.85	264.458	
上海	10.75	0.38	10.84	0.35	11.72	0.37	11.10	0.367	15
江苏	3.01	0.230	2.87	0.220	3.37	0.210	3.08	0.220	16
浙江	183.72	8.820	183.40	8.860	191.75	8.890	186.29	8.857	9
安徽	2.28	0.200	3.08	0.220	3.28	0.220	2.88	0.213	17
福建	339.22	13.170	365.76	13.850	386.14	14.440	363.71	13.820	8
江西	410.79	32.680	413.18	33.600	425.56	33.730	416.51	33.337	3
河南	3.91	0.850	4.63	0.450	4.71	0.440	4.42	0.580	14

表3-1(续)

省 (自治区、 直辖市)	2018 年		2019 年		2020 年		三年平均 产量 /万吨	三年平均 面积 /万公顷	平均 面积 排名
	产量 /万吨	面积 /万公顷	产量 /万吨	面积 /万公顷	产量 /万吨	面积 /万公顷			
湖北	488.05	22.720	478.22	23.280	509.96	23.740	492.08	23.247	6
湖南	528.57	38.430	560.47	39.990	626.66	41.610	571.90	40.010	2
广东	437.19	23.110	464.80	23.630	497.68	24.210	466.56	23.650	5
广西	836.49	38.820	1 124.52	43.850	1 382.09	57.660	1 114.37	46.777	1
海南	7.00	0.730	8.47	0.830	14.39	0.880	9.95	0.813	13
重庆	261.18	21.240	295.07	22.170	319.89	22.360	292.05	21.923	7
四川	432.98	30.620	457.73	32.310	488.96	33.890	459.89	32.273	4
贵州	47.87	6.760	52.37	7.280	67.77	8.340	56.00	7.460	11
云南	98.11	7.530	108.57	8.430	135.85	9.760	114.18	8.573	10
西藏	0.00	0.00	0.06	0.02	0.05	0.02	0.04	0.013	19
陕西	46.91	2.350	50.36	2.370	51.88	2.360	49.72	2.360	12
甘肃	0.12	0.02	0.15	0.02	0.15	0.02	0.14	0.02	18

数据来源：根据中国农村统计年鉴数据整理。

3.1.3 四川柑橘产业的发展特征

3.1.3.1 四川柑橘产量和种植面积

四川全年温暖湿润，降雨量充沛，土层厚、结构好，适合柑橘生长。柑橘产业是四川省"10+3"现代农业产业体系的重要组成部分，柑橘产量占全省水果总产量的50%以上。四川省作为中国重要的柑橘主产区之一，是全国最大的晚熟柑橘基地，柑橘产量和种植面积均居全国前列。从图3-3可以看出，近十年来，四川省柑橘产量和种植面积整体呈现不断增加的趋势。柑橘种植面积从 2011 年的 26.78 万公顷增长至 2020 年的33.89 万公顷，平均年增长率为 2.65%。柑橘总产量从 2011 年的 319.4 万吨增长至 2020 年的 488.96 万吨，平均年增长率为 5.31%，自 2017 年起四川柑橘种植面积规模扩张速度明显加快，平均每年扩种面积近 2 万公顷。

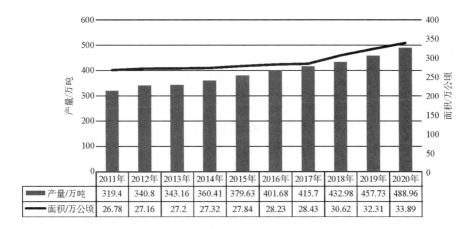

	2011年	2012年	2013年	2014年	2015年	2016年	2017年	2018年	2019年	2020年
产量/万吨	319.4	340.8	343.16	360.41	379.63	401.68	415.7	432.98	457.73	488.96
面积/万公顷	26.78	27.16	27.2	27.32	27.84	28.23	28.43	30.62	32.31	33.89

图 3-3　2011—2020 年四川柑橘产量和种植面积分布情况

数据来源：根据四川统计年鉴数据整理。

3.1.3.2　四川柑橘分布

四川柑橘产业主要聚集在成都平原经济区，尤以成都市、眉山市、资阳市为甚。此外，川东北地区的南充市、达州市、广安市，川南经济区的内江市、自贡市也相对较为集中。从产量来看，排名前 8 位的依次是眉山市、资阳市、成都市、南充市、宜宾市、内江市、自贡市、达州市，详细数据见图 3-4 和图 3-5。其中，眉山市是四川柑橘产量第一大市。2020年，眉山市的柑橘总产量达到 87.8 万吨，占四川省柑橘总产量的 17.81%。

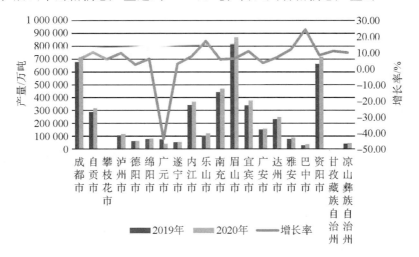

图 3-4　2019—2020 年四川柑橘产量和增长率分布情况

数据来源：根据四川统计年鉴数据整理。

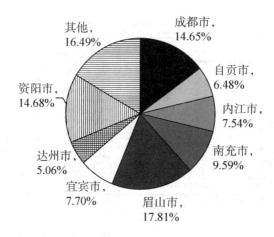

图 3-5　2020 年四川柑橘产量排名前八大市分布情况

数据来源：根据四川统计年鉴数据整理。

3.1.3.3　柑橘结构

四川是亚热带季风气候，无霜期也较同纬度地区长，为晚熟柑橘提供了得天独厚的生长环境，素有"晚熟柑橘看四川"的说法。四川省各市主要柑橘品种如表 3-2 所示。可以看出，四川柑橘主要以宽皮柑橘（不知火、爱媛、清见、蜜橘、春见）、柠檬（安岳柠檬）、柚类（沙田柚、蜜柚、龙安柚）、橙类（塔罗科血橙、脐橙、锦橙）为主。按照柑橘橙柚的统计方式，2019 年四川省柑类独占鳌头，产量为 171.66 万吨，占比为 37%；橙类紧随其后，产量为 115.36 万吨，占比为 25%；橘类 68.07 万吨，占比为 15%；柚类 39.54 万吨，占比为 9%；此外，柠檬等其他类 63.09 万吨，占比为 14%。

表 3-2　四川省主要柑橘品种

种类	具体品种
宽皮柑橘	不知火、爱媛、清见、蜜橘、春见
柠檬	安岳柠檬
柚类	沙田柚、蜜柚、龙安柚
橙类	塔罗科血橙、脐橙、锦橙

数据来源：根据四川省农业农村厅数据整理。

3.2 调研样本的特征考察

3.2.1 合作社样本的特征分析

3.2.1.1 柑橘合作社的基本特征

在合作社的实践和发展中，"领办"概念鲜明刻画了"能人"在合作社创办中的核心地位。在合作社领办人中，排名前三位的领办人身份依次是政府相关部门人员或村"两委"、种植大户、返乡创业人员，数量分别为21人、18人、15人，分别占总样本的30.46%、26.08%、21.73%。这与当前各级政府与村"两委"对合作社的重视不断提升相符合，普通农户、企业、家庭农场领办的合作社分别为8家、4家、3家，分别占总样本的11.59%、5.79%、4.35%，表明当前企业与家庭农场对合作社组织的嵌入深度还不够，多主体联动发展的局面还未完全打开，详细数据见图3-6。

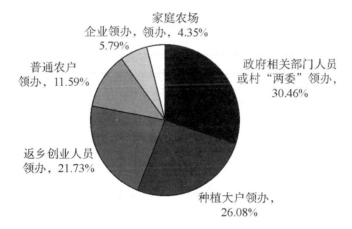

图3-6 合作社创办者身份分布情况

数据来源：根据实地调研数据整理。

成员作为合作社重要的组成部分，《合作社法》规定合作社成员最低数量为5人。从图3-7可以看出，合作社注册成员为最低数量5人的样本合作社有8家，占比为11.59%；注册成员为6~50人的样本合作社有29家，所占比例最高为42.03%。这与当前合作社泛化，部分群体以少数成员操持合作社经济的现状相符。注册成员为51~100人的样本合作社有7

家，所占比例最低为 10.14%；注册成员为 101～150 人的样本合作社有 16家，所占比例为 23.19%；注册成员为 150 人以上的样本合作社有 9 家，占比为 13.04%，表明当前成员规模较大的合作社存在仍然较少。随着合作社的不断发展和成员规模的不断扩大，现在成员规模在 5 人、6～50 人的规模的合作社比例下降，分别下降 2.89% 和 17.39%；相对应的成员规模在 50～100 和 150 人以上规模的合作社比例上升，分别上升 1.45% 和 18.84%，证明合作社组织在农村社会中具有一定的吸引力和带动能力。

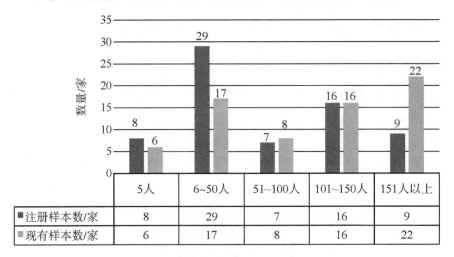

	5人	6~50人	51~100人	101~150人	151人以上
■ 注册样本数/家	8	29	7	16	9
▨ 现有样本数/家	6	17	8	16	22

图 3-7　合作社规模样本数对比

数据来源：根据实地调研数据整理。

以"三品一标"为代表的产品认证是当前从源头控制农业投入品的有效途径（Kleemann et al., 2013）。从总样本中可以看出，当前仍有相当一部分合作社在产品质量把控中处于较低水平，仅有部分合作社关注到因农产品质量提升而带来的经济价值。在总样本中，没有任何认证的合作社样本有 24 家，占比为 34.70%；有食用农产品合格证的合作社样本有 16 家，占比为 23.18%；有绿色食品认证的合作社样本有 22 家，占比为 31.80%；有有机产品认证的合作社样本仅有 4 家，占比为 5.70%；有地理标志产品的合作社样本有 17 家，占比为 24.60%（详见图 3-8）。其中，有两种产品认证的合作社样本有 5 家，占比为 7.20%；有三种认证的合作社样本有 3 家，占比为 4.20%；有四种认证的合作社样本仅有 1 家，占比为 1.40%。

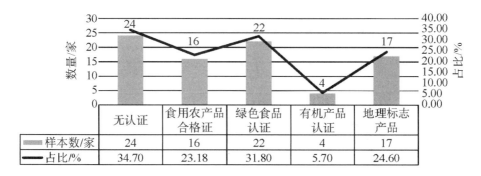

	无认证	食用农产品合格证	绿色食品认证	有机产品认证	地理标志产品
样本数/家	24	16	22	4	17
占比/%	34.70	23.18	31.80	5.70	24.60

图 3-8　合作社产品认证情况

数据来源：根据实地调研数据整理。

提升合作社规范发展水平，是实现合作社高质量发展、增强合作社内生发展动力的客观要求。从合作社示范性来看，样本中超过大半数都是市级示范社，占比为 76.81%，非示范社的占比为 23.19%。其中，在各级示范社中按照数量排名依次为市级示范社、省级示范社、县级示范社、国家级示范社，占比分别为 37.68%、21.74%、13.04%、4.35%。这表明，我国合作社提质增效有一定成效（详见图 3-9）。

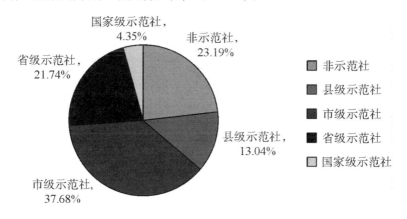

图 3-9　合作社示范社分布情况

数据来源：根据实地调研数据整理。

合作社购置机械设备、仓储设施和建设产品的加工生产线，不仅提升了合作社的农业物质装备能力和科技水平，也提升了合作社的服务能力。在样本中合作社拥有灌溉系统、冷库、运输车辆、加工设备、注册商标、厂房、农机（旋耕机、打草机等）的数量分别为 41 个、25 个、48 个、15

个、3 个、46 个、49 个，部分合作社深度参与到产品加工与社会化服务的产业链后端等环节中，详细数据见图 3-10。

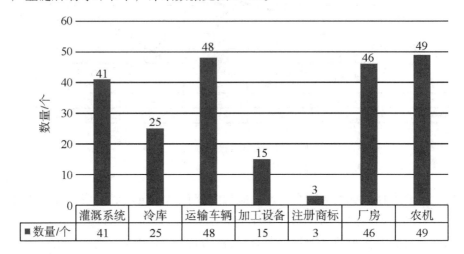

图 3-10　合作社购买设备数量

数据来源：根据实地调研数据整理。

3.2.1.2　柑橘合作社经营特征

四川是全国最大的晚熟柑橘基地，形成了不少特色柑橘产业带。从合作社经营品种来看，合作社种植品种排名前三位的分别是爱媛、春见、塔罗科血橙，分别有 30 家、28 家、22 家，分别占总样本的 43.48%、40.58%、31.88%。种植不知火、沃柑、大雅柑、清见、蜜橘、巴西红橙、明日见的合作社数量依次为 15 家、14 家、10 家、6 家、6 家、5 家、2 家，分别占总样本的 21.74%、20.29%、14.49%、8.70%、8.70%、7.25%、2.90%，表明当前合作社经营柑橘品种较为集中，详见图 3-11。

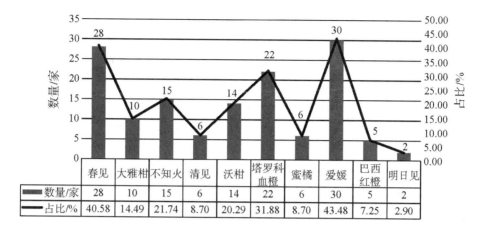

	春见	大雅柑	不知火	清见	沃柑	塔罗科血橙	蜜橘	爱媛	巴西红橙	明日见
▨ 数量/家	28	10	15	6	14	22	6	30	5	2
—— 占比/%	40.58	14.49	21.74	8.70	20.29	31.88	8.70	43.48	7.25	2.90

图 3-11　柑橘合作社经营品种分类和占比情况

数据来源：根据实地调研数据整理。

从合作社柑橘经营面积来看，大部分经营面积都是 500 亩及以下，合作社样本数量有 29 家，占比为 42.03%，这与四川省地势多为丘陵山区，柑橘产业难以形成连片规模的现状相符。501~1 000 亩经营面积的样本合作社有 17 家，占比为 24.64%；1 001~1 500 亩经营面积的样本合作社有 4 家，占比为 5.80%；1 501~2 000 亩经营面积的样本合作社有 4 家，占比为 5.80%；2 000 亩以上的样本合作社有 15 家，占比为 21.74%，详细数据见图 3-12。

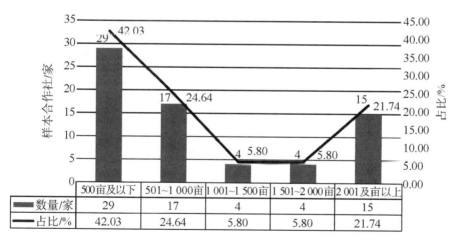

	500亩及以下	501~1 000亩	1 001~1 500亩	1 501~2 000亩	2 001及亩以上
▨ 数量/家	29	17	4	4	15
—— 占比/%	42.03	24.64	5.80	5.80	21.74

图 3-12　合作社经营规模和占比情况

数据来源：根据实地调研数据整理。

从合作社提供的服务来看，目前大部分合作社主要服务领域包括销售服务、信息服务、技术服务、农用物资服务、生产管理服务五个领域，涉及最少的是运输储藏服务。有52家样本合作社提供农用物资购买服务，服务平均覆盖成员比例为84.81%，比市场价格平均优惠13.2%。有50家样本合作社提供生产管理服务（包括栽种、施肥、除草、灌溉、修枝整形、套袋、疏花疏果、柑橘采收等），服务平均覆盖成员比例为77.91%。有36家样本合作社提供农机服务，服务平均覆盖成员比例为81.11%。有64家提供技术服务，几乎覆盖全部成员。有61家样本合作社提供信息服务，主要包括宣传农业可持续（绿色）发展的政策信息（政策）、科普绿色防控技术的相关信息（技术本身）、传递绿色农产品的市场信息（市场）。有36家合作社提供分拣定级服务，服务平均覆盖成员比例为66.52%。有35家合作社提供包装贴牌服务，服务平均覆盖成员比例为59.43%。有19家合作社提供运输储藏服务，服务平均覆盖成员比例为72.89%。有27家合作社提供收购服务，服务平均覆盖成员比例为73.52%。有64家合作社提供销售服务，服务平均覆盖成员比例为76.79%，具体数据详见图3-13。

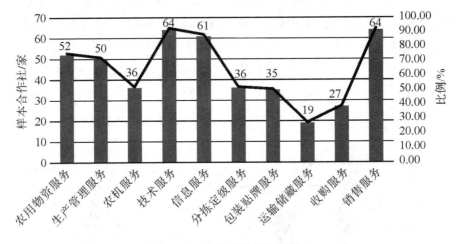

图3-13　合作社提供服务情况

数据来源：根据实地调研数据整理。

3.2.2　成员样本的特征分析

3.2.2.1　成员个人特征

成员个人特征包括年龄、受教育程度、风险偏好、外出务工经历、智能手机使用情况（详见表 3-3）。在年龄特征中，在总样本中（50，60]①岁成员是柑橘产业的主要劳动力，占比为 45.23%；60 岁以上的老龄人口从事柑橘种植人数仍较多，占比为 29.73%。在 619 个成员样本中，（26，78]岁成员，平均年龄为 56.36 岁。其中，（26，50]岁成员有 155 户，占比为 25.04%；（50，60]岁成员有 280 户，占比为 45.23%；（60，70]岁成员有 141 户，占比为 22.78%；（70，78]岁以上成员有 43 户，占比为 6.95%。在受教育程度特征中，成员平均受教育年限为 7.44 年，大部分以初中水平及以下为主，整体教育水平偏低。其中，小学及以下和初中教育程度成员均为 300 户，占比为 48.47%；高中及以上成员有 19 户，占比仅为 3.07%。在外出务工特征中，总样本中有超过半数的成员都有外出务工经历，这与四川省是劳动力输出大省的省情相符合，成员有外出务工经历的农户有 348 户，占比为 56.22%。在成员风险偏好特征中，1 代表偏向高风险，2 代表偏向中风险，3 代表偏向低风险，可以看出样本中超过一半的成员偏向低风险的经营项目。在智能手机使用特征中，在总样本中有近 80% 的成员在使用智能手机，这与现在互联网越来越发达的现实情况相符合。

表 3-3　成员个人特征

指标	变量	样本量	比例/%
年龄	（26，50]	155	25.04
	（50，60]	280	45.23
	（60，70]	141	22.78
	（70，78]	43	6.95
受教育程度	小学及以下	300	48.47
	初中	300	48.47
	高中及以上	19	3.07
外出务工经历	是=1	348	56.22
	否=0	271	43.78

---

① "（a，b]"是数学中的区间表达方法，表示大于 a 小于等于 b。

表3-3(续)

指标	变量	样本量	比例/%
智能手机使用情况	是＝1	484	78.19
	否＝0	135	21.81
风险偏好	高风险＝1	32	5.17
	中风险＝2	195	31.50
	低风险＝3	392	63.33

数据来源：根据实地调研数据整理。

3.2.2.2 成员家庭特征

成员家庭特征包括柑橘收入、家庭年收入、柑橘种植面积、柑橘种植劳动力数量、柑橘种植年限（详见表3-4）。在柑橘收入特征方面，在通常情况下成员农业收入越高，表明成员具备更好的生产经营能力。总体来看，在总样本中成员柑橘年收入主要集中在5万元以下，占比为64.26%，说明成员年收入多数处于较低水平，10万元以上的规模户占比为20.39%。具体来看，2万元以下成员群体最大，有225户，占比为36.25%；（2，5]万元成员有173户，占比为27.99%；（5，10]万元成员有95户，占比为15.37%；10万元以上成员有126户，占比为20.39%。

表3-4 成员家庭特征

指标	变量/万元	样本量/户	比例/%
柑橘收入	(0，2]	225	36.25
	(2，5]	173	27.99
	(5，10]	95	15.37
	(10，+∞]	126	20.39
家庭年收入	(0，5]	85	13.59
	(5，10]	170	27.51
	(10，15]	140	22.65
	(15，20]	95	15.37
	(20，+∞]	129	20.87

表3-4(续)

指标	变量/万元	样本量/户	比例/%
柑橘种植面积	(0.2, 5]	349	56.31
	(5, 10]	133	21.52
	(10, 20]	45	7.28
	(20, 1 000]	92	14.89
柑橘种植 劳动力数量	2 人及以下	531	85.78
	3~5 人	81	13.09
	5 人以上	7	1.13
柑橘种植年限	(0, 5]	161	26.01
	(5, 10]	253	40.87
	(10, 15]	75	12.12
	(15, 20]	81	13.09
	(20, 50]	49	7.92

数据来源：根据实地调研数据整理。

在家庭总收入特征方面，成员家庭总收入越高，对农业生产的投资能力越强，承担农业风险的能力越强。在总样本中成员家庭总收入呈现出贫富差距较大的态势，其中最低为 0.8 万元，收入最多的成员年收入高达 1 013 万元，平均收入为 26.23 万元。其中，5 万元以下成员有 85 户，占比为 13.59%；(5，10] 万元收入的成员群体最多，占比为 27.51%；(10，15] 万元成员有 140 户，占比为 22.65%；(15，20] 万元成员有 95 户，占比为 15.37%；20 万元以上成员有 129 户，占比为 20.87%。整体而言，在总样本中种植户柑橘年收入集中在 15 万元及以下，占比为 63.75%。

在柑橘种植规模特征方面，成员的柑橘种植规模集中在 5 亩以下，占比为 56.31%，这与我国小农种植的现实状况相符。其中，成员种植面积差距较大，最小为 0.2 亩，种植面积最大为 1 000 亩，平均种植面积为 25.43 亩。5 亩以下成员占据主要份额，共计 349 户，占比为 56.31%；(5，10] 亩成员有 133 户，(10，20] 亩成员有 45 户，20 亩以上成员有 92 户，占比分别为 21.52%、7.28% 和 14.89%。

在柑橘种植劳动力数量特征方面，种植柑橘的劳动力数量集中于 2 人及以下，大量农村家庭中仅剩下老一代成员在家从事农业生产，农村老龄化程度持续加深，农村劳动力持续转移。其中，种植柑橘的劳动力数量 2 人及以下成员有 531 户，占比为 85.78%；3~5 人成员有 81 户，占比为 13.09%；5 人以上成员有 7 户，占比为 1.13%。

在柑橘种植年限方面，有些成员刚刚开始种植柑橘，种植经验仅 2 年，种植年限最长的成员经验达 50 年，柑橘平均种植年限为 10 年。其中，5 年及以下成员有 161 户，占比为 26.01%；（5，10］年成员有 253 户，占比为 40.87%；（10，15］年成员有 75 户，占比为 12.12%；（15，20］年成员有 81 户，占比为 13.09%；20 年以上成员有 49 户，占比为 7.92%。在总样本中，成员柑橘年收入集中在 10 年及以下，占比为 66.88%。可见，调研成员柑橘种植经验比较丰富，成员的生产行为可能存在一定路径依赖。

3.2.2.3 成员环境素养特征

从计划行为理论视角来看，成员的绿色生产行为是基于信息获取和理解形成认知而决定的，成员的主观态度和自觉行为等会通过影响其生产意愿，进而对成员绿色生产行为产生影响。成员在绿色生产的认知和意愿方面按照环境素养的角度不同，可以分为环境价值观、环境责任感、环境知识等方面（王建华和钭露露，2021）。从成员的环境价值观方面看，大部分成员意识到绿色生产的重要性。在绿色生产对柑橘质量改善的价值观方面，成员选择很不同意、不同意、不确定、同意、很同意的频次占比分别为 4.68%、9.05%、11.63%、50.73%、23.85%，可以看出 74.58% 的成员比较赞同绿色生产有利于提高柑橘质量。在绿色生产对农产品经济价值提升的价值观方面，成员选择很不同意、不同意、不确定、同意、很同意的频次占比分别为 5.01%、10.66%、23.42%、45.72%、15.19%，可以看出 60.91% 的成员比较赞同绿色生产有利于让自家农产品卖个好价钱。在绿色生产对身体健康的价值观方面，成员选择很不同意、不同意、不确定、同意、很同意的频次占比分别为 4.20%、10.18%、22.62%、41.20%、21.81%，可以看出 63.01% 的成员比较赞同绿色生产有利于人们身体健康，这与已有研究结论相互印证（罗磊 等，2022）。绿色生产有利于提升柑橘品质非常同意的程度、绿色生产有利于提升农产品经济价值非常同意的程度、绿色生产有利于身体健康非常同意的程度选项频次占比依次为 23.85%、15.19%、21.81%（详见图 3-14），所占比例还较低。

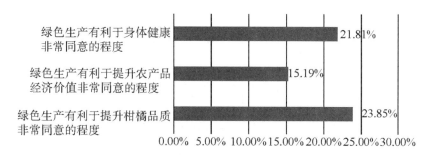

图 3-14　成员绿色生产环境价值观非常同意的程度

数据来源：根据实地调研数据整理。

从成员的环境责任感方面看，大部分成员具有一定环境责任感。在没有采用绿色生产方式会使成员感到羞愧、内疚或者负罪感调查中，成员选择很不同意、不同意、不确定、同意、很同意的频次占比分别为 1.13%、10.50%、33.93%、48.63%、5.82%，可以看出 54.45% 的成员如果没有采用绿色生产方式会感到非常愧疚。成员的生产行为会受到邻居和亲朋好友的影响。在破坏生态环境的生产行为会影响自己在合作社里的声誉或者受到其他成员的谴责调查中，成员选择很不同意、不同意、不确定、同意、很同意的频次占比分别为 3.56%、9.06%、32.85%、45.31%、9.22%，可以看出 54.53% 的成员感觉不进行绿色生产会受到他人谴责。出于对环境保护，包括自己在内的合作社成员都应该采用绿色生产方式调查中，成员选择很不同意、不同意、不确定、同意、很同意的频次占比分别为 3.56%、9.06%、32.85%、45.31%、9.22%，可以看出大多数成员认为包括自己在内的合作社成员都应该采用绿色生产方式。对不进行绿色生产感到羞愧、内疚或者负罪感非常同意的程度、对不进行绿色生产会受到谴责非常同意的程度、认为自己和周围的人都应该进行绿色生产非常同意的程度的占比依次为 9.22%、5.82%、17.45%（详见图 3-15），所占比例还是较低。长期以来，由于农业面源污染难以发现，农村居民对生态保护的自觉性仍有待提高。

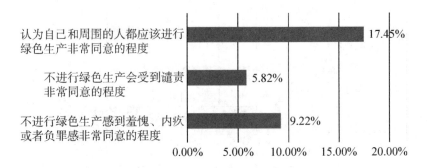

图 3-15　成员环境责任感分布情况

数据来源：根据实地调研数据整理。

在环境知识了解方面，大部分成员对环境知识了解停留在非常表面的阶段，非常了解的程度占比很低，这与当前多个类别的绿色认证较为复杂、宣传力度不够等原因密切相关。具体来看，69.63%的成员知道绿色食品标识，但对此非常了解的仅为 30 人，占比仅为 4.84%；55.74%的成员知道政府公布的农残限量标准，对此非常了解的仅为 32 人，占比为 5.17%；有 53.48%的成员知道"三品一标"标准，对此非常了解的仅为 34 人，占比为 5.49%（详见图 3-16）。

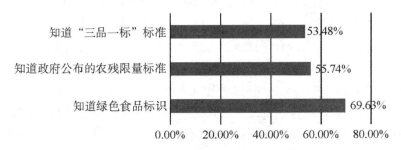

图 3-16　成员环境知识了解分布情况

数据来源：根据实地调研数据整理。

3.2.2.4　成员生产特征

（1）成员肥料使用行为。成员购买肥料考虑的因素和依据等都能反映成员使用的肥料是否安全和可靠，也是绿色生产行为的前提。比如成员如果注重肥料的价格和效用，那么更有可能购买便宜或见效快的肥料，导致化肥使用过量。从购买肥料的依据和因素来看（详见表 3-5），成员因为对合作社的信任，采纳合作社建议购买肥料种类的占比为 62.36%。同时，成员大多种植柑橘经验较为丰富形成了一定的路径依赖，因此依靠个人经验购买肥料的占比也较大，占比为42.97%。目前，农用物资店的专业性和服务都较为完善，成员依据农用物资店介绍购买肥料的占比为29.40%。此外，也有67户成员听取政府或农技站建议购买肥料，以及种植大户也起到了一定的示范作用，参考种养大户进行模仿购买肥料的占比为9.69%。购买肥料时的考虑因素也影响了成员的购买选择，成员关注肥料价格、产量影响、果子品质、安全性和污染性的数量分别为383户、409户、449户、240户。由此可以看出，成员对化肥的污染性关注度不够，这方面意识仍有待增强。

表3-5　成员肥料购买行为

分类	描述	数量/户	占比/%	分类	描述	数量/户	占比/%
购买肥料的依据	个人经验	266	42.97	购买肥料考虑的因素	价格便宜	383	61.87
	亲朋邻居	23	3.72		提高产量	409	66.07
	柑橘种植大户	60	9.69		改善果子品质	449	72.54
	农资店	182	29.40		安全性和污染性	240	38.77
	合作社	386	62.36				
	政府或农技站	67	10.82				

数据来源：根据实地调研数据整理。

在化肥施用方面，成员全年化肥施用次数平均为3.19次，标准差较大，最少的全年仅施肥一次，最多的施肥40次，可见成员合理施用化肥的能力参差不齐。全年化肥施用亩均成本为525.92元/亩，化肥施用亩均成本最高为1 920元/亩，最低的由于没有施用化肥或者用的都是自家制作的农家肥故没有支出。44.7%的成员做到了化肥减量施用，平均减量施用比例为31.17%，最高的全部没有施用化肥均使用有机肥。在商品有机肥施用方面，有500户成员施用了商品有机肥，全年商品有机肥施用次数平均为2.68次，全年商品有机肥施用亩均成本为700.33元/亩，商品有机肥施用亩均成本最高为3 000元/亩。在农家肥施用方面，有324户成员施用了农家肥，全年农家肥施用次数平均为3.55次，全年农家肥施用亩均成本为81.97元/亩，农家肥施用亩均成本最高为510元/亩。从上述分析可以看出，商品有机肥亩均成本最高，普通化肥次之，而农家肥成员可以利用家中菜枯或者家禽粪便制作，因此成本最低，详情见表3-6。

表 3-6　成员肥料施用行为

分类	描述	均值	标准差	最小值	最大值
化肥施用次数	化肥施用次数/次	3.19	2.155	1	40
化肥成本	化肥施用亩均成本/元/亩	525.92	519.27	0	1 920
化肥减量	是否减量施用化肥？1=是，0=否	0.447	0.497	0	1
减量比例	化肥减量施用的比例/%	31.17	24.619	0	1
商品有机肥施用次数	商品有机肥施用次数/次	2.68	2.504	0	50
商品有机肥成本	商品有机肥施用亩均成本/元/亩	700.33	791.108	0	3 000
农家肥施用次数	农家肥施用次数/次	3.552	3.231	1	34
农家肥成本	农家肥施用亩均成本/元/亩	81.97	143.91	0	510

数据来源：根据实地调研数据整理。

（2）成员农药使用行为。成员采购农药的信息渠道反映了成员在农业生产中信息的可获得性，成员通过对获取的信息进行处理从而做出决定，样本中成员农药购买依据往往受到自身经验或农用物资店、合作社、政府、相关农技部门、周围的亲朋好友以及当地种植大户等因素的影响。与肥料购买依据类似，大部分成员对于合作社都较为信任，60.26%的成员依据合作社推荐来确定农药购买种类，按照个人经验购买占比为41.84%，26.98%的成员依据农用物资店推荐来购买，剩下的一部分成员依据政府或农技站建议以及周围亲朋好友和种植大户的示范行为购买。成员关注农药价格、药效、产量影响、果子品质、安全性和污染性、农药残留情况的数量分别为304户、458户、351户、220户、239户和140户。由此可以看出，成员大部分关注农药防治病虫害的药效和是否能提高产量，对环境影响和果子农药残留有关的身体健康问题关注较少。这导致成员可能会倾向使用低价或见效快的农药，较少采取价格稍高和见效较慢的病虫害防控方式（详情见表3-7）。

表 3-7 成员农药购买行为

分类	描述	数量/户	占比/%	分类	描述	数量/户	占比/%
购买农药依据	个人经验	259	41.84	您家购买农药考虑的因素	价格便宜	304	49.11
	亲朋邻居	19	3.07		药效	458	73.99
	柑橘种植大户	47	7.59		提高产量	351	56.70
	农用物资店	167	26.98		改善果子品质	220	35.54
	合作社	373	60.26		安全性和污染性	239	36.61
	政府或农技站	65	10.50		农药残留	140	22.62

数据来源：根据实地调研数据整理。

从表 3-8 可以看出，成员全年农药施用次数均值为 4.89，一年打药最少的成员施药次数为 1 次，而最多的达 34 次。全年农药施用亩均成本差异也较大，成本均值为 498.92 元/亩；农药施用亩均成本最低为 0，原因可能是全部采取物理或生物防治，但农药施用亩均成本最高为 1 666.6 元/亩。在总样本中，91.1% 的成员表示能够按照说明书配药，但其中相当一部分是由农用物资店或合作社配好直接发给成员。60.1% 的成员能够用精准的方式稀释农药。在总样本中，成员最后一次打药距离摘果天数的时间均值为 65.33 天，标准差较大为 47.085，其中最短时间仅为 7 天，最长时间为 330 天。在总样本中，48.8% 的成员做到了农药减量施用，平均减量施用比例为 25.63%，最高减量比例为 80%。

表 3-8 成员农药施用行为

分类	描述	均值	标准差	最小值	最大值
施药次数	全年农药施用次数/次	4.89	2.792	1	34
亩均农药成本	全年农药施用亩均成本/元/亩	498.92	421.04	0	1 666.7
说明书配药	是否按照说明书配药？1＝是，0＝否	0.911	0.284	0	1
稀释农药方式	配药时稀释农药方式：1＝精准测量，0＝大概估计	0.601	0.503	0	1
最后一次打药	最后一次打药距摘果天数/天	65.33	47.085	7	330
农药减量使用	是否做到农药减量施用？1＝是，0＝否	0.488	0.500	0	1
农药减量比例	农药减量施用的比例/%	25.63	17.532	0	80

数据来源：根据实地调研数据整理。

3.2.2.5　成员生产绩效特征

（1）成员经济绩效特征。在经济绩效方面，本书主要用柑橘销售净利润和柑橘单价两个指标来刻画。柑橘销售净收入的测算公式为 $P \times Q - C$，其中 P 代表价格，Q 代表产量（为简化分析，不考虑采摘后的损耗率）、C 代表成本（主要包含农药和肥料成本、雇工成本及土地租金成本），柑橘单价为柑橘销售时每单位的平均价格来表征，具体情况见表3-9。柑橘销售净收益在（-0.78，2］万元的成员数量最多，占比为47.50%，其次为柑橘销售净收益在（2，5］万元的成员，二者合计占比为72.22%，而柑橘销售净收益在（5，10］万元、（20，30.66］万元、（10，15］万元、（15，20］万元的成员数量依次递减。柑橘销售价格在（3，4］元的成员数量最多，占比为24.80%，其次为柑橘销售价格在（2，3］元的成员，占比为23.34%，二者合计占比为48.14%，而柑橘销售价格在（1，2］元、（4，5］元、（5，18］元、[0.6，1］元的成员数量依次递减。

表3-9　成员经济绩效

分类	描述	数量/户	占比/%	分类	描述	数量/户	占比/%
柑橘销售净收益	（-0.78，2］	294	47.50	柑橘销售价格	（1，2］	130	21.07
	（2，5］	153	24.72		（2，3］	144	23.34
	（5，10］	69	11.15		（3，4］	154	24.80
	（20，30.66］	63	10.18		（4，5］	114	18.31
	（10，15］	30	4.85		（5，18］	50	8.10
	（15，20］	10	1.62		[0.6，1］	27	4.38

数据来源：根据实地调研数据整理。

（2）成员社会绩效特征。社会绩效主要体现在人与自然的和谐发展、邻里之间互帮互助以及对人们身心健康的影响等方面（唐林 等，2022；杨春红和凌志东，2007）。本书选取成员向绿色生产技术相关人员进行咨询的主动性和带动其他成员进行绿色生产行为的积极性两个指标来考察社会绩效，具体情况见表3-10。成员向绿色生产技术相关人员进行咨询次数为[0，2］次的成员数量最多，占比为51.05%，其次为咨询次数为（2，5］次的成员，二者合计占比为87.88%，而咨询次数为（5，10］次、（10，20］次的成员数量依次递减，有77户成员从来没有咨询过，可以看出大部分成员的咨询主动性仍然处于一个较低水平。在带动成员积极性方面，在总样本中有近80%的成员都愿意带动周围成员进行绿色生产，证明周围邻居是很好的技术示范主体。

表 3-10　成员社会绩效

分类	描述	数量/户	占比/%	分类	描述	数量/户	占比/%
技术咨询次数	[0，2]	316	51.05	带动成员	是	513	82.88
	(2，5]	228	36.83				
	(5，10]	66	10.66		否	106	17.12
	(10，20]	9	1.50				

数据来源：根据实地调研数据整理。

（3）成员生态绩效特征。生态绩效主要体现在污染治理、减少温室气体、提升土壤肥力和增加生物多样性等方面（孔文杰，2011；梁曼恬 等，2021；姜林杰 等，2019）。本书选取土壤肥力的提升程度和周围环境的改善程度两个指标来考察生态绩效，具体情况见表 3-11。成员认为自己的生产行为对环境改善程度的平均分数为 3.782 分，其中，成员选择无改善、改善较小、改善一般、改善较大、改善很大的数量占比分别为 2.91%、9.37%、10.18%、61.71%、15.83%，可以看出 77.54% 的成员认为自己生产行为比较有利于环境改善。成员认为自己生产行为对土壤肥力的提升程度的平均分数为 3.834 分，其中，成员选择无提升、提升较小、提升一般、提升较大、提升很大的频次占比分别为 2.75%、9.53%、15.51%、46.04%、26.17%，可以看出 72.23% 的成员认为自己生产行为比较有利于土壤肥力提升。

表 3-11　成员生态绩效

分类	描述	数量/户	占比/%	分类	描述	数量/户	占比/%
周围环境改善程度	1＝无改善	18	2.91	土壤肥力提升程度	1＝无提升	17	2.75
	2＝改善较小	58	9.37		2＝提升较小	59	9.53
	3＝改善一般	63	10.18		3＝提升一般	96	15.51
	4＝改善较大	382	61.71		4＝提升较大	285	46.04
	5＝改善很大	98	15.83		5＝提升很大	162	26.17

数据来源：根据实地调研数据整理。

3.3　合作社交易契约的现状考察

3.3.1　合作社交易契约的现状分析

成员加入合作社后，一方面可以选择将产品销售给合作社，另一方面可以选择通过龙头企业、批发市场、批发商、电商等渠道销售农产品。在总样本中，450户成员与合作社有农产品交易行为，占比为72.70%；其中288户成员是口头契约形式，162户成员是书面契约形式。169户成员与合作社完全没有农产品交易活动，占比为27.30%，如图3-17所示。

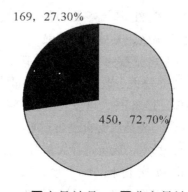

图3-17　柑橘合作社成员交易契约选择数量分布情况

数据来源：根据实地调研数据整理。

在交易的稳定性方面，通过合作社交易农产品的成员中65.33%的农户与合作社有连续两年以上的稳定合作，通过其他渠道销售农产品的成员中40.24%的农户与其他渠道有连续两年以上的稳定合作，这初步表明成员通过与合作社签订契约，有利于自身稳定销售产品。在成员与目前销售渠道未来长期合作的意愿方面（用1~5分来衡量，合作愿意程度递增），可以发现大部分农户还是比较愿意与目前销售渠道进行长期合作的，在总样本中成员的平均未来长期合作意愿打分为3.90分。具体来看，不愿意的农户群体最小，仅有8户，占比为1.29%；比较不愿意、一般愿意、比较愿意和非常愿意的农户分别有44户、105户、298户、164户，占比分别为7.11%、16.96%、48.14%与27.30%。其中，通过合作社交易农产品的成员，超过75%的农户表明比较愿意继续与合作社进行交易，通过其他销售渠道交易农产品的成员有近65%的农户表明比较愿意继续与当前销售渠道进行交易（详见表3-12）。

表3-12 柑橘合作社交易契约现状特征

指标	变量	总样本		交易成员		未交易成员	
		样本量/户	比例/%	样本量/户	比例/%	样本量/户	比例/%
稳定合作	是	362	58.48	294	65.33	68	40.24
	否	257	41.52	156	34.67	101	59.76
未来长期合作意愿	1=不愿意	8	1.29	2	0.44	6	3.56
	2=较不愿意	44	7.11	31	6.89	13	7.69
	3=一般愿意	105	16.96	65	14.44	40	23.67
	4=较愿意	298	48.14	237	52.67	61	36.09
	5=非常愿意	164	27.30	115	25.56	49	28.99

数据来源：根据实地调研数据整理。

3.3.2 合作社交易契约类型的现状分析

与合作社有农产品交易活动的成员共有450户。其中，162户成员与合作社签订了较为详细的书面契约，缔结了较为紧密的契约关系，契约的约束力较强，占比为36%；288户成员与合作社仅就相关农产品数量、质量、价格口头达成一致，进行产品交易，交易契约关系较为松散，契约的约束力较弱，占比为64%。可见，在农村社会中大部分还是以口头契约为主（见图3-18），具体交易契约类型的特征详见表3-13。

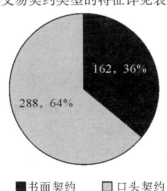

■书面契约 □口头契约

图3-18 合作社交易契约类型分布结果

数据来源：根据实地调研数据整理。

表 3-13　合作社交易契约类型的特征

模式	内容
书面契约	交易特征：交易频率高、交易额度大、交易稳定性强。 经营管理特征：利益联结较为紧密，合作社提供细致全面的服务
口头契约	交易特征：交易频率低、交易额度小、交易稳定性弱。 经营管理特征：利益联结较为松散，可以获得合作社部分服务，成员农业生产过程的自由性和灵活性较强，缺乏一定的监督和管理

资料来源：根据实地调研访谈整理。

从图 3-19 和图 3-20 可以看出，书面契约更容易形成稳定的合作与交易关系，长期合作意愿更高，契约的稳定性和规范性更强。签订书面契约的交易成员中 76% 的农户与合作社有连续两年以上的稳定合作，签订口头契约成员有 39% 的农户与合作社有连续两年以上的稳定合作，签订书面契约成员稳定合作比例高出近 40%。签订书面契约成员平均未来长期合作的意愿打分为 4.19 分，近 60% 的成员比较愿意进行长期合作；签订口头契约成员平均未来长期合作的意愿打分为 3.65 分，近 85% 的成员比较愿意进行长期合作。

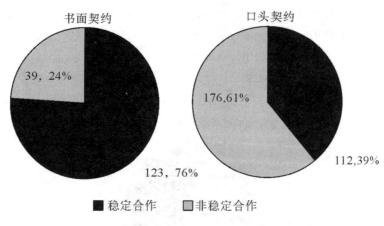

图 3-19　合作社交易契约类型稳定性对比

数据来源：根据实地调研数据整理。

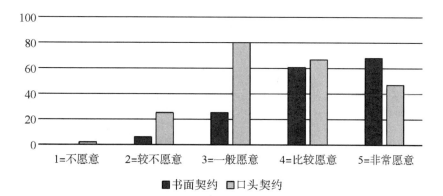

图 3-20　合作社交易契约类型长期合作意愿对比

数据来源：根据实地调研数据整理。

3.3.3　合作社交易契约模式的现状分析

合作社主要农产品的销售渠道包括公司、超市等龙头企业，批发商/批发市场以及电商。在 69 家合作社的销售渠道中，与龙头企业、批发商/批发市场、电商有交易契约关系的合作社分别有 15 家、58 家、40 家，从中可以看出，目前合作社主要销售渠道还是以批发商和批发市场为主，在"互联网+"的趋势下，大部分合作社也开始尝试通过网络销售。其中，仅有 1 种销售渠道的合作社有 31 家，有两种销售渠道的合作社有 30 家，有 3 种销售渠道的合作社有 8 家。可以看出，目前合作社销售渠道比较多元化，这也与我国市场交易模式不断丰富的现状相符合，详见表 3-14。若以超过 50% 的销售量为划分标准，在 69 家合作社的销售渠道中，与龙头企业、批发商/批发市场、电商缔结主要交易契约关系的合作社分别有 15 家、41 家、13 家。

表 3-14　合作社交易契约模式的特征

模式	内容
"交易成员+ 合作社+龙头企业"	交易需求：对果子价值属性、安全属性、包装属性要求较高，对营养属性有　定要求。 交易优势：购销关系稳定，保障了产品质量和品质，有利于形成绿色农产品的溢价激励。 交易劣势：企业容易出现垄断现象，合作社和公司存在"信任困境"，收益分配难以协调

表3-14(续)

模式	内容
"交易成员+合作社+ 批发商/批发市场"	**交易需求**：对果子价值属性的要求较高，对安全属性有一定要求。 **交易优势**：一般与批发商在田间地头完成交易，节约了运输费和相关人工费；与批发市场的交易量大。 **交易劣势**：与批发商交易时稳定性较差、价格透明度较低，与批发市场交易时增加了市场的流通环节，交易成本增加
"交易成员+ 合作社+电商"	**交易需求**：对果子价值属性、包装属性要求较高。 **交易优势**：一定程度上突破时空限制，与消费者建立沟通和反馈机制。 **交易劣势**：单笔交易量不大，需要在宣传上投入较多资金，对合作社粗加工能力要求较高

注：价值属性包括果子大小、果皮外观、酸甜度、鲜度；安全属性包括农药残留、追溯信息、重金属残留；包装属性包括内外包装；营养属性包括维生素C含量。

资料来源：根据实地调研访谈整理。

在合作社与龙头企业的交易中，两者间交易契约签订的稳定性和规范性都较高，利益联结较为紧密，66.67%的合作社与龙头企业有连续两年以上的稳定合作，超过大半数的合作社表示非常愿意继续合作。在调研中还发现，龙头企业对农产品质量安全和品质要求一般较高，因此合作社需要投入一定的专用性资产，比如农业机械和设备、品牌建设和投资、成员绿色生产培训和指导等。龙头企业则需要投资一定的检测工具，专门从事农产品的收购、加工和销售，有的企业还为合作社提供相关技术指导和生产服务。合作社和龙头企业双方专用性资产投入越多，则契约的关系就越紧密，对农产品质量的把控越严格。

在合作社与批发商/批发市场的交易中，两者间交易契约签订的稳定性和规范性较为一般，48.27%的合作社与批发商/批发市场有连续两年以上的稳定合作，仅30%左右的合作社表示非常愿意继续合作。批发商在交易过程中往往会到合作社的基地或仓库进行农产品拣选，并以口头契约为主，交易不确性较高，这也是合作社不愿意与其合作的重要因素。批发市场是流通体系的主体，在农产品的生产和销售中起着重要的作用，交易量一般较大，但由于交易过程中存在大量的不确定性，就算签订短期书面合同，也不会过多地明确交易条款细节，为以后的谈判预留更多空间。同时，由于农产品价格波动性较大，批发商和批发市场一旦发现有较低价格的货源出现，可能会出现违背契约的行为。

在合作社通过电商渠道销售农产品时，有一半的合作社连续两年以上通过电商销售产品，30%左右的合作社表示非常愿意继续通过电商渠道销售农产品。合作社在网上与消费者达成交易订单后，一方面，消费者可以利用电商平台在线留言、产品评论等信息披露和反馈评级机制，对交易农产品质量进行评价，从而推动合作社生产绿色农产品以铸就良好口碑，获得正向评价；另一方面，通过微信、抖音等社交平台购买产品的消费者，可以直接和合作社相关负责人进行沟通与交流，激励合作社按照消费者的需求开展生产活动。但是，在调研过程中发现，合作社理事长及其成员大部分没接受过电商运作和管理方面的专业培训，在网络平台的店铺管理、农产品信息收集和发布、消费者市场行情分析和网络营销宣传等方面缺乏经验。尤其是在农产品售后和质量追溯方面，缺乏相关经验和技术人员，可能会出现农产品卖出便不再提供后续服务的现象，规范性相对较弱。

3.4 成员绿色生产行为的现状考察

3.4.1 绿色生产行为指标测度方法选取

学术界有关多指标综合的评价可以归纳为主观赋权法和客观赋权法（熵值法）两大类。主观赋权法容易受评价者的主观因素及某些客观局限因素的影响，存在人为计算偏差，因此本书采用客观赋权法，从客观和科学的角度，对农户绿色生产行为进行测度评价。在信息论中，熵是对不确定性的一种度量。在由各个待评方案、评价指标所构成的指标数据矩阵中，指标的离散程度越大，对综合评价的影响越大，其权重也应越大（乔家君，2004；郭显光，1998）。熵值法的计算步骤如下：

（1）原始数据标准化：

$$\text{正向指标} \quad x'_{ij} = \frac{x_{ij} - \bar{x}}{s_j} \tag{3-1}$$

$$\text{逆向指标} \quad x'_{ij} = \frac{\bar{x} - x_{ij}}{s_j} \tag{3-2}$$

式中，x_{ij} 为第 i 个样本、j 项指标的原始数值，x'_{ij} 为标准化后的指标值，$\bar{x}$ 和 s_j 分别为第 j 项指标的平均值和标准差。由于在熵值法中运用到了对数，标准化后的数值不能直接使用，因此对标准化后的数值进行平移：

$$Z_{ij} = x'_{ij} + A \tag{3-3}$$

式中，Z_{ij} 是平移后数值，A 为平移幅度。

（2）将各指标同度量化，计算在第 j 项指标下，第 i 个农户占该指标的比重（P_{ij}）：

$$P_{ij} = Z_{ij} \Big/ \sum_{i=1}^{n} Z_{ij} (i = 1, 2, \cdots, n; j = 1, 2, \cdots, m) \tag{3-4}$$

式中，n 为样本农户个数，m 为指标个数。

（3）计算第 j 项指标熵值（e_j）：

$$e_j = -k \sum_{i=1}^{n} P_{ij} ln (P_{ij}) \tag{3-5}$$

式中，$k = \dfrac{1}{ln(n)}$，$e_j \geq 0$。

（4）计算第 j 项指标的差异系数（g_j）：

$$g_j = 1 - e_j \tag{3-6}$$

（5）计算第 j 项指标的权重（w_j）：

$$w_j = g_j \Big/ \sum_{j=1}^{n} g_j (j = 1, 2, \cdots, m) \tag{3-7}$$

（6）计算第 i 个农户的绿色生产行为水平（F_i）：

$$F_i = \sum_{j=1}^{m} w_j P_{ij} \tag{3-8}$$

3.4.2　成员绿色生产行为的测度指标描述统计

3.4.2.1　肥水管理环节成员绿色生产行为实施特征

合理的肥水管理可以使得柑橘树体生长发育旺盛，也有利于增强柑橘树体的抗虫性。由表 3-15 可知，73.34% 的农户在平衡施肥行为方面做得较好，其中交易成员与未交易成员呈现出较为明显的差异，交易成员中有79.56% 的农户实现了平衡施肥，未交易成员中仅有 56.80% 的农户实现了平衡施肥。总体来看，超过 80% 的农户使用了袋装商品有机肥，其中，交易成员中有 86.22% 的农户使用了袋装商品有机肥，未交易成员中有72.19% 的农户使用了袋装商品有机肥。近半数农户施用养殖粪便、秸秆、油枯等制作的农家肥，其中，交易成员中有 54.57% 的农户施用养殖粪便、秸秆、油枯等制作的农家肥，未交易成员中有 49.70% 的农户施用养殖粪便、秸秆、油枯等制作的农家肥。82.37%的农户对农家肥经过了无害化处理，其中，交易成员中有86.20%的农户对农家肥经过了无害化处理，未交易成员中有66.67%的农户对农家肥经过了无害化处理。以上说明在"绿水青山就是金山银山"理念的感召下，大部分柑橘种植农户的生态环保意识都有增强，在生产过程中比较重视有机肥的使用，对农产品安全性、绿色性的重视度有所提升。

表3-15　肥水管理环节的成员绿色生产行为实施特征

指标	变量	总样本		交易成员		未交易成员	
		样本量/户	比例/%	样本量/户	比例/%	样本量/户	比例/%
实现N、P、K肥合理平衡施肥	是	454	73.34	358	79.56	96	56.80
	否	165	26.66	92	20.44	73	43.20
使用商品袋装有机肥	是	510	82.39	388	86.22	122	72.19
	否	109	17.61	62	13.78	47	27.81
施用养殖粪便、秸秆、油枯等制作的农家肥	是	330	53.24	246	54.57	84	49.70
	否	289	46.76	204	45.43	85	50.30
是否对农家肥经过无害化处理	是	238	82.37	200	86.20	38	66.67
	否	51	17.63	32	13.79	19	22.62
是否采用水肥一体化技术	是	133	21.49	97	21.56	36	21.30
	否	486	78.51	353	78.44	133	78.70
是否采用测土配方技术	是	104	16.83	93	20.71	11	6.51
	否	515	83.17	357	79.29	158	93.49
是否采用喷灌、滴灌、管道输水等节水灌溉技术	是	140	22.62	115	25.56	25	14.79
	否	479	77.38	335	74.44	144	85.21

数据来源：根据实地调研数据整理。

由于技术成本带来的制约性，仅有21.49%的农户采用了水肥一体化技术，其中，交易成员中有21.56%的农户采用了水肥一体化技术，未交易成员中有21.30%的农户采用了水肥一体化技术，两类成员的采纳率相差无几，采用率都普遍偏低。少数农户采用了测土配方技术，其中，交易成员中有20.71%的农户采用了测土配方技术，未交易成员中仅有6.51%的农户采用了测土配方技术，交易成员采用的比例明显高于未交易成员。22.62%的农户采用了喷灌、滴灌、管道输水等节水灌溉技术，其中，交易成员中的采用率为25.56%，未交易成员中的采用率为14.79%，交易成员采用的比例明显高于未交易成员。这初步说明，水肥一体化技术、测土配方技术、节水灌溉技术等由于前期技术装备投入较大，个体在采纳前会对投入产出比进行计算后综合研判，并做出最后决策，而与合作社交易的成员由于具有更加稳定的产品交易关系，更容易树立前期投入信心，从而采纳上述技术。

3.4.2.2　病虫害绿色防控环节成员绿色生产行为实施特征

总体来看，农户在使用生态调控和生物防治方面的绿色防控技术比例较低，这可能与生草技术、生物天敌引入技术、生物诱捕技术等仍处于发展和推广初期、使用具有一定门槛有关。此外，交易成员使用频率远远高于未交易成员，原因可能是与合作社有交易关系的成员更容易获取组织技术支持。由表3-16可知，15.67%的农户使用了生草技术，其中，交易成员中有20.00%的农户使用了生草技术，未交易成员中有4.14%的农户使用了生草技术，交易成员采用的比例明显高于未交易成员。18.42%的农户释放了捕食螨等害虫的天敌，其中，交易成员中有22.67%的农户释放了捕食螨等害虫的天敌，未交易成员中有7.10%的农户释放了捕食螨等害虫的天敌，交易成员采用的比例明显高于未交易成员。26.98%的农户使用了糖、酒、醋诱杀罐和性诱剂等，其中，交易成员中有33.33%的农户使用了糖、酒、醋诱杀罐和性诱剂等，未交易成员中有10.06%使用了糖、酒、醋诱杀罐和性诱剂等，交易成员采用的比例明显高于未交易成员。

表 3-16　病虫害绿色防控环节的成员绿色生产行为实施特征

指标	变量	总样本		交易成员		未交易成员	
		样本量/户	比例/%	样本量/户	比例/%	样本量/户	比例/%
是否使用生草技术	是	97	15.67	90	20.00	7	4.14
	否	522	84.33	360	80.00	162	95.86
是否释放捕食螨等天敌	是	114	18.42	102	22.67	12	7.10
	否	505	81.58	348	77.33	157	92.90
是否使用糖、酒、醋诱杀罐和性诱剂等	是	167	26.98	150	33.33	17	10.06
	否	452	73.02	300	66.67	152	89.94
是否使用黑光灯、黄色黏虫板、频振式杀虫灯等物理装置	是	431	69.74	351	77.95	80	47.93
	否	188	30.26	99	22.05	89	52.07

表3-16(续)

指标	变量	总样本		交易成员		未交易成员	
		样本量/户	比例/%	样本量/户	比例/%	样本量/户	比例/%
是否按照说明书进行农药配比	是	564	91.11	411	91.33	153	90.53
	否	55	8.89	39	8.67	16	9.47
是否严格执行农药安全间隔期	是	546	88.20	418	92.89	128	75.73
	否	73	11.79	32	7.11	41	24.26

数据来源：根据实地调研数据整理。

大多数农户使用了黑光灯、黄色黏虫板、频振式杀虫灯等物理装置，其中，交易成员中有77.95%的农户使用了黑光灯、黄色黏虫板、频振式杀虫灯等物理装置，未交易成员中有47.93%使用了黑光灯、黄色黏虫板、频振式杀虫灯等物理装置，交易成员采用的比例明显高于未交易成员。91.11%的农户都按照说明书进行农药配比且严格执行农药安全间隔期，交易成员和未交易成员的实施比例均大于90%，相差不大。由此可以看出，农户在使用物理防治和科学用药方面的绿色防控技术比例较大，物理防治方面交易成员使用频率高于未交易成员，可能的原因是与合作社有交易关系的成员更容易获取组织物理防控装置的集中采购和培训支持。在科学用药方面，交易成员严格执行农药安全间隔期取得的效果较好。

3.4.2.3 树体管理环节的成员绿色生产行为实施特征

在树体管理环节，总体来看，大部分成员能够科学按照技术规程来进行种植，这与成员丰富的种植经验有关。同时，交易成员的采纳率整体略高于未交易成员，原因可能是与合作社有交易关系的成员更受到组织重视，更容易参与合作社技术培训中。由表3-17可知，在总样本中，有85.94%的农户会剪除病虫枝、清除枯枝落叶，这与农民长期从事农业生产、修枝技术的比例普遍较高的现状相符，其中，交易成员中有92.64%的农户会剪除病虫枝、清除枯枝落叶，未交易成员中有76.79%的农户会剪除病虫枝、清除枯枝落叶，交易成员采用的比例明显高于未交易成员。92.89%的农户会控制开花和结果的数量和质量，其中，交易成员中有93.78%的农户会控制开花和结果的数量和质量，未交易成员中有90.53%的农户会控制开花和结果的数量和质量，交易成员和未交易成员两者的比例相差不大。58.97%的农户会选用质量较好、符合标准的果袋，其中，交易成员中有58.67%的农户会选用质量较好、符合标准的果袋，未交易成员中有 59.76% 的农户会选用质量较好、符合标准的果袋，交易成员和未交易成员两者比例相差不大。近半数的农户会给树干覆盖薄膜御寒，其中，交易成员中有 53.78% 的农户会给树干覆盖薄膜御寒，未交易成员中有 39.64% 的农户会给树干覆盖薄膜御寒，交易成员使用比例高于未交易成员。

表 3-17　树体管理环节的成员绿色生产行为实施特征

指标	变量	总样本		交易成员		未交易成员	
		样本量/户	比例/%	样本量/户	比例/%	样本量/户	比例/%
是否会剪除病虫枝、清除枯枝落叶等措施	是	532	85.94	403	92.64	129	76.79
	否	87	14.05	47	7.36	40	23.21
是否控制开花和结果数量和质量，及时疏果	是	575	92.89	422	93.78	153	90.53
	否	44	7.11	28	6.22	16	9.47
是否选用质量较好，符合标准的果袋?	是	365	58.97	264	58.67	101	59.76
	否	254	41.03	186	41.33	68	40.24
是否覆盖薄膜御寒	是	309	49.92	242	53.78	67	39.64
	否	310	50.08	208	46.22	102	60.36

数据来源：根据实地调研数据整理。

3.4.2.4　废弃物处理环节的成员绿色生产行为实施特征

由于农药使用包装往往具有 2%~5% 的农药残留于包装袋或者容器中（焦少俊 等，2012），如果随意丢弃，农药可能通过降水或灌溉释放到周围环境中，对水和土壤造成不可逆的污染。因此，将废弃物分为有毒的农药废弃物包装和无毒的肥料、果袋包装。由表 3-18 可知，在总样本中，73.83% 的农户会回收使用完的农药包装，这表明当前农民的生态保护意识有所增强。其中，交易成员中有 78.44% 的农户会回收使用完的农药包装，未交易成员中有 61.54% 的农户会回收使用完的农药包装。76.09% 的农户会回收肥料包装袋、果树套袋，其中，交易成员中有 81.78% 的农户会回收肥料包装袋、果树套袋，未交易成员中有 60.95% 的农户会回收肥料包装袋、果树套袋。以上数据说明，交易成员在回收废弃物方面明显做得比未交易成员好，这可能是因为与合作社有交易关系的成员与合作社的利益连接更紧密，通过合作社的技术培训和信息传递，对"两山理论"的理解更加深入，为实现自身的长期性持续收益，更可能会选择回收废弃物等环保行为。

表 3-18　废弃物处理环节的成员绿色生产行为实施特征

指标	变量	总样本		交易成员		未交易成员	
		样本量/户	比例/%	样本量	比例/%	样本量/户	比例/%
是否回收使用完的农药包装	是	457	73.83	353	78.44	104	61.54
	否	162	26.17	97	21.56	65	38.46%
是否回收肥料包装袋、果树套袋	是	471	76.09	368	81.78	103	60.95
	否	148	23.91	82	18.22	66	39.05

数据来源：根据实地调研数据整理。

3.4.3　成员绿色生产行为的测度结果分析

总体来看，成员绿色生产水平的较高值均在交易成员中。可能的原因是，交易成员与合作社的利益连接更紧密，合作社更加重视这类成员，交易成员更容易获得合作社提供的服务和相关绿色生产技术培训。从表 3-19 可以看出，全体成员绿色生产行为的均值为 0.511，取值范围在 0.093~0.944。其中，交易成员绿色生产行为的均值为 0.544，取值范围为 0.139~0.944；未交易成员绿色生产行为的均值为 0.422，取值范围为 0.093~0.726。

表 3-19　成员绿色生产水平值

分组	均值	标准差	最小值	最大值	样本数
全体成员	0.511	0.168	0.093	0.944	619
交易成员	0.544	0.164	0.139	0.944	450
未交易成员	0.422	0.144	0.093	0.726	169

数据来源：根据实地调研数据计算整理。

进一步分析成员绿色生产行为值区间的分布差异，整体而言，157 位成员在 0.400 的均值以下的低绿色生产水平区域，占比为 25.36%；440 位成员在 0.401~0.800 的中绿色生产水平区域区间，占比为 71.08%；22 位成员在 0.801~1 的高绿色生产水平区域区间，占比为 3.56%。两类成员在各区间的分布呈现出较强的差异性，未交易成员在低安全值区域比例高于交易成员，而在中高安全值区域比例显著低于交易成员，详见图 3-21。其中，在 0.400 的均值以下的低绿色生产水平区域，84 户交易成员绿色生产水平在此区间，占比为 18.67%；73 户未交易成员绿色生产水平在该区间的占比为 43.20%，显著高于交易成员同区间比例。在 0.401~0.800 的中绿色生产水平区域区间，344 户交易成员绿色生产水平在此区间，占比为 76.44%；96 户未交易成员绿色生产水平在该区间的比例为 56.81%，显著低于交易成员同区间的占比。在 0.801~1 的高绿色生产水平区域区间，仅仅有 22 户交易成员，占比为 4.89%，未交易成员在此区间没有交易成员，这也进一步说明合作社交易契约对成员的绿色生产行为有明显影响。

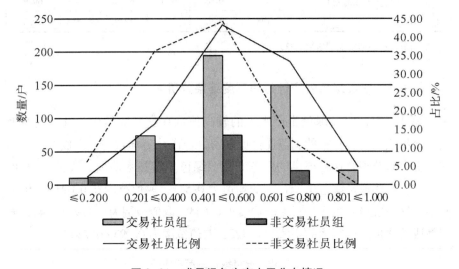

图 3-21　成员绿色生产水平分布情况

数据来源：根据实地调研数据计算整理。

3.5　小结

本章利用中国农村统计年鉴、四川省统计年鉴、四川省农业农村厅访谈、网络资料搜索以及实地调研等统计数据，运用描述性统计和对比分析法，分析了柑橘产业、合作社交易契约以及成员绿色生产行为的现状，并得出以下结论：

（1）我国是世界第一柑橘生产大国，种植面积及产量均居全球第一。在国内，柑橘种植规模和产量均已超过苹果，成为栽培面积最大、产量最高和消费量最大的水果。柑橘在中国南方丘陵山区的经济发展中占有重要位置，相较于平原地区发展粮、棉、油、糖等关系国家粮食安全的重要产业，具有高度市场化、高附加值以及高风险性的特性，属于劳动密集型和技术密集型兼备的产业。四川省作为中国重要的柑橘主产区之一，是全国最大的晚熟柑橘基地，柑橘产量和种植面积均居全国前列。近十年来，四川省柑橘种植面积和产量整体呈现不断增加的趋势。

（2）在合作社交易契约选择决策中，成员选择通过合作社交易农产品共有450户，占比为72.70%，远远高于未交易成员；自己通过市场交易农户有169户，占比为27.30%。其中，在合作交易契约类型选择中，签订书面契约成员有162户，占比为36%；签订口头契约成员有288户，占比为64%；在合作社交易契约组织模式选择中，合作社主要农产品主要销售渠道包括公司、超市等企业、批发市场/批发商等水果商以及电商，选择频次占比分别为21.73%、84.05%、57.97%。

（3）依据熵值法测算出合作社成员总样本绿色生产行为的综合均值为0.511，其中，交易成员绿色生产行为的综合均值为0.544，未交易成员绿色生产行为的综合均值为0.422。交易成员在低绿色值区域的占比低于非交易成员，而在中高绿色值区域的占比高于非交易成员，且在肥水管理、病虫害防控、树体管理、废弃物管理环节中有较大差异。

4 交易特性视角下的成员交易契约选择决策研究

随着小农户和大市场之间的矛盾日益突出，农产品生产驱动力也由传统的生产导向逐渐转变为市场导向，农产品交易已成为影响小农户融入农业产业链、获得产业链增值的重要环节。合作社作为农民组织化的主要形式，在引导小农户与大市场有效对接中发挥着重要作用，合作社与成员之间的交易（蔡荣，2011；王丽佳，2013）构成了合作社运营、扩张与治理的基础（范旺达，2015），影响着合作社与成员的嵌入式合作。尽管我国有超过半数的农户加入了合作社，但总体来看成员与合作社联结的紧密程度仍然较差（马彦丽 等，2019），大多数成员与合作社之间并无实质性交易活动，参与合作社管理的积极性较低。那么，究竟是哪些因素影响了成员选择合作社交易契约的决策？基于前文的理论分析框架可知，农户作为有限理性经济人，为了降低交易费用和缩短交易时间，会选择符合自身生产经营状况和产品特性的交易方式（胡浩志 等，2013；Riordan et al.，1985；陈超 等，2019）。在交易成本理论中，威廉姆森（1985）提出交易特性由资产专用性、交易频率和不确定性三个维度组成，但尤其关注企业资产专用性的影响。柑橘作为商品率较高的产品（王卫卫，2021），具有上市期集中、易腐烂等特性，随着柑橘规模的逐渐扩大，"增产不增收"的现象时有发生，受市场价格影响较大（宋金田，2013），资产专用性、交易频率和不确定性三个维度的交易特性都影响了农户选择其交易方式。

因此，本章基于交易费用理论，从交易特性的视角出发，运用二元Logit 模型，从资产专用性、不确定性和交易频率三个方面分析了影响成员交易契约选择决策的因素，旨在检验假设 1、假设 1a、假设 1b、假设 1c。

4.1 模型设定

本章重点关注成员在柑橘销售过程中的交易契约选择情况，将成员在柑橘销售过程中是否选择合作社交易契约作为被解释变量。由于该被解释变量是一个典型的二分类变量，即"选择"与"不选择"。因此，参考张海洋等（2021）的研究，本书采用经典的二元 Logit 模型进行分析，设定 Y 的取值为 0 或 1，Y 的 Logit 模型可由潜变量 Y^* 模型推导得来。具体模型设定形式如下：

$$Y_i^* = X_i\beta + \varepsilon_i(i = 1, 2, \cdots, N) \tag{4-1}$$

此时，合作社交易契约选择行为的 Logit 模型可以表示为

$$\text{Logit}(Y = 1 \mid X - x) - \text{Logit}(Y_i^* > 0 \mid x) = \text{Logit} \{(\varepsilon_i > x_i\beta \mid x\} = \varphi (x_i\beta) \tag{4-2}$$

式中，X_i 为影响成员交易契约选择情况的解释变量；β 为待估参数；ε_i 为随机扰动项，服从正态分布；$\varphi(x)$ 为标准正态分布函数。

4.2 数据来源、变量设置与描述性统计

4.2.1 数据来源

本章数据使用课题组对四川省 69 个柑橘合作社和 619 个柑橘成员的调查数据，有关该数据的详细说明请参见"1.6.1 数据来源"部分。

4.2.2 变量设置与描述性统计

4.2.2.1 变量设置

（1）因变量。依据前述对合作社交易契约的界定，合作社交易契约特指成员通过合作社销售农产品过程中形成的承诺合集（详见前文概念界定 2.1.2）。合作社交易契约选择决策在问卷中的具体问题是"是否通过合作社交易农产品？"，若回答是，则该变量赋值为 1，否则赋值为 0。样本显示，72.69% 的成员选择了合作社交易契约。

（2）自变量。威廉姆森（1985）提出，交易特性可以从资产专用性、不确定性和交易频率三个维度进行量化。参考相关研究，本书的资产专用性主要从地理位置专用性、实物资产专用性、人力资本专用性和社会资本专用性四个方面（Wiliamson，1985；温映雪和刘伟平，2021；胡浩志和吴梦娇，2013）进行考虑。其中，地理位置专用性在很大程度上会影响合作社获取市场信息、产品运输便捷程度等。本书选取合作社所在乡镇是否有水果批发市场、合作社距离受访者家的路程两个指标来衡量合作社地理位置专用性（陈晓琴和黄大勇，2022；蔡荣，2011）。实物资产专用性反映合作社的专业性，能够有效提高生产效率和产品的价值。本书选取合作社是否进行产品质量认证和合作社是否具有加工设备两个指标来表示实物资本专用性（朱涛和邹双，2013；周振和孔祥智，2017；胡浩志和吴梦娇，2013）。人力资本专用性主要体现在合作社对成员的各种教育培训方面，本书选取合作社提供的生产技术培训种类和合作社提供农产品销售信息的丰富程度两个指标来表示人力资本专用性（刘颖娴和郭红东，2012；朱涛和邹双，2013）。社会资本专用性主要体现在合作社在农业生产过程中获取社会资源的能力，本书选取合作社理事长的社会关系丰富程度以及合作社理事长与成员互动交流频率两个指标来表示社会资本专用性（黄胜忠和张海洋，2014；孙天合和马彦丽 等，2021）。

不确定性作为交易特性的一个维度，是指事件的结果可能不止一个。在柑橘种植业生产过程中，农户面临的不确定性主要包含环境不确定性和生产不确定性（李霖，2018）。环境不确定性往往体现在交易市场的波动程度（陈灿，2013），故本书选取成员过去一年销售柑橘的价格波动程度作为衡量成员面临环境不确定性的指标。由于柑橘具有生长周期长和易腐性等特质（王卫卫，2021），在生长过程中极其容易因为极端恶劣天气、病虫害等各类不确定因素导致其减产、产出品质不稳定，在这些不确定因素中，以柑橘的病虫害引起的损失较为典型，故本章选取成员柑橘种植过程中遭受病虫害次数作为衡量其生产不确定性的指标。

交易频率是影响成员交易契约选择的重要因素。由于农产品生长周期的存在，柑橘一年最多只能成熟一次，因此柑橘交易的频率相对而言是一定的，柑橘交易频率和交易数量息息相关。因此，本章借鉴苟茜和邓小翔（2019）的研究，选取柑橘交易量来衡量交易频率。

（3）控制变量。除以上变量之外，借鉴已有研究选取成员的年龄（徐

虹 等，2009；蔡荣，2011）、受教育程度（温斐斐和王礼力，2014；苟茜、邓小翔，2019）、外出务工经历（刘洁，2011）、对社长信任程度（陈茉等，2014）作为控制变量表征成员个体特征，同时按照四川省经济区划分标准进一步控制了地区差异。变量选取与赋值说明如表 4-1 所示。

表 4-1　变量选取与赋值说明

变量	赋值说明
因变量	
合作社交易契约决策	受访者是否通过合作社交易农产品：是＝1，否＝0
自变量	
地理位置专用性	
水果批发市场	合作社所在乡镇是否有水果批发市场：是＝1，否＝0
合作社距离	合作社距离受访者家的实际路程对数
人力资本专用性	
信息服务	合作社提供农产品信息的丰富程度：5 分类变量，且1~5 依次递增
培训服务	合作社提供的生产技术培训种类（种）
实物资产专用性	
产品质量认证	合作社是否通过产品质量认证：是＝1，否＝0
资产设备	合作社是否具有加工设备：是＝1，否＝0
社会资本专用性	
社会关系	合作社理事长社会关系的丰富程度：5 分类变量，且1~5 依次递增
社长互动	合作社理事长与成员的交流互动频率：5 分类变量，且1~5 依次递增
不确定性	
生产不确定性	2021 年柑橘病虫害发生次数（次）
环境不确定性	2021 年柑橘销售的困难程度：5 分类变量，且 1~5 依次递增
交易频率	
交易量	2021 年柑橘销售量对数
控制变量	

表4-1(续)

变量	赋值说明
年龄	受访者实际年龄对数
教育	受访者受教育年限对数
务工经历	受访者是否外出务工：是=1，否=0
信任程度	受访者对社长的信任程度：5分类变量，且1~5依次递增
区域划分	受访者所在地：1=成都平原经济区，2=川东北经济区，3=川南经济区

4.2.2.2 描述性统计分析及均值差异检验

本章所用资产专用性、不确定性、交易频率以及控制变量的描述性统计分析与均值差异分析见表4-2。

表4-2 描述性统计分析与均值差异分析

名称	全样本 ($N=619$)	未交易成员 ($N=169$)	交易成员 ($N=450$)	差值
自变量				
合作社交易契约	0.727 (0.446)	—	—	—
自变量				
地理位置专用性				
批发市场	0.122 (0.013)	0.035 (0.014)	0.155 (0.017)	0.120*** (0.029)
合作社距离	0.926 (0.020)	1.132 (0.481)	0.849 (0.021)	-0.282*** (0.045)
人力资本专用性				
信息服务	2.572 (0.055)	2.213 (0.097)	2.706 (0.065)	0.493*** (0.122)
培训服务	4.216 (0.140)	2.958 (0.170)	4.688 (0.177)	1.730*** (0.307)
实物资产专用性				
产品质量认证	0.523 (0.020)	0.319 (0.035)	0.600 (0.023)	0.280*** (0.043)

表4-2（续）

名称	全样本（$N=619$）	未交易成员（$N=169$）	交易成员（$N=450$）	差值
资产设备	0.190 (0.190)	0.156 (0.028)	0.203 (0.019)	0.046 (0.035)
社会资本专用性				
社会关系	4.127 (0.036)	3.769 (0.080)	4.262 (0.037)	0.492*** (0.079)
社长互动	3.911 (0.037)	3.662 (0.076)	4.004 (0.042)	0.341*** (0.084)
生产不确定性				
病虫害	2.114 (0.067)	2.171 (0.151)	2.093 (0.073)	−0.078 (0.151)
环境不确定性				
市场销售	2.722 (0.038)	2.331 (0.064)	2.880 (0.046)	0.548*** (0.086)
交易频率				
交易量	9.650 (0.072)	9.173 (0.170)	9.830 (0.073)	0.656*** (0.159)
控制变量				
年龄	4.036 (0.007)	4.048 (0.013)	4.032 (0.007)	−0.016 (0.014)
教育	1.989 (0.026)	1.793 (0.061)	2.062 (0.026)	0.269*** (0.057)
务工经历	0.562 (0.019)	0.508 (0.038)	0.582 (0.023)	0.073 (0.044)
信任程度	4.126 (0.036)	3.828 (0.074)	4.237 (0.039)	0.409*** (0.078)

注：*** 表示在1%的水平上显著。

在地理位置专用性方面，在总样本中有12.2%的合作社所在乡镇有水果批发市场，其中，在交易成员样本中有15.5%所在乡镇有水果批发市场，在未交易成员样本中仅仅有3.5%所在乡镇有水果批发市场，可以看出当地水果批发市场的发达程度影响了合作社与成员之间的交易。在总样本中，合作社距离成员家平均路程的对数为0.926，其中，在交易成员样本中合作社距离成员家平均路程的对数为 0.849，在未交易成员样本中合作社距离成员家平均路程的对数为 1.132。

在人力资本专用性方面，总样本中合作社提供农产品信息丰富程度为 2.572，其中，在交易成员样本中合作社提供农产品信息丰富程度为 2.213，在未交易成员样本中合作社提供农产品信息丰富程度为 2.076。在总样本中，合作社提供技术培训种类平均为 4.216 种，其中，在交易成员样本中合作社提供技术培训种类平均为 2.958 种，在未交易成员样本中合作社提供技术培训种类平均为 4.688 种。

在实物资产专用性方面，52.3% 的合作社有产品质量认证。其中，在交易成员样本中 60.0% 的合作社有产品质量认证，在未交易成员样本中 31.9% 的合作社有产品质量认证。在总样本中，19% 的合作社有加工设备。其中，在交易成员样本中 20.3% 的合作社有加工设备，在未交易成员样本中 15.6% 的合作社有加工设备。可以看出，成员选择是否与合作社交易农产品和合作社是否拥有产品质量认证以及加工设备等硬实力有关。

在社会资本专用性方面，合作社理事长的社会关系平均丰富程度为 4.127。其中，在交易成员样本中合作社理事长的社会关系平均丰富程度为 4.262，在未交易成员样本中合作社理事长的社会关系平均丰富程度为 3.769。在总样本中合作社理事长与成员的交流互动频率平均为 3.911。其中，在交易成员样本中合作社理事长与成员的交流互动频率平均为 4.262，在未交易成员样本中合作社理事长与成员的交流互动频率平均为 3.769。

在不确定性方面，成员 2021 年柑橘病虫害发生次数平均为 2.114 次，受到病虫灾害的最多高达 13 次。其中，在交易成员样本中 2021 年柑橘病虫害发生次数平均为 2.171 次，在未交易成员样本中 2021 年柑橘病虫害发生次数平均为 2.093 次，但两者均值的差异不显著。在总样本中成员 2021 年柑橘销售的难易程度平均为 2.730。其中，在交易成员样本中 2021 年柑橘销售的难易程度平均为 2.880，在未交易成员样本中 2021 年柑橘销售的难易程度平均为 2.331。可以看出，成员与合作社进行产品交易，能够有效降低市场风险。

在交易频率方面，总样本中成员 2021 年柑橘销售量对数为 9.650，其中，在交易成员样本中 2021 年柑橘销售量对数为 9.830，在未交易成员样本中 2021 年柑橘销售量对数为 9.173。在其他特征方面，交易成员的受教育程度以及对社长的信任程度更高。

4.3 模型回归结果分析

4.3.1 模型检验与分析

在进行 Logit 回归分析前，先对自变量进行多重共线性检验，检验结果如表4-3所示，模型方差膨胀因子（variance in flation factor，VIF）中最大值为 2.66，最小值为 1.06，均值为 1.44，各项数值均没有超过 10，表明模型不存在严重的多重共线问题。

表4-3　自变量多重共线性检验结果

变量	VIF	1/VIF
批发市场	1.09	0.920
合作社距离	1.20	0.833
信息服务	1.17	0.857
培训服务	1.32	0.758
产品质量认证	1.18	0.789
资产设备	1.07	0.932
社会关系	2.55	0.391
社长互动	1.90	0.525
病虫害发生次数	1.06	0.944
柑橘销售难易程度	1.15	0.869
柑橘交易量	1.34	0.746
年龄	1.50	0.665
教育	1.54	0.651
务工经历	1.11	0.898
信任程度	2.66	0.376

为了修正模型潜在的异方差问题，模型Ⅰ采用了稳健标准误分析成员交易契约选择决策的二元 Logit 回归。除此之外，还测算了 Logit 模型中各自变量的平均边际效应来反映弹性，具体结果见模型Ⅱ。模型Ⅰ的 Loglikelihood 值为 -264.431，Pseudo R^2 值为 0.258，Waldchi^2 值为 129.83，且通过 1% 水平上的显著性检验，表明成员交易契约选择决策的模型拟合比较好。进一步来看，资产专用性、不确定性、交易频率及其他特征等对成员交易契约选择决策具有潜在的影响，结果详见表 4-4。

表 4-4　成员交易契约选择决策的影响因素

变量类别	变量名称	模型 I		模型 II	
		系数	标准误	边际效应	标准误
地理位置专用性	批发市场	1.813***	0.001	0.255***	0.076
	合作社距离	-0.801***	0.202	-0.112***	0.027
人力资本专用性	信息服务	0.171*	0.090	0.024*	0.012
	培训服务	0.082**	0.041	0.011**	0.028
实物资产专用性	产品质量认证	0.836***	0.235	0.117***	0.033
	资产设备	0.449*	0.241	0.063*	0.033
社会资本专用性	社会关系	0.495***	0.181	0.069***	0.024
	社长互动	0.109	0.205	0.015	0.028
生产不确定性	病虫害发生次数	0.013	0.065	0.001	0.009
环境不确定性	柑橘销售难易程度	0.463***	0.128	0.065***	0.017
交易频率	柑橘交易量	0.202*	0.119	0.028*	0.016
其他特征	年龄	2.277***	0.862	0.321***	0.120
	教育	0.173	0.195	0.024	0.027
	务工经历	0.517**	0.233	0.072**	0.032
	信任程度	-0.337	0.163	-0.047	0.022
	地区变量	控制	控制	控制	控制
	常数项	-13.585***	3.911	—	—
Waldchi^2	129.83	—			
Prob>chi^2	0.000	—			
Pseudo R^2	0.258	—			
Loglikelihood	-264.431	—			

注：*、**、*** 分别表示在 10%、5%、1% 的水平上显著。

4.3.1.1 资产专用性对成员交易契约选择决策的影响

在地理位置专用性方面，合作社所在乡镇水果批发市场建设情况在1%的水平上通过显著性检验，边际系数为 0.255。这表明，合作社所在乡镇如果有水果批发市场，成员选择合作社交易契约的可能性越高，且合作社所在乡镇如果有批发市场可能性每增加一个单位，成员选择合作社交易契约的可能性平均增加 25.5%。可能的原因是，若合作社所在乡镇有水果批发市场，合作社能节约一部分在外搜寻水果经销商的交易费用，并且更容易建立稳定的合作关系（刘颖娴和郭红东，2012）。合作社距离成员家的路程在1%的水平上通过显著性检验，边际系数为−0.112。这表明，合作社距离成员家的路程越远，成员选择合作社交易契约的可能性越低，合作社距离成员家的路程每增加一个单位，成员选择合作社交易契约的可能性平均减少 11.2%。可能的原因是，当合作社与成员家的距离越近，能够建立更加良好的沟通交流机制，增加合作互动。

在人力资本专用性方面，合作社提供信息服务的丰富程度在5%的水平上通过显著性检验，边际系数为 0.024。这表明，合作社提供信息服务越丰富，成员选择合作社交易契约的可能性越高，且合作社信息服务丰富程度每增加一个单位，成员选择合作社交易契约的可能性平均增加 2.4%。合作社技术培训种类在5%的水平上通过显著性检验，边际系数为 0.028。这表明，合作社技术培训种类越多，成员选择合作社交易契约的可能性越高，且合作社技术培训种类每增加一个单位，成员选择合作社交易契约的可能性平均增加 2.8%。可能的原因是，合作社通过提供农产品的市场信息和生产相关的技术培训，能够帮助农户及时获取农业生产技术和管理方法，提升农户相关专业知识，带来增产增收（朱涛和邹双，2013），引导成员选择合作社交易。

在实物资产专用性方面，合作社产品质量认证获取情况在1%的水平上通过显著性检验，边际系数为 0.117。这表明，合作社如果获得产品质量认证，成员选择合作社交易契约的可能性越高，且合作社如果获得产品质量认证每增加一个单位，成员选择合作社交易契约的可能性平均增加 11.7%。合作社若申请了相关产品质量认证，能够带来农产品的溢价激励（李晗和陆迁，2020），会促使成员与合作社交易农产品。合作社加工设备在10%的水平上通过显著性检验，边际系数为 0.063。这表明，合作社如果加工设备越多，成员选择合作社交易契约的可能性越大，且合作社加工设备每增加一个单位，成员选择合作社交易契约的可能性平均增加6.3%。可能的原因是，合作社加工设备包括选果机、清洗机等设备，这些设备能够有效减少分拣定级等方面的人工费用，节约一部分交易成本（胡浩志和吴梦娇，2013）。

在社会资本专用性方面，合作社理事长的社会关系丰富程度在1%的水平上通过显著性检验，边际系数为0.069。这表明，合作社理事长的社会关系越丰富，成员选择合作社交易契约的可能性越大，且合作社理事长的社会关系丰富程度每增加一个单位，成员选择合作社交易契约的可能性平均增加6.9%，成员与合作社理事长交流互动频率没有通过显著性检验。合作社理事长若有较为丰富的社会关系网络，比如与农用物资供应商或农产品销售商有良好的关系，则更容易获得物美价廉的农用物资供应和稳定的交易渠道，减少市场风险（黄胜忠和张海洋，2014）。与此同时，理事长与成员保持较高的频率互动，能够让成员感知到合作社看重他的利益，增加对合作社的满意度（孙天合和马彦丽 等，2021）。通过以上分析，假设1a得到验证。

4.3.1.2 不确定性对成员交易契约选择决策的影响

在环境不确定性方面，柑橘销售难易程度在1%的水平上通过显著性检验，边际系数为0.065。这表明，柑橘销售难易程度越高，成员选择交易契约的可能性越高，且柑橘销售难易程度每增加一个单位，成员选择交易契约的可能性平均增加6.5%，这与李霖（2018）的结论一致。可能的原因是，成员通过与合作社签订交易契约能够获得及时的市场信息，进一步实现与市场的有效对接。假设1b得到验证。生产不确定性没有通过显著性检验。

4.3.1.3 交易频率对成员交易契约选择决策的影响

柑橘交易量在10%的水平上通过显著性检验，边际系数为0.028。这表明，柑橘交易量越大，成员选择交易契约的可能性越大，且柑橘交易量每增加一个单位，成员选择交易契约的可能性平均增加2.8%，这与苟茜和邓小翔（2019）的研究结论一致。假设1c得到验证。

4.3.1.4 其他特征对成员交易契约选择决策的影响

成员年龄在1%的水平上通过显著性检验，边际系数为0.321。这表明，成员年龄越大，成员选择交易契约的可能性越大，且成员年龄每增加一个单位，成员选择交易契约的可能性平均增加32.1%。成员外出务工经历在 5% 的水平上通过显著性检验，边际系数为 0.072。这表明，成员外出务工经历越丰富，成员选择交易契约的可能性越大，且成员外出务工经历每增加一个单位，成员选择交易契约的可能性平均增加 7.2%。成员受教育程度、对合作社理事长信任程度没有通过显著性检验。

4.3.2　稳健性检验

本章旨在探究成员交易契约选择决策的影响因素，为了检验模型Ⅰ和模型Ⅱ估计结果的稳健性，采用 Logit 的同源模型 Probit 模型来做稳健性检验。稳健性检验结果见表 4-5 中的模型Ⅰ和模型Ⅱ，可以看出各个影响因素的显著性和上文基本一致，证明模型稳健性较好。假设 1 得到验证。

表 4-5　交易契约选择决策的稳健性检验

变量类别	变量名称	模型Ⅰ		模型Ⅱ	
		系数	标准误	边际效应	标准误
地理资本专用性	批发市场	1.033***	0.288	0.251***	0.068
	合作社距离	-0.461***	0.119	-0.112***	0.027
人力资本专用性	信息服务	0.104**	0.050	0.025**	0.012
	培训服务	0.045*	0.023	0.011*	0.021
实物资产专用性	产品质量认证	0.523***	0.133	0.127***	0.032
	资产设备	0.237	0.136	0.057	0.032
社会资本专用性	社会关系	0.281***	0.104	0.068	0.024
	社长互动	0.065	0.115	0.015	0.028
生产不确定性	病虫害发生次数	0.007	0.036	0.001	0.008
环境不确定性	柑橘销售难易程度	0.256***	0.072	0.062***	0.016
交易频率	柑橘交易量	0.114*	0.067	0.027*	0.016
其他特征	年龄	1.329***	0.491	0.324***	0.118
	教育	0.121	0.117	0.029	0.028
	务工经历	0.289**	0.132	0.070**	0.031
	信任程度	-0.201	0.091	-0.049	0.022
	地区变量	控制	控制	控制	控制
	常数项	-7.873***	2.239	-	-
Waldchi^2	146.68	-			

表4-5(续)

变量类别	变量名称	模型 I		模型 II	
		系数	标准误	边际效应	标准误
Prob>chi^2	0.000	—			
Pseudo R^2	0.259	—			
Loglikelihood	−264.295	—			

注:*、**、***分别表示在 10%、5%、1%的水平上显著。

4.4 小结

本章基于交易费用理论,从交易特性的三个维度出发,运用二元 Logit 模型,从资产专用性、不确定性和交易频率三个方面分析影响成员交易契约选择决策的因素。主要结论如下:

(1)资产专用性会显著影响成员交易契约选择决策。合作社所在乡镇如果有水果批发市场,成员越偏好选择交易契约。合作社距离成员家的路程越远,成员越偏好与其他市场主体合作。合作社提供的信息服务和培训服务越丰富,成员越偏好选择交易契约。合作社获得产品质量认证以及拥有的加工设备等实物资产越多,成员越偏好选择交易契约。合作社理事长的社会关系越丰富,成员越偏好选择交易契约。

(2)不确定性对成员交易契约选择决策具有异质性影响。当市场价格变化引起的环境不确定性增强时,成员越偏好选择交易契约。而病虫害等引起的生产不确定则对成员是否选择交易契约没有显著影响。

(3)交易频率会显著影响合作社交易契约选择决策,交易频率越高,成员越偏好选择交易契约。

5 合作社交易契约影响成员绿色生产行为的效应评估

小农户与大市场的核心矛盾是交易成本（Coase，1937），集体行动的动机是由交易成本所驱动的（Kim，1999；Markelova et al.，2010），中国小农的组织化程度普遍较低，难以有效对接大市场。基于交易费用理论和农户行为理论，成员作为有限理性经济人，其绿色生产行为决策受到交易费用的深刻影响。以往的研究普遍显示，合作社统一销售能够提高成员与产品收购方的议价能力，节省与交易主体产生的交易费用（Zhou et al.，2019；徐志刚 等，2017），从而提高成员的经济绩效，增强成员绿色生产的意愿（Ma et al.，2017；Michalek et al.，2018；Wossen et al.，2017）。从委托代理的关系来看，合作社能否将成员交予的农产品以利益最大化进行出售，将决定成员下一步绿色生产决策（Hakelius and Hansson，2016）。

上一章已对交易特性视角下成员的交易契约选择决策进行了研究。基于此，本章采用内生转换回归模型探讨合作社交易契约对成员绿色生产行为的影响，旨在检验假设2，并在此基础上进一步分析合作社交易契约不同类型和模式对成员绿色生产行为的异质性影响。

5.1 模型构建

5.1.1 合作社交易契约对成员绿色生产行为影响的模型设定

作为有限理性经济人，成员的交易契约选择决策取决于社员选择合作社交易契约的效用（A_{ia}^{*}）和社员未选择合作社交易契约的效用（A_{in}^{*}）的差值，即如果 $A_{ia}^{*} - A_{in}^{*} = A_i > 0$，则成员选择合作社交易契约，否则，成

员则不选择合作社交易契约，故本章将成员的交易契约选择决策方程定义为

$$A_i = \begin{pmatrix} 1, & A_i^* \ge 0 \\ 0, & A_i^* < 0 \end{pmatrix} \tag{5-1}$$

式（5-1）中，A_i 为成员是否选择合作社交易契约的决策，$A_i = 1$ 表示成员选择合作社交易契约，$A_i = 0$ 表示成员未选择合作社交易契约。那么，可以通过构建以下模型来评估合作社交易契约对成员绿色生产行为的影响效应：

$$Y_i = \beta' X_i + \gamma' A_i + \varepsilon_i \tag{5-2}$$

式（5-2）中，Y_i 表示成员的绿色生产行为水平；X_i 为影响成员绿色生产行为水平的个人特征、家庭经营特征、绿色生产意识特征以及一些外部环境特征等因素；β'、γ' 为待估系数；ε_i 表示随机误差项。如果成员被随机地分配至交易成员组与未交易成员组，则式（5-2）中的参数 Y_i 能够准确量化成员选择合作社交易契约决策下的绿色生产行为水平。但是，式（5-2）中的交易契约选择决策变量 A_i 并不能被视为外生变量，因为是否选择合作社交易契约是成员基于预期效用分析的自选择，存在一些不可观测因素，同时影响着成员的交易契约选择决策和绿色生产行为，若直接估计式（5-2），则可能导致估计结果有偏。以往的研究常使用倾向得分匹配法（PSM）解决选择性偏差问题，但该方法仅考虑了可观测变量对成员交易契约选择的影响，却忽视了不可观测因素导致的内生性问题。因此，本书使用 Lokshin（2004）提出的内生转换回归模型（ESR）来分析交易成员与未交易成员绿色生产行为的差异，进而估计合作社交易契约对成员绿色生产行为影响的平均处理效应。内生转换模型有以下四个方面的优势：一是解决成员选择合作社交易契约的自选择问题与内生性问题，同时考虑可观测因素与不可观测因素的影响；二是能够分别对交易成员组和未交易成员组绿色生产行为的实施方程进行估计，考察不同因素的差异化影响；三是使用全信息最大似然估计方法，进一步解决有效信息遗漏问题；四是实现反事实分析。基于此，本书构建如下计量模型来评估合作社交易契约对成员绿色生产行为的影响。

选择行为方程（是否选择合作社交易契约）：

$$A_i = \delta' Z_i + k' I_i + \mu_i \tag{5-3}$$

结果方程 1（处理组，选择合作社交易契约成员的绿色生产行为方程）：

$$Y_{ia} = \beta'_a X_{ia} + \sigma_{\mu a} \lambda_{ia} + \varepsilon_{ia} \qquad (5\text{-}3a)$$

结果方程 2（处理组，未选择合作社交易契约成员的绿色生产行为方程）：

$$Y_{in} = \beta'_n X_{in} + \sigma_{\mu n} \lambda_{in} + \varepsilon_{in} \qquad (5\text{-}3b)$$

式（5-3）中，A_i 表示成员是否选择合作社交易契约的二元选择变量；Z_i 是影响成员选择合作社交易契约的各类因素；μ_i 是误差项；I_i 是识别变量。式（5-3a）与式（5-3b）中，Y_{ia} 与 Y_{in} 分别表示交易成员和未交易成员两个样本组的绿色生产行为；X_{ia} 与 X_{in} 是一系列影响成员绿色生产行为的因素；ε_{ia} 与 ε_{in} 为结果方程的误差项；δ、k'、β'_a、β'_n 均为采用完全信息极大似然法估计的待估参数。此处需要强调的是，本书选择了同一村庄中农户选择合作社交易契约的比例作为工具变量，将其纳入成员选择合作社交易契约的决策模型，原因在于该变量仅影响成员的交易契约选择决策，不直接影响成员的绿色生产行为水平。其中，ESR 模型一般包含两个阶段：第一阶段使用极大似然法估计行为方程（Probit 或 Logit 模型）；第二阶段将第一阶段获得的逆米尔斯比率 λ_{ia} 和 λ_{in} 及其协方差 $\sigma_{ua} = \mathrm{cov}(\mu_i, \varepsilon_{ia})$ 和 $\sigma_{un} = \mathrm{cov}(\mu_i, \varepsilon_{in})$ 代入结果方程，估计成员选择合作社交易契约导致的绿色生产行为变化。

需要解释说明的是，σ_{ua} 和 σ_{un} 具有一定的含义。一是若两者皆为 0，则直接选择外生模型；若两者不为 0，且通过一定水平的显著性检验，则表明社员服务利用决策并不是随机的，存在由不可观测因素产生的样本选择偏差问题。因而，只有同时考察可观测变量和不可观测变量时才能获得一致有效的估计结果。二是 σ_{ua} 和 σ_{un} 的正负不同表明交易契约选择决策主要是基于成员自身资源禀赋的比较优势而定的。具体而言，如果 $\sigma_{ua} > 0$，$\sigma_{un} > 0$，表明偏差对选择了合作社交易契约的成员为正强化，而对未选择合作社交易契约的成员为负强化；如果 $\sigma_{ua} < 0$，$\sigma_{un} < 0$，表明偏差对选择了合作社交易契约的成员为负强化，而对未选择合作社交易契约的成员为正强化；如果 $\sigma_{ua} > 0$，$\sigma_{un} < 0$，表明偏差对选择合作社交易契约和未选择合作社交易契约的成员都是双向强化；如果 $\sigma_{ua} < 0$，$\sigma_{un} > 0$，表明偏差对选择合作社交易契约和未选择合作社交易契约的成员都为负强化。三是若 $\sigma_{ua} > 0$，表明存在负的选择偏差，即绿色生产水平高于平均水平的成员更倾向选择合作社交易契约，若 $\sigma_{ua} < 0$，则表明存在正的选择偏差，即绿色生产水平低于平均水平的社员更倾向选择合作社交易契约。

5.1.2 合作社交易契约对成员绿色生产行为影响的效应评估

ESR 模型的估计结果给出了各类因素对交易成员与未交易成员绿色生产行为的差异化影响。为了评估合作社交易契约对成员绿色生产行为的总体影响，需要利用 ESR 模型的估计系数，进一步搭建反事实分析框架。通过比较真实情境与反事实假设情境下交易成员和未交易成员的绿色生产行为水平期望值，来估计合作社交易契约对成员绿色生产行为的平均处理效应。

选择合作社交易契约成员的绿色生产行为水平期望值为

$$E[Y_{ia}|A_i = 1] = \beta'_a X_{ia} + \sigma_{\mu a} \lambda_{ia} \tag{5-4}$$

未选择合作社交易契约成员的绿色生产行为水平期望值为

$$E[Y_{in}|A_i = 0] = \beta'_n X_{in} + \sigma_{\mu n} \lambda_{in} \tag{5-5}$$

选择合作社交易契约成员若未选择情形下的绿色生产行为水平期望值为

$$E[Y_{in}|A_i = 1] = \beta'_n X_{ia} + \sigma_{\mu n} \lambda_{ia} \tag{5-6}$$

未选择合作社交易契约成员若选择情形下的绿色生产行为水平期望值为

$$E[Y_{ia}|A_i = 0] = \beta'_a X_{in} + \sigma_{\mu n} \lambda_{ia} \tag{5-7}$$

通过比较式（5-4）和式（5-6）得到实际选择合作社交易契约成员的绿色生产行为的平均处理效应（average treatment effect of treated，ATT），即处理组的平均处理效应的计算公式为

$$ATT_i = E[Y_{ia}|A_i = 1] - E[Y_{in}|A_i = 1] = (\beta'_a - \beta'_n)X_{ia} + (\sigma_{\mu a} - \sigma_{\mu n})\lambda_{ia} \tag{5-8}$$

通过比较式（5-5）和式（5-7）得到未选择合作社交易契约成员的绿色生产行为的平均处理效应（average treatment effect of untreated，ATU），即对照组的平均处理效应的计算公式为

$$ATU_i = E[Y_{in}|A_i = 0] - E[Y_{ia}|A_i = 0] = (\beta'_n - \beta'_a)X_{in} + (\sigma_{\mu n} - \sigma_{\mu a})\lambda_{in} \tag{5-9}$$

因此，可以分别计算得出处理组和对照组合作社交易契约选择对成员绿色生产行为影响的平均处理效应，即 ATT、ATU。

5.2 数据来源、变量定义与描述性统计

5.2.1 数据来源

本章数据使用课题组对四川省69个柑橘合作社和619个柑橘成员的调查数据，有关该数据的详细说明请参见"1.6.1 数据来源"部分。

5.2.2 变量定义与描述性统计

5.2.2.1 变量定义

（1）因变量。依据前文对于柑橘成员绿色生产行为的界定，柑橘成员绿色生产行为是指在柑橘生产过程中，成员坚持在肥水管理环节、病虫害绿色防控环节、树体管理环节、废弃物处理环节中贯彻绿色发展环境战略，坚持集资源节约、环境友好、生态保育、质量高效于一体的可持续行为系统（详见前文概念界定2.1.4）。本书依据熵值法确定指标权重，加权平均得到成员绿色生产行为均值为0.511（详见前文样本特征4.4.3）。

（2）自变量。依据前文对合作社交易契约的界定，合作社交易契约特指成员通过合作社销售农产品过程中形成的承诺合集（详见前文概念界定2.1.2）。合作社交易契约选择决策在问卷中的具体问题是"是否通过合作社交易农产品?"，若回答是，则该变量赋值为1，否则赋值为0。样本中显示，450户成员选择了合作社交易契约，占比为72.69%，其中，288户成员签订的是口头契约，162户成员签订的是书面契约；134户成员参与"合作社+龙头企业"交易契约模式，203户成员参与"合作社+批发商/批发市场"交易契约模式；113户成员参与"合作社+电商"交易契约模式。

（3）控制变量。在借鉴已有研究成果的基础上，本书选取了受访者个人特征、家庭经营特征、绿色生产意识特征、外部环境特征4类13个变量作为控制变量。其中，个人特征变量包括决策者的年龄（杨志海和王洁，2020）、受教育程度（张晖 等，2011；宋言奇 等，2010）、风险偏好（Wossen et al.，2017）以及外出务工经历（邹杰玲 等，2018）4个变量；家庭经营特征变量包括家庭种植柑橘劳动力数量（Zhang et al.，2015）、家庭农业收入占比（Ma et al.，2018）、柑橘种植面积（Xu et al.，2021）、柑橘种植年限4个变量；绿色生产意识特征（余威震 等，2017；杜三峡 等，

2021）变量包括农户对政府公布的农残限量标准了解程度以及没有采用绿色生产方式的羞愧内疚程度 2 个变量；外部环境特征（Damalas，2021；Pan et al.，2021；Wang et al.，2018）包括成员家距离最近政府农技部门的路程、柑橘销售难易程度、地区差异变量 3 个变量。

（4）识别变量。社会心理学表明，农户个体行为会受到村庄内其他个体行为的影响，这一影响被称为"群体效应"（邹薇和方迎风；2012）。因此，本书借鉴桑贤策和罗小锋（2021）等学者的研究思路，选取同一村庄中柑橘成员选择合作社交易契约的比例作为工具变量。一方面，同一村庄成员的各种行为之间都存在较大程度的相互影响，同一村庄内其他成员平均选择合作社交易模式的比例越高，受访柑橘成员选择合作社交易模式的概率也越大；另一方面，村庄整体层面选择合作社交易契约比例与单个柑橘成员的绿色生产行为并无直接关系。综上所述，本书认为，这一变量的选取满足工具变量的相关性和外生性条件，在实证结果与分析部分将详细报告工具变量的检验结果。变量选取与赋值说明如表 5-1 所示。

表 5-1　变量选取与赋值说明

变量	赋值说明
因变量	
绿色生产行为	依据熵值法测算出的绿色生产行为综合值，取值>0 且连续
自变量	
合作社交易契约决策	是否通过合作社交易农产品：1＝是，0＝否
合作社交易契约类型	签订何种类型合作社交易契约：0＝未签订，1＝口头协议，2＝书面契约
合作社交易契约模式	签订何种模式合作社交易契约：0＝未签订，1＝合作社+龙头企业，2＝合作社+批发市场/批发商，3＝合作社+电商
个人特征	
年龄	受访者实际年龄对数
教育	受访者受教育年限对数
外出务工经历	受访者是否外出务工：1＝是，0＝否
风险偏好	受访者风险倾向：1＝高风险，2＝一般风险，3＝低风险
家庭经营特征	

表5-1(续)

变量	赋值说明
农业收入比例	受访者农业销售收入与家庭总收入的比值
种植面积	受访者家庭的柑橘实际种植面积（亩）
劳动力	受访者家庭的种植柑橘劳动力数量（人）
种植年限	受访者家庭的柑橘种植年限（年）
绿色生产意识特征	
农残标准意识	受访者是否知道政府公布的农残限量标准：1＝是，0＝否
羞愧意识	受访者没有采用绿色生产方式会感到羞愧内疚：强烈程度1~5递增
外部环境特征	
政府农技部门距离	受访者家距离最近农技部门的实际路程（千米）
柑橘销售难易程度	受访者柑橘销售的难易程度：困难程度1~5递增
地区变量	受访者所在区域：1＝成都平原经济区，2＝川东北经济区，3＝川南经济区
识别变量	
群体效应	受访者同一村庄中农户选择合作社交易契约的比例

5.2.2.2 样本描述性统计及均值差异分析

表5-2为描述性统计分析与均值差异分析。从表5-2中可以看出，在个人特征中，交易成员受教育程度显著高于未交易成员，平均高0.269个单位，未交易成员低风险偏好程度显著高于交易成员，平均高0.201个单位；在家庭经营特征中，交易成员的农业收入比例、柑橘种植面积及劳动力人数显著高于未交易成员，分别平均高0.169个、18.261个、0.181个单位；在绿色生产意识中，交易成员的农残标准意识和愧疚意识显著高于未交易成员，分别平均高0.327个、0.254个单位；在外部环境特征中，交易成员的柑橘销售难度显著高于未交易成员，平均高0.537个单位，交易成员距离最近农技部门的路程显著低于未交易成员，平均近2.252千米。

表 5-2　描述性统计分析与均值差异分析

变量	总样本（N=619）		交易成员（N=450）		未交易成员（N=169）		差值
	均值	标准差	均值	标准差	均值	标准差	
因变量							
绿色生产行为	0.511	0.168	0.544	0.008	0.422	0.011	0.122***
自变量							
合作社交易契约决策	0.727	0.446	—	—	—	—	—
个人特征							
年龄	4.036	0.007	4.032	0.007	4.048	0.014	-0.016
教育	1.989	0.026	2.063	0.026	1.793	0.061	0.269***
外出务工经历	0.562	0.019	0.582	0.023	0.508	0.038	0.073
风险偏好	2.582	0.023	2.526	0.028	2.727	0.040	-0.201***
家庭经营特征							
农业收入比例	0.440	0.019	0.487	0.024	0.317	0.022	0.169***
柑橘种植面积	25.429	3.000	30.423	4.014	12.162	2.295	18.261***
劳动力	2.031	0.036	2.080	0.043	1.899	0.064	0.181**
种植年限	10.882	0.304	10.791	0.351	11.124	0.602	-0.333
绿色生产意识特征							
农残标准意识	0.557	0.019	0.647	0.022	0.319	0.035	0.327***
羞愧意识	3.475	0.032	3.544	0.037	3.290	0.064	0.254***
外部环境特征							
政府农技部门距离	7.902	0.231	7.287	0.241	9.539	0.526	-2.252***
柑橘销售难易程度	2.722	0.038	2.869	0.045	2.331	0.064	0.537***
识别变量							
群体效应	0.726	0.011	0.833	0.009	0.442	0.018	0.392***

注：**、***分别表示在 5%、1% 的水平上显著。

5.3　模型回归结果与分析

5.3.1　合作社交易契约与成员绿色生产行为模型联立估计

合作社交易契约与成员绿色生产行为模型联立估计结果如表 5-3 所示。表 5-3 中的（1）代表成员交易契约选择决策的影响因素估计结果，（2）与

（3）分别代表交易成员和未交易成员绿色生产行为的影响因素估计结果。两阶段方程独立性 LR 检验在 1% 的水平上拒绝了选择方程和结果方程相互独立的原假设。模型拟合优度 Wald 检验在 1% 的水平上显著。误差项相关系数 ρ_{ua} 与 $\rho_{\mu n}$ 显著不为 0，且 ρ_{ua} 在 5% 的水平上显著，$\rho_{\mu n}$ 在 1% 的水平上显著，表明样本存在不可观测因素导致的选择性偏差。此外，ρ_{ua} 的估计值为正，表明交易成员的绿色生产行为水平高于样本中的一般成员水平，$\rho_{\mu n}$ 的估计值为正，表明未交易成员的绿色生产行为水平低于样本中的一般成员水平。

表 5-3　合作社交易契约与成员绿色生产行为模型联立估计结果

变量	（1）决策模型		（2）交易成员		（3）未交易成员	
	系数	标准误	系数	标准误	系数	标准误
个人特征						
年龄	0.850*	0.505	0.107**	0.048	0.128**	0.065
教育	0.131	0.130	0.035***	0.012	0.002	0.014
外出务工经历	0.186	0.148	0.004	0.013	−0.006	0.019
风险偏好	−0.221	0.139	0.005	0.012	−0.012	0.019
家庭经营特征						
农业收入比例	0.399*	0.211	0.032**	0.013	0.091**	0.040
柑橘种植面积	0.001	0.002	0.001**	0.000	0.000	0.000
劳动力	−0.082	0.077	0.009	0.007	−0.006	0.011
柑橘种植年限	−0.003	0.009	−0.003***	0.001	−0.004***	0.001
绿色生产意识特征						
农残标准意识	0.285*	0.156	0.085***	0.015	0.028	0.021
羞愧意识	−0.034	0.099	0.061***	0.008	0.052***	0.013
外部环境特征						
政府农技部门距离	−0.001	0.012	−0.001	0.001	−0.003*	0.001
柑橘销售难易程度	0.249***	0.078	0.009	0.007	−0.008	0.012
地区变量	控制	控制	控制	控制	控制	控制
识别变量						
群体效应	3.857***	0.383				
常数项	−5.535**	2.229	0.530**	0.216	0.797***	0.288
$\ln \rho_{ua}$	—	—	−2.032**	0.038	—	—

表5-3（续）

变量	（1）决策模型		（2）交易成员		（3）未交易成员	
	系数	标准误	系数	标准误	系数	标准误
ρ_{ua}	—	—	0.461**	0.227	—	—
$ln\rho_{\mu n}$	—	—	—	—	−2.105***	0.070
$\rho_{\mu n}$	—	—	—	—	−0.613***	0.219
LR test of indep. eqns	12.09***					
Wald chi^2	260.48***					

注：*、**、*** 分别表示在 10%、5%、1%的水平上显著。

5.3.1.1 成员是否选择合作社交易契约决策模型估计结果分析

在决策方程里，一些影响成员绿色生产行为的变量也会同时影响成员是否选择合作社交易契约。

在个人特征中，年龄变量在5%的统计水平上显著，且估计系数为正。这与 Li 等（2019）的研究结论一致，原因可能是随着生产决策者年龄的增加，其生产经验和社会经验相对丰富，对合作社的认识能力逐渐增强，加入合作社的积极性较高，从而也愿意将产品销售给合作社。同时，随着互联网的普及，年龄较大的种植者获取新的销售渠道和信息来源相对于年轻人较窄（杨志海和王洁，2020），因此更愿意加入合作社来保证销售。

在家庭经营特征中，家庭农业收入比例对成员选择合作社交易决策具有正向影响，且在1%的统计水平上显著，表明家庭农业收入在一定程度上会提高成员通过合作社交易农产品的概率。已有研究表明，农业收入高的成员对农业生产经营依赖性强，更希望通过参与合作社交易来降低经营风险（吴锐光和赵维清，2014）。因此，农业收入越高的家庭更容易和合作社保持稳定和长期的合作交易关系。

在绿色生产意识特征中，政府农残标准意识在1%的统计水平上显著，且估计系数为正。一般而言，绿色生产意识较强的成员更容易转变农业生产方式，其生产的绿色农产品往往需要借助产品质量认证来提升农产品竞争力（幸家刚，2016），因此更容易通过合作社交易农产品。

在外部环境特征中，柑橘销售难度在1%的统计水平上显著，且估计系数为正。可能的原因是，柑橘销售难度越大，成员为了降低风险和成本更容易选择组织进行交易（周霞和邓秀丽，2012）。

在识别变量中，群体效应在1%的统计水平上显著，且估计系数为正，这表明在同一村庄中其他成员选择合作社交易契约的比例对受访成员交易契约选择决策行为具有显著的正向影响。此外，合作社交易契约影响成员绿色生产行为的工具变量模型（IV-2SLS）显示，Kleibergen-PaaprkLM 统计量为115.084，且通过1%的水平上的显著性检验，表明加入工具变量后，模型是可识别的；弱工具变量检验结果表明，F 统计量为38.39，大于10，并通过了1%的水平的显著性检验，表明群体效应并不是一个弱工具变量，因此，可以认为该工具变量是有效的。

5.3.1.2 成员绿色生产行为模型估计结果分析

在个人特征中，年龄对交易成员和未交易成员的绿色生产行为均有负向影响，且在1%的统计水平上显著。可能的原因是，劳动力年龄越大，其对绿色生产观念的接受程度较低，实施绿色生产行为的精力和体力也相对较弱（杨志海和王洁，2020；Priest，2016）。教育程度对交易成员绿色生产行为有显著的正向影响，且在1%的统计水平上显著，这与张晖等（2011）的研究一致。

在家庭经营特征中，农业收入占比对交易成员和未交易成员的绿色生产行为均产生了显著的正向影响。农业收入占家庭总收入比重越高，表明成员对于柑橘种植收入的依赖程度越大，越有可能采用绿色生产行为，Abdollahzadeh 等（2015）的研究也得出了类似结论。柑橘种植面积对交易成员的绿色生产行为产生了显著的正向影响。这与赵晓颖等（2022）的研究结果一致，柑橘种植规模促进了小农户实施农药、化肥减量等绿色生产行为。柑橘种植年限对交易成员和未交易成员的绿色生产行为均产生了显著的负向影响。可能的原因是，柑橘种植年限较久的成员，可能由于思维固定不愿意接受新的技术，对传统生产方式形成了路径依赖。

在绿色生产意识特征中，成员认为不采纳绿色生产行为产生的愧疚意识对交易成员和未交易成员的绿色生产行为均具有显著正向影响，政府公布农残标准的认知对交易成员的绿色生产行为产生显著正向影响。可能的原因是，绿色生产意识和绿色生产行为会保持较高的一致性，这与 Abdollahzadeh 等（2015）的研究结论一致，个体感受到的社会压力和规范压力越大，会促进成员将绿色生产意识转化为实际绿色生产行动（龚继红 等，2019）。

在外部环境特征中，距离最近农技站的路程对未交易成员的绿色生产行为产生了显著的负向影响。成员距离农技站的路程越近，可能会获得更多与农技站人员沟通交流的机会，获取更多绿色生产相关的信息，其采用绿色生产行为的可能性也越大。

5.3.2　合作社交易契约对成员绿色生产行为影响的处理效应分析

合作社交易契约对成员绿色生产行为影响的处理效应估计结果如表5-4所示。总体来看，成员选择合作社交易契约对其绿色生产行为的平均处理效应在1%的水平显著为正。其中，ATT的估计结果表明，选择合作社交易契约的成员倘若其未选择交易契约，其绿色生产行为将下降0.125，下降比例为22.98%。而ATU的估计结果表明，当未选择合作社交易契约的成员选择交易契约，其绿色生产行为提升0.056，上升比例为15.34%。这表明合作社交易契约能够促进成员绿色生产行为。假设2得到验证。

表5-4　合作社交易契约对成员绿色生产行为影响的处理效应估计结果

成员类别	选择交易	未选择交易	ATT	ATU
交易成员	0.544 （0.005）	0.418 （0.005）	0.125*** （0.007）	—
未交易成员	0.421 （0.008）	0.365 （0.008）	—	0.056*** （0.011）

注：*** 表示在1%的水平上显著。

5.3.3　稳健性检验

本书的被解释变量为成员绿色生产行为，是一个连续数据，为此选用两阶段最小二乘法（2SLS）检验上述模型回归结果的稳健性。由表5-5可知，合作社交易契约对成员绿色生产行为具有显著正向影响，可认为ESR模型的回归结果较为稳健，结论较为可靠。

表5-5　合作社交易契约对成员绿色生产行为影响的稳健性检验

变量	2SLS 模型
合作社交易契约	0.052*** （0.023）
年龄	−0.139** （0.023）

表5-5(续)

变量	2SLS 模型
教育	0.024 ** (0.009)
外出务工经历	−0.004 (0.011)
风险偏好	−0.000 (0.010)
农业收入比例	0.033 ** (0.014)
柑橘种植面积	0.001 *** (0.000)
劳动力	0.006 (0.006)
柑橘种植年限	−0.003 *** (0.001)
农残标准意识	0.065 *** (0.012)
羞愧意识	0.058 *** (0.007)
农技部门距离	−0.002 (0.001)
柑橘销售难易程度	0.005 (0.006)
地区变量	已控制
常数项	0.719 *** (0.174)
R^2	0.434
调整 R^2	0.945
Kleibergen−Paap rk LM statistic	115.084 ***
Cragg−Donald Wald F statistic	238.398 ***
F statistic / chi—squared	38.39 ***

注:** 、*** 分别表示在5%、1%的水平上显著。

5.3.4 异质性分析

5.3.4.1 合作社交易契约类型影响成员绿色生产行为的处理效应分析

已有学者发现，不同交易契约类型对农户改善要素投入、提升生产技术效率、服务丰富程度、降低市场风险等方面影响程度不同。合作社交易契约以契约的承载体类型为标准可以分为书面契约和口头契约。表 5-6 中 ATT 的结果表明，选择口头契约的成员倘若未选择，其绿色生产行为水平将下降 0.128，下降比例为 25.82%；选择书面契约的成员倘若未选择，其绿色生产行为水平将下降 0.161，下降比例为 37.26%。ATU 的估计结果表明，未选择书面契约的成员倘若选择，其绿色生产行为水平将上升 0.107，上升比例为 20.26%。

表 5-6 合作社交易契约类型对成员绿色生产行为总体效应的估计结果

成员类别	参与交易	未参与交易	ATT	ATU
选择口头契约	0.516 (0.006)	0.388 (0.006)	0.128 *** (0.008)	
未选择口头契约	0.394 (0.007)	0.421 (0.007)		−0.027 (0.009)
选择书面契约	0.593 (0.007)	0.432 (0.008)	0.161 *** (0.011)	
未选择书面契约	0.528 (0.008)	0.421 (0.007)		0.107 *** (0.010)

注：*** 表示在 1% 的水平上显著。

由于本书探究合作社交易契约对成员绿色生产行为的促进作用，因此聚焦交易成员的生产行为变化。由于 ATU 关注了未受到干预影响的样本的效应，其估计结果对于评估的意义不大，因而选用 ATT 进行结果分析更为合适（Heckman et al., 1977；李长生和刘西川，2020）。从 ATT 的结果分析，可以发现合作社交易契约的不同类型均能够显著提升成员绿色生产行为且存在显著差异，其中，书面契约>口头契约。可能的原因是，当成员与合作社签订书面契约后，与合作社之间的交易频率、额度、稳定性都会提高，两者协作的紧密程度增强，对成员绿色生产行为的影响更显著。合作社交易契约类型对成员绿色生产行为总体效应的估计结果见表 5-6。

5.3.4.2 合作社交易契约模式影响成员绿色生产行为的处理效应分析

合作社外部不同的交易对象传递了不同的质量信号，在不同的质量信号下，合作社会根据差异化集体目标通过治理机制引导成员进行绿色生产。本部分以合作社的柑橘销售对象为分类标准，将合作社交易契约模式细分为"合作社+龙头企业"模式、"合作社+批发市场/批发商"模式、"合作社+电商"模式，估计结果见表5-7。

表5-7 合作社交易契约模式对成员绿色生产行为总体效应的估计结果

成员类别	参与交易	未参与交易	ATT	ATU
选择"合作社+龙头企业"交易契约	0.639 (0.008)	0.473 (0.007)	0.165*** (0.014)	—
未选择"合作社+龙头企业"交易契约	0.627 (0.006)	0.421 (0.007)	—	0.206*** (0.009)
选择"合作社+批发市场/批发商"交易契约	0.515 (0.007)	0.421 (0.007)	0.094*** (0.010)	—
未选择"合作社+批发市场/批发商"交易契约	0.430 (0.007)	0.370 (0.006)	—	0.060*** (0.010)
选择"合作社+电商"交易契约	0.519 (0.131)	0.570 (0.114)	−0.050 (0.011)	—
未选择"合作社+电商"交易契约	0.432 (0.007)	0.520 (0.005)	—	−0.252 (0.010)

注：*** 表示在1%的水平上显著。

ATT的结果表明，当参与"合作社+龙头企业"交易契约模式的成员倘若未参与，其绿色生产行为水平将下降0.165，下降比例为25.82%；ATU的结果表明，当未参与"合作社+龙头企业"交易契约模式的成员能够参与，其绿色生产行为水平将提升0.206，上升比例为48.93%。这表明"合作社+龙头企业"交易契约模式能够促进成员绿色生产行为。一方面，农业企业间的竞争激烈，为避免被迫退出市场，各个企业将通过提升农产品质量来增强企业竞争力，进而加强对农产品质量的检测和控制，促进成员进行绿色生产；另一方面，企业往往具有较雄厚的资金实力，在农产品加工、销售、流通等方面有一定优势，能够将先进的绿色生产技术信息、知识、规范传递给合作社，有利于合作社带动成员开展绿色生产活动。同时，企业通过契约与合作社约定农产品的数量、品种及相关要求，会倒逼合作社带动成员进行绿色生产（麻丽平，2017）。

ATT的结果表明，当参与"合作社+批发市场/批发商"交易契约模式的成员倘若未参与，其绿色生产行为水平将下降 0.094，下降比例为18.25%；ATU 的结果表明，当未参与"合作社+批发市场/批发商"交易契约模式的成员能够参与，其绿色生产行为水平将提升 0.060，上升比例为 16.21%。可能是由于批发市场/批发商收购农产品的目的是销售给下一级供应链主体，也会提出较高的收购标准和较大的农产品需求，采取质量识别措施。

ATT 和 ATU 的结果表明，当参与"合作社+电商"交易契约的成员倘若未参与，其绿色生产行为水平没有显著变化。近年来，随着互联网的普及，农产品电商经济迅猛发展。《中国农村电子商务发展报告（2019—2020）》显示，2020 年上半年全国农产品网络零售额达 1 937.7 亿元，同比增长 39.7%。合作社也尝试通过网络平台与消费者直接进行农产品交易，但是电商采纳也存在技术获取的"门槛效应"（程广华，2013）。合作社在广告宣传、售后服务等方面需要更多资源投入，并且农产品分级、包装、物流等的专用性资本投入也会增加（崔宝玉 等，2021）。合作社面临着前期巨额的宣传成本，现实中大部分合作社缺乏资金运营能力，因此只能通过拼多多等渠道销售较为次级的产品。袁雪霈等（2019）的研究发现，网络销售模式对成员安全生产行为没有显著影响，与本书研究结论一致。

可以发现，不同合作社交易契约模式对成员绿色生产行为的提升效果存在显著差异，"合作社+龙头企业"的交易契约模式>"合作社+批发市场/批发商"的交易契约模式。可能的原因是，批发市场/批发商对农产品质量的判断通常依据以往的经验。例如，根据果子的外观、甜度和颜色等指标进行收购决策，虽然能够较好地进行质量判别，但由于具备一定的主观意识，检测手段远不及企业所采用的"高、精、尖"设备。

5.4 小结

本章利用 619 户四川柑橘成员样本，采用内生转换模型验证合作社交易契约是否能够促进成员绿色生产行为，主要得出以下四个研究结论：

（1）整体来看，选择合作社交易契约成员的绿色生产水平明显高于未选择合作社交易契约成员的绿色生产水平，合作社交易契约对成员的绿色生产行为有显著正向作用。同时，本书还使用 2SLS 方法就合作社交易契约对成员绿色生产行为的影响效应进行稳健性检验，与内生转换模型结果一致，表明结果较为稳健。

（2）从影响成员绿色生产行为的变量看，在个人特征中，年龄对交易成员和未交易成员的绿色生产行为均有显著的负向影响，受教育程度对交易成员绿色生产行为有显著的正向影响。在家庭经营特征中，农业收入占比对交易成员和未交易成员绿色生产行为均产生了显著的正向影响。柑橘种植面积对交易成员的绿色生产行为产生了显著的正向影响。柑橘种植年限对交易成员和未交易成员的绿色生产行为采纳行为均产生了显著的负向影响。在绿色生产意识特征中，成员若不采纳绿色生产行为的愧疚感对交易成员和未交易成员的绿色生产行为均具有显著正向影响，政府公布农残标准的认知对交易成员的绿色生产行为产生显著正向影响。在外部环境特征中，距离最近农技站的路程对未交易成员的绿色生产行为产生显著负向影响。

（3）从成员选择合作社交易契约的影响因素看，年龄越大、家庭农业收入比例较高、了解政府公布农残标准、柑橘销售难度越大的成员越倾向选择合作社交易契约。

（4）从合作社交易契约类型对成员绿色生产行为的影响来看，对成员绿色生产行为提升程度排名依次是：书面契约>口头契约。从合作社交易契约模式对成员绿色生产行为的影响来看，对成员绿色生产行为提升程度排名依次是："合作社+龙头企业"＞"合作社+批发市场/批发商"，"合作社+电商"无显著影响。

6 合作社交易契约影响成员绿色生产行为的作用机理

奥尔森（1971）在集体行动理论中曾提出解决集体成员"搭便车"问题、实现集体利益的三个关键因素，即集体规模、集体成员的异质性、集体治理机制（强制或有选择的激励）。国外学者大多运用企业理论、资源基础理论来分析西方合作社治理问题，主要关注管理层激励、股权结构、盈余分配等问题（Rebelo et al.，2008；Bernard and Spielman，2009；Mc-Cain，2008）；国内学者大多基于公司治理理论将合作社治理机制解构为股权分配方式、决策参与形式、盈余返还制度、理事会构成等方面（陆倩等，2016；王真，2016；吴彬，2014）。但是，由于我国制度环境存在较大差异、成员异质性表现突出等原因，中国合作社治理大多比较松散，治理机制大多形同虚设（万俊毅和曾丽军，2020）。从交易费用经济学视角出发，合作社是一种基于交易的制度安排，合作社治理实际上是对合作社与成员间不同类型交易的治理（崔宝玉和刘丽珍，2017），合作社与成员之间交易契约的治理过程可以解读为双方交易契约的缔结、执行和维护过程。在现实中，受农村社会熟人关系网络和农户普遍受教育程度较低的影响，合作社和农户的契约条款大部分都是口头契约，不会像企业间的合作一样制定详细规范的合同，真正发挥治理作用的是契约治理中的控制性功能和协调性功能。

在上一章，已经证明合作社交易契约对成员绿色生产行为有较大的提升效用，但尚未对合作社交易契约促进成员绿色生产行为的作用机理进行深入探讨。为此，本章从契约治理的功能视角出发，进一步剖析合作社交易契约影响成员绿色生产的作用机理，旨在检验假设3、假设3a、假设3b、假设3c、假设4、假设4a、假设4b、假设4c。

6.1 模型构建

为了验证合作社交易契约对成员绿色生产行为影响的传导机制，本书参考温忠麟等（2004）的逐步检验法进行分析。中介效应模型设定如下：

$$Y_i = \alpha_0 + \alpha_1 X_i + \alpha_2 K_i + \varepsilon_i \tag{6-1}$$

$$M_i = \beta_0 + \beta_1 X_i + \alpha_2 K_i + \mu_i \tag{6-2}$$

$$Y_i = \gamma_0 + \gamma_1 X_i + \gamma_2 M_i + \alpha_2 K_i + \varphi_i \tag{6-3}$$

其中，X_i 表示解释变量合作社交易契约，当成员选择合作社交易契约时，$X-1$；否则，$X=0$。Y_i 表示成员绿色生产行为，M_i 表示中介变量，包括合作社交易契约治理的控制性功能和契约治理的协调性功能两个维度，K_i 表示控制变量。ε_i、μ_i、φ_i 均表示残差。α_1 反映了合作社交易契约对第 i 个成员绿色生产行为影响的总效应。β_1 反映了合作社交易契约对中介变量的影响效应。γ_1、γ_2 分别反映了合作社交易契约、中介变量对第 i 个成员绿色生产行为影响的直接效应。同时，本章进一步采用 paramed 命令进行稳健性分析，其中，总效应是在搭建反事实框架下的平均处理效应估计；自然间接效应是在处理变量的情况下，将中介变量的值从其在对照条件下的值变为对其处理的值所产生的影响。处理直接效应则是接受处理，同时将中介变量固定在其对照条件下的值。

6.2 数据来源与变量设置

6.2.1 数据来源

本章数据使用课题组对四川省 69 个柑橘合作社及 619 个柑橘成员的调查数据，有关该数据的详细说明请参见"1.6.1 数据来源"部分。

6.2.2 变量定义、描述性统计分析和均值差异分析

6.2.2.1 变量定义

（1）因变量。依据前文对柑橘成员绿色生产行为的界定，通过熵值法确定指标权重，加权平均得到成员绿色生产行为均值为 0.511（详见前文

样本特征 4.4.3）。

（2）自变量。合作社交易契约选择决策在问卷中具体问题是"是否通过合作社交易农产品？"，若回答是，则该变量赋值为 1，否则赋值为 0，样本中显示有 72.69% 的成员选择了合作社交易契约。

（3）中介变量。依据前文理论分析部分，本章合作社交易契约的控制性治理功能主要体现在要素投入管控机制、生产奖惩处理机制、产品结算交付机制三个方面。参考赵佳佳等（2014）、赵建欣等（2010）的做法，要素投入管理机制通过询问成员"是否按照依据合作社要求购买化肥"和"是否按照依据合作社要求购买农药"两个问题来测量，选项设置为 1 =是，0 =否。参考姜维军等（2019）、张正岩等（2022）、Fatas 等（2010）的做法，生产奖惩处理机制通过询问成员"绿色生产是否获得合作社内部表扬或经济奖励"和"若不进行绿色生产是否会被合作社内部通报批评"两个问题来测量，选项设置为 1 =是，0 =否。参考王真（2016）、郑丹（2011）、薛宝飞（2019）的做法，产品结算交付机制通过询问成员"合作社是否进行产品质量认证（农产品合格证、绿色产品认证、有机产品认证）"和"合作社是否有盈余返还"两个问题来测量，选项设置为 1 =是，0 =否。本章合作社交易契约的协调性治理功能主要体现在生产过程管理机制、生产服务支持机制、产品质量检验机制。参考袁雪霈（2019）、朱哲毅等（2021）、高锁平等（2011）的做法，生产过程管理机制通过询问成员"合作社对成员化肥使用行为监管的严格程度"和"合作社对成员农药使用行为监管的严格程度"两个问题来测量，选项设置为 1 =不严格，2 =不太严格，3 =一般严格，4 =比较严格，5 =非常严格。生产服务支持机制参考赵晓颖（2022）、罗磊等（2021）的做法，通过询问成员"合作社提供技术培训种类"和"合作社是否提供绿色农产品信息相关服务"两个问题来测量，选项分别设置为个数和 1 =是，0 =否。产品质量检验机制参考袁雪霈（2019）的研究，通过询问成员"合作社是否对成员农产品进行农药残留检测"来测量，选项设置为 1 =是，0 =否。变量选取与赋值说明如表 6-1 所示。

（4）控制变量。与上一章 5.2.2 部分控制变量一致。包括受访者个人特征、家庭经营特征、绿色生产意识特征、外部环境特征 4 类 13 个变量。

表 6-1　变量选取与赋值说明

变量	赋值说明
因变量	
绿色生产行为	绿色生产行为综合值，取值>0且连续
自变量	
合作社交易契约决策	是否选择通过合作社交易农产品：1=是，0=否
中介变量	
控制性治理功能	利用熵值法测算出的控制性治理功能综合值（包括要素投入管控、生产奖惩处理、产品结算交付机制）
要素投入管控机制	利用熵值法测算出的要素投入管控机制综合值
生产奖惩处理机制	利用熵值法测算出的生产奖惩处理机制综合值
产品结算交付机制	利用熵值法测算出的产品结算交付机制综合值
协调性治理功能	利用熵值法测算出的协调性治理功能综合值（包括生产过程管理、生产服务支持、产品质量检验机制）
生产过程管理机制	利用熵值法测算出的生产过程管理机制综合值
生产服务支持机制	利用熵值法测算出的生产服务支持机制综合值
产品质量检验机制	利用熵值法测算出的产品质量检验机制综合值
控制变量	
年龄	受访者实际年龄对数
教育	受访者受教育年限对数
外出务工经历	受访者是否外出务工：1=是，0=否
风险偏好	受访者风险倾向：1=高风险，2=一般风险，3=低风险
农业收入比例	受访者农业销售收入与家庭总收入的比值
柑橘种植面积	受访者家庭柑橘实际种植面积（亩）
劳动力	受访者家庭种植柑橘劳动力数量（人）
柑橘种植年限	受访者家庭的柑橘种植年限（年）
农残标准意识	受访者是否知道政府公布的农残限量标准：1=是，0=否
羞愧意识	受访者没有采用绿色生产方式会感到羞愧内疚：强烈程度1~5递增
农技部门距离	受访者家距离最近农技部门的实际路程（千米）
柑橘销售难易程度	受访者柑橘销售的难易程度：困难程度1~5递增
地区变量	受访者所在地：1=成都平原经济区，2=川东北经济区，3=川南经济区

6.2.2.2 描述性统计分析和均值差异分析

本章所用中介变量和相关变量的描述性统计及均值差异检验结果见表6-2。在整体控制性治理功能层面,总样本成员的平均综合值为0.422,其中,交易成员的平均综合值远远高于未交易成员,高出0.142个单位。在要素投入管控机制中,总样本成员的平均综合值为0.612,其中,交易成员的平均综合值高于未交易成员,高出0.254个单位,具体来说62.36%的成员按照合作社的要求购买了化肥,60.36%的成员按照合作社的要求购买了农药。在生产奖惩处理机制中,总样本成员的平均综合值为0.239,其中,交易成员的平均综合值高于未交易成员,高出0.187个单位,具体来说27.6%的成员提到合作社有相关奖励措施,20.4%的成员提到若不进行绿色生产会被内部公示通告。在产品结算交付机制中,总样本成员的平均综合值为0.492,其中,交易成员的平均综合值高于未交易成员,高出0.316个单位,具体来说46.20%的成员获得了合作社的盈余返还,52.34%的成员的合作社进行了产品质量认证。在整体协调性治理功能层面,总样本成员的平均综合值为0.381,其中,交易成员的平均综合值远远高于未交易成员,高出0.208个单位。在生产过程管理机制中,总样本成员的平均综合值为0.646,其中,交易成员的平均综合值高于未交易成员,高出0.206个单位,合作社对交易成员施用化肥和农药行为的监管严格程度高于未交易成员。在生产服务支持机制中,总样本成员的平均综合值为0.360,其中,交易成员的平均综合值高于未交易成员,高出0.101个单位,具体来说交易成员享受到的合作社技术培训和信息服务远远高于未交易成员。在产品质量检验机制中,仅有32.58%的成员的柑橘在销售时合作社进行了农残检测,交易成员在销售柑橘时进行农药残留检测的概率高于未交易成员,高出0.253个单位。

表6-2 描述性统计及均值差异检验结果

变量	总样本 (N=619)		交易成员 (N=450)		未交易成员 (N=169)		差值
	均值	标准差	均值	标准差	均值	标准差	
因变量							
绿色生产行为	0.511	0.168	0.544	0.008	0.422	0.011	0.122***
自变量							
合作社交易契约决策	0.727	0.446	—	—	—	—	—
中介变量							

表6-2（续）

变量	总样本（N=619）		交易成员（N=450）		未交易成员（N=169）		差值
	均值	标准差	均值	标准差	均值	标准差	
控制性治理功能	0.422	0.009	0.461	0.010	0.318	0.016	0.142 ***
要素投入管控机制	0.612	0.018	0.682	0.020	0.428	0.035	0.254 ***
生产奖惩处理机制	0.239	0.013	0.290	0.016	0.103	0.015	0.187 ***
产品结算交付机制	0.492	0.015	0.578	0.018	0.262	0.023	0.316 ***
协调性治理功能	0.381	0.012	0.438	0.015	0.230	0.017	0.208 ***
生产过程管理机制	0.646	0.011	0.702	0.012	0.495	0.022	0.206 ***
生产服务支持机制	0.360	0.006	0.388	0.007	0.286	0.012	0.101 ***
产品质量检验机制	0.325	0.469	0.395	0.023	0.142	0.026	0.253 ***
控制变量							
年龄	4.036	0.007	4.032	0.007	4.048	0.014	-0.016
教育	1.989	0.026	2.063	0.026	1.793	0.061	0.269 ***
外出务工经历	0.562	0.019	0.582	0.023	0.508	0.038	0.073
风险偏好	2.582	0.023	2.526	0.028	2.727	0.040	-0.201 ***
农业收入比例	0.440	0.019	0.487	0.024	0.317	0.022	0.169 ***
柑橘种植面积	25.429	3.000	30.423	4.014	12.162	2.295	18.261 ***
劳动力	2.031	0.036	2.080	0.043	1.899	0.064	0.181 **
柑橘种植年限	10.882	0.304	10.791	0.351	11.124	0.602	-0.333
农残标准意识	0.557	0.019	0.647	0.022	0.319	0.035	0.327 ***
羞愧意识	3.475	0.032	3.544	0.037	3.290	0.064	0.254 ***
农技部门距离	7.902	0.231	7.287	0.241	9.539	0.526	-2.252 ***
柑橘销售难易程度	2.722	0.038	2.869	0.045	2.331	0.064	0.537 ***

注：**、*** 分别表示在、5%、1%的水平上显著。

6.3 模型回归结果与分析

6.3.1 合作社交易契约的控制性治理功能影响成员绿色生产行为的机理检验

由前文可知，合作社交易契约的控制性治理功能涵盖要素投入管控机制、生产奖惩处理机制和产品结算交付机制三个方面。为深入分析合作社交易契约控制性治理功能的中介作用，本书首先从合作社交易契约控制性治理功能的整体层面分析合作社交易契约对成员绿色生产行为的作用机理，然后分别从要素投入管控机制、生产奖惩处理机制和产品结算交付机制三个层面进一步探讨不同控制性治理功能的中介作用。

6.3.1.1 整体控制性治理功能的中介作用检验

控制性治理功能的中介作用检验结果如表6-3所示。由模型1可知，成员选择合作社交易契约显著促进了其绿色生产行为，与上文研究一致。由模型3可知，在加入整体控制性治理功能变量后，合作社交易契约对成员绿色生产行为的促进作用仍然显著。由模型1、模型2和模型3可知，合作社交易契约的控制性治理功能促进了成员进行绿色生产，并在其中发挥部分中介效应，占比为24.62%。同时，为增强中介效应检验的稳健性，运用paramed模型进行检验，结果如表6-4所示，发现各项回归结果和前文一致。假设3得到验证。

表6-3 控制性治理功能的中介作用检验结果

变量	模型1 绿色生产行为	模型2 控制性治理功能	模型3 绿色生产行为
合作社交易契约	0.053 *** （0.012）	0.075 *** （0.022）	0.040 *** （0.012）
控制性治理功能	—	—	0.174 *** （0.023）
控制变量	已控制	已控制	已控制
F 值	38.42	15.24	45.38
Prob> chi（2）	0.000	0.000	0.000
R^2	0.435	0.207	0.474

注: *** 表示在1%的水平上显著。

表6-4 控制性治理功能的稳健性检验

类别	效应	估计系数	标准误	概率值	置信区间	自然间接效应/总效应（%）
控制性治理功能	处理直接效应	0.041	0.012	0.001 ***	0.016~0.064	24.07
	自然间接效应	0.013	0.004	0.001 ***	0.005~0.021	
	总效应	0.054	0.012	0.000 ***	0.029~0.079	

注: *** 表示在1%的水平上显著。

6.3.1.2　分类别控制性治理功能的中介作用检验

要素投入管控机制的中介作用检验结果如表6-5所示。由模型6可知，在加入要素投入管控机制变量后，合作社交易契约对成员绿色生产行为的促进影响仍然显著。由模型4、模型5和模型6可知，控制性治理功能中的要素投入管控机制促进了成员进行绿色生产，要素投入管控机制在其中发挥部分中介效应，占比为21.01%。同时，为增强中介效应检验的稳健性，运用paramed模型进行检验，结果如表6-6所示，发现各项回归结果和前文一致。假设3a得到验证。

表6-5　要素投入管控机制的中介作用检验结果

变量	模型4 绿色生产行为	模型5 要素投入管控机制	模型6 绿色生产行为
合作社交易契约	0.053 *** (0.012)	0.141 *** (0.040)	0.042 *** (0.012)
要素投入管控机制	—	—	0.079 *** (0.013)
控制变量	已控制	已控制	已控制
F 值	38.42	19.60	42.17
Prob> chi （2）	0.000	0.000	0.000
R^2	0.435	0.260	0.468

注：*** 表示在1%的水平上显著。

表6-6　要素投入管控机制的稳健性检验结果

类别	效应	估计系数	标准误	概率值	置信区间	自然间接效应/总效应（%）
要素投入管控机制	处理直接效应	0.042	0.013	0.001 ***	0.018~0.067	
	自然间接效应	0.011	0.004	0.002 ***	0.004~0.018	20.37
	总效应	0.054	0.012	0.000 ***	0.029~0.079	

注：*** 表示在1%的水平上显著。

生产奖惩处理机制的中介作用检验结果如表6-7所示。由模型9可知，在加入生产奖惩处理机制变量后，合作社交易契约对成员绿色生产行为的促进影响仍然显著。由模型7、模型8和模型9可知，控制性治理功能中的生产奖惩处理机制促进了成员进行绿色生产，生产奖惩处理机制在其中发挥部分中介效应，占比为15.90%。同时，为增强中介效应检验的稳健性，运用 paramed 模型进行检验，结果如表 6-8 所示，发现各项回归结果和前文一致。假设 3b 得到验证。

表 6-7　生产奖惩处理机制的中介作用检验结果

变量	模型 7 绿色生产行为	模型 8 生产奖惩处理机制	模型 9 绿色生产行为
合作社交易契约	0.053*** (0.012)	0.086*** (0.022)	0.045*** (0.012)
生产奖惩处理机制	—	—	0.098*** (0.019)
控制变量	已控制	已控制	已控制
F 值	38.42	14.93	39.21
Prob> chi（2）	0.000	0.000	0.000
R^2	0.435	0.238	0.462

注：*** 表示在 1% 的水平上显著。

表 6-8　生产奖惩处理机制的稳健性检验

类别	效应	估计系数	标准误	概率值	置信区间	自然间接效应 /总效应（%）
生产奖惩处理机制	处理直接效应	0.045	0.013	0.000***	0.020~0.069	16.67
	自然间接效应	0.009	0.003	0.008***	0.002~0.015	
	总效应	0.054	0.012	0.000***	0.029~0.079	

注：*** 表示在 1% 的水平上显著。

产品结算交付机制的中介作用检验结果如表 6-9 所示。由模型 12 可知，在加入产品结算交付机制变量后，合作社交易契约对成员绿色生产行为的促进影响仍然显著。由模型 10、模型 11 和模型 12 可知，控制性治理功能中的产品结算交付机制促进了成员进行绿色生产，产品结算交付机制在其中发挥部分中介效应，占比为 29.88%。同时，为增强中介效应检验的稳健性，运用 paramed 模型进行检验，结果如表 6-10 所示，发现各项回归结果和前文一致。假设 3c 得到验证。

表 6-9 产品结算交付机制的中介作用检验结果

变量	模型 10 绿色生产行为	模型 11 产品结算交付机制	模型 12 绿色生产行为
合作社交易契约	0.053 *** (0.012)	0.165 *** (0.034)	0.037 *** (0.012)
产品结算交付机制	—	—	0.096 *** (0.014)
控制变量	已控制	已控制	已控制
F 值	38.42	20.72	42.58
Prob> chi（2）	0.000	0.000	0.000
R^2	0.435	0.286	0.471

注：*** 表示在 1% 的水平上显著。

表 6-10 产品结算交付机制的稳健性检验

类别	效应	估计 系数	标准误	概率值	置信区间	自然间接效应 /总效应（%）
产品结算 交付机制	处理直接效应	0.038	0.012	0.003 ***	0.013~0.062	29.62
	自然间接效应	0.016	0.004	0.000 ***	0.007~0.023	
	总效应	0.054	0.012	0.000 ***	0.029~0.079	

注：*** 表示在 1% 的水平上显著。

6.3.2 合作社交易契约的协调性治理功能影响成员绿色生产行为的机理检验

由前文可知，合作社交易契约的协调性治理功能涵盖生产过程管理机制、生产服务支持机制和产品质量检验机制三个方面。为深入分析合作社交易契约协调性治理功能的中介作用，本书首先从合作社交易契约协调性治理功能的整体层面分析合作社交易契约对成员绿色生产行为的作用机理，然后分别从生产过程管理机制、生产服务支持机制和产品质量检验机制三个层面进一步探讨不同协调性治理功能的中介作用。

6.3.2.1 整体协调性治理功能的中介作用检验

协调性治理功能的中介作用检验结果如表 6-11 所示。由模型 13 可知，成员选择合作社交易契约显著促进了其绿色生产行为，与上文研究一致。由模型 15 可知，在加入整体协调性治理功能变量后，合作社交易契约对成员绿色生产行为的促进影响仍然显著。由模型 13、模型 14 和模型 15 可知，合作社交易契约的协调性治理功能促进了成员进行绿色生产，并在其中发挥部分中介效应，占比为 28.42%。同时，为增强中介效应检验的稳健性，运用 paramed 模型进行检验，结果如表 6-12 所示，发现各项回归结果和前文一致。假设 4 得到验证。

表 6-11　协调性治理功能的中介作用检验结果

变量	模型 13 绿色生产行为	模型 14 协调性治理功能	模型 15 绿色生产行为
合作社交易契约	0.053 *** （0.012）	0.115 *** （0.024）	0.038 *** （0.013）
协调性治理功能	—	—	0.131 *** （0.165）
控制变量	已控制	已控制	已控制
F 值	38.42	20.60	43.81
Prob> chi（2）	0.000	0.000	0.000
R^2	0.435	0.268	0.478

注：*** 表示在 1% 的水平上显著。

表 6-12　协调性治理功能的稳健性检验

类别	效应	估计系数	标准误	概率值	置信区间	自然间接效应/总效应/%
协调性 治理功能	处理直接效应	0.038	0.012	0.002 ***	0.014~0.063	27.78
	自然间接效应	0.015	0.004	0.001 ***	0.007~0.023	
	总效应	0.054	0.012	0.000 ***	0.029~0.079	

注：*** 表示在 1% 的水平上显著。

6.3.2.2　分类别协调性治理功能的中介作用检验

生产过程管理机制的中介作用检验结果如表 6-13 所示。由模型 18 可知，在加入生产过程管理机制变量后，合作社交易契约对成员绿色生产行为的促进影响仍然显著。由模型 16、模型 17 和模型 18 可知，协调性治理功能中的生产过程管理机制促进了成员进行绿色生产，生产过程管理机制在其中发挥部分中介效应，占比为 34.20%。同时，为增强中介效应检验的稳健性，运用 paramed 模型进行检验，结果如表 6-14 所示，发现各项回归结果和前文一致。假设 4a 得到验证。

表 6-13　生产过程管理机制的中介作用检验结果

变量	模型 16 绿色生产行为	模型 17 生产过程管理机制	模型 18 绿色生产行为
合作社交易契约	0.053*** （0.012）	0.114*** （0.025）	0.035*** （0.012）
生产过程管理机制	—	—	0.159*** （0.022）
控制变量	已控制	已控制	已控制
F 值	38.42	26.59	43.35
Prob> chi（2）	0.000	0.000	0.000
R^2	0.435	0.231	0.482

注：*** 表示在 1% 的水平上显著。

表 6-14　生产过程管理机制的稳健性检验

类别	效应	估计系数	标准误	概率值	置信区间	自然间接效应/总效应/%
生产过程管理机制	处理直接效应	0.035	0.013	0.005***	0.011～0.060	
	自然间接效应	0.018	0.004	0.000***	0.009～0.026	33.33
	总效应	0.054	0.012	0.000***	0.029～0.079	

注：*** 表示在 1% 的水平上显著。

生产服务支持机制的中介作用检验结果如表 6-15 所示。由模型 21 可知，在加入生产服务支持机制变量后，合作社交易契约对成员绿色生产行为的促进影响仍然显著。由模型 19、模型 20 和模型 21 可知，协调性治理功能中的生产服务支持机制促进了成员进行绿色生产，生产服务支持机制在其中发挥部分中介效应，占比为 21.58%。同时，为增强中介效应检验的稳健性，运用 paramed 模型进行检验，结果如表 6-16 所示，发现各项回归结果和前文一致。假设 4b 得到验证。

表 6-15　生产服务支持机制的中介作用检验结果

变量	模型 19 绿色生产行为	模型 20 生产服务支持机制	模型 21 绿色生产行为
合作社交易契约	0.053*** （0.012）	0.044*** （0.014）	0.042*** （0.012）

表6-15(续)

变量	模型 19 绿色生产行为	模型 20 生产服务支持机制	模型 21 绿色生产行为
生产服务支持机制	—	—	0.260*** (0.042)
控制变量	已控制	已控制	已控制
F 值	38.42	24.99	41.15
Prob> chi (2)	0.000	0.000	0.000
R^2	0.435	0.134	0.477

注：*** 表示在1%的水平上显著。

表 6-16　生产服务支持机制的稳健性检验

类别	效应	估计 系数	标准误	概率值	置信区间	自然间接效应 /总效应/%
生产服务 支持机制	处理直接效应	0.042	0.012	0.001***	0.016~0.064	
	自然间接效应	0.011	0.004	0.003***	0.004~0.019	20.37
	总效应	0.054	0.012	0.000***	0.029~0.079	

注：*** 表示在1%的水平上显著。

　　产品质量检验机制的中介作用检验结果如表6-17所示。由模型24可知，在加入产品质量检验机制变量后，合作社交易契约对成员绿色生产行为的促进影响仍然显著。由模型22、模型23和模型24可知，协调性治理功能中的产品质量检验机制促进了成员进行绿色生产，产品质量检验机制在其中发挥部分中介效应，占比为16.80%。同时，为增强中介效应检验的稳健性，运用paramed模型进行检验，结果如表6-18所示，发现各项回归结果和前文一致。假设4c得到验证。

表 6-17　产品质量检验机制的中介作用检验结果

变量	模型 22 绿色生产行为	模型 23 产品质量检验机制	模型 24 绿色生产行为
合作社交易契约	0.053*** (0.012)	0.146*** (0.038)	0.045*** (0.013)
产品质量检验机制	—	—	0.061*** (0.012)
控制变量	已控制	已控制	已控制

表6-17（续）

变量	模型 22 绿色生产行为	模型 23 产品质量检验机制	模型 24 绿色生产行为
F 值	38.42	11.98	40.02
Prob> chi（2）	0.000	0.000	0.000
R^2	0.435	0.187	0.462

注：*** 表示在1%的水平上显著。

表 6-18　产品质量检验机制的稳健性检验

类别	效应	估计 系数	标准误	概率值	置信区间	自然间接效应 /总效应/%
生产奖惩 处理机制	处理直接效应	0.045	0.013	0.000 ***	0.021~0.070	16.67
	自然间接效应	0.009	0.003	0.004 ***	0.002~0.015	
	总效应	0.054	0.012	0.000 ***	0.029~0.079	

注：*** 表示在1%的水平上显著。

6.4　小结

本章将合作社交易契约治理功能划分为控制性治理功能和协调性治理功能两个维度，利用温忠麟的中介效应检验模型分析，进一步探讨合作社交易契约对成员绿色生产行为的作用机理。主要结论如下：

（1）从整体层面看，合作社交易契约既可以直接作用于成员绿色生产行为，也可以通过契约控制性治理功能和协调性治理功能的部分中介效应作用于成员绿色生产行为，两种路径的中介效应占总效应的比重分别为24.62%与28.42%。

（2）从类别层面看，合作社交易契约的控制性治理功能主要体现在要素投入管控机制、生产奖惩处理机制和产品结算交付机制三个方面。要素投入管控机制通过约束成员购买化肥和农药等投入品从而引导成员进行绿色生产，中介效应占比为21.01%；生产奖惩处理机制通过制定相关奖励措施和内部通报等惩罚措施从而引导成员进行绿色生产，中介效应占比为15.90%；产品结算交付机制通过使成员获得相关产品质量认证和盈余返还从而引导成员进行绿色生产，中介效应占比为29.88%。

（3）从类别层面看，合作社交易契约的协调性治理功能主要体现在生产过程管理机制、生产服务支持机制和产品质量检验机制三个方面。生产过程管理机制通过监管成员化肥和农药的施用行为从而引导成员进行绿色生产，中介效应占比为34.20%；生产服务支持机制通过提供技术服务和市场信息服务从而引导成员进行绿色生产，中介效应占比为21.58%；产品质量检验机制通过对柑橘进行农残检测引导成员进行绿色生产，中介效应占比为16.80%。

7 合作社交易契约对成员绿色生产行为绩效的影响分析

第五章和第六章的研究表明，合作社交易契约能有效提高成员的绿色生产水平。理论上，成员通过实施绿色生产，可以有效改善生态环境，从而产生一定的生态绩效。此外，若成员实施绿色生产行为获得了更好的种植效果，往往会对周边农户起到示范带动作用，能够提高周边农户进行绿色生产的积极性，从而产生一定的社会绩效。但在提高生态绩效和社会绩效的同时，成员作为有限理性经济人，获取经济收益是其生产行为的最直接目的，如果绿色生产行为未使成员获取明显的经济效益，那么成员实施绿色生产将缺乏内在动机，此类行为也难以持续。那么，在"绿色可持续发展思潮"的引领下，成员实施绿色生产行为是否具有可持续性，能否达成经济效益、社会效益和生态效益"三赢"的目标？基于此，本章采用倾向得分匹配模型评估成员绿色生产行为产生的经济绩效、社会绩效与生态绩效，并进一步分析合作社交易契约对成员绿色生产行为绩效的影响。

7.1 模型构建

成员受到自身资源禀赋的影响，在选择是否进行绿色生产过程中会存在一定"自选择"问题，因此在评估成员绿色生产的经济绩效、社会绩效和生态绩效时，若将"是否实施绿色生产"作为自变量直接进行回归，会导致参数估计结果有偏，研究结论的可信度较低。倾向得分匹配法（PSM）通过搭建一个反事实框架（Rubin，1974），按照可观测特征大致相似的原则，将实施绿色生产的成员和未实施绿色生产的成员进行多维度匹配，进而消除自选择偏差。因此，本书选用倾向得分匹配法探讨成员绿色生产行为对柑橘成员经济绩效、社会绩效和生态绩效的影响。

（1）计算倾向得分。通常用 Logit 模型或 Probit 模型来估计倾向得分（PS），本书以 Logit 模型为例估算成员选择绿色生产的条件概率拟合值。计算得到的倾向得分值为

$$PS_i = P_r[D_i = 1 | X_i] = E[D_i = 0 | X_i] \qquad (7\text{-}1)$$

其中，$D_i = 1$ 表示成员绿色生产行为测度值较高（处理组），$D_i = 0$ 表示成员绿色生产行为测度值较低（对照组）；X_i 表示可观测到的成员各类可观测特征（协变量）。

（2）得分匹配。参考陈强（2014）的做法，选取 k 近邻匹配、核匹配和半径匹配三种匹配方法，将处理组和对照组进行匹配。k 近邻匹配，个体匹配组数 k 的取值范围为 1~9。核匹配，即用核函数来计算权重，设置倾向得分为 0.06，使用二次核回归。半径匹配，卡尺 ε 为正实数，卡尺取值范围为 0.006~0.1。

（3）共同支撑和平衡性检验。共同支撑检验即观察两组样本（处理组与对照组）的倾向得分是否有大范围的重叠，共同支撑域范围越广，匹配过程中的样本损失就越小，样本数据匹配质量越高。平衡性检验通过比较分析 R^2、LR 统计量、偏差均值和中位数偏差，从整体上检验匹配结果能否满足平衡性检验假设。

（4）计算平均处理效应（average treatment effect on the treated，ATT），即利用 ATT 来考察成员实施绿色生产行为对其经济、社会、生态三方面绩效的影响。其表达式为

$$ATT = E(Y_1 | D = 1) - E(Y_0 | D = 1) = E[Y_1 - Y_0 | D = 1] \qquad (7\text{-}2)$$

其中，Y_1 为高绿色生产行为成员绩效水平，Y_0 为低绿色生产行为成员绩效水平。$E(Y_1 | D = 1)$ 为处理组成员绿色生产行为获得的绩效期望值，$E(Y_0 | D = 1)$ 为控制组成员绿色生产行为获得的绩效期望值。

7.2 数据来源、变量定义、描述性统计分析与均值差异分析

7.2.1 数据来源

本章数据使用课题组对四川省69个柑橘合作社及619个柑橘成员的调查数据，有关该数据的详细说明请参见"1.6.1 数据来源"部分。

7.2.2 变量定义、描述性统计分析与均值差异分析

7.2.2.1 变量定义

（1）因变量。成员绿色生产行为的绩效可以分为经济绩效、社会绩效、生态绩效三个方面。在经济绩效方面，学者通常运用"成本－收益"分析方法来进行评估，其中，单位使用成本、作物产量、产品溢价、产品价格、均亩净利润、家庭总收入及净收入等（张复宏 等，2021；陶源，2021；吕杰 等，2016；李后建和曹安迪，2021）是重要的衡量指标。本章借鉴张康洁等（2021）的研究，选取柑橘销售净利润和柑橘单价两个指标来考察柑橘绿色生产的经济绩效。柑橘销售净收入的计算公式为 $P \times Q - C$，P 代表价格、Q 代表产量（为简化分析，不考虑采摘后的损耗率）、C 代表成本（主要包含农药和肥料成本、雇工成本及土地租金成本），柑橘单价为柑橘销售时每单位的平均价格米表征。在社会绩效方面，绿色生产行为的社会绩效主要体现在人与自然的和谐发展、邻里之间互帮互助以及对人们身心健康影响等方面（唐林 等，2022；杨春红和凌志东，2007）。本章参考李文欢（2020）、乔娟和张诩（2019）等的研究，选取成员向绿色生产技术相关人员进行咨询的主动性和带动其他农户进行绿色生产行为的积极性两个指标来考察柑橘绿色生产的社会绩效。问卷中的具体问题分别是"主动向相关技术人员咨询次数"和"是否会带动或建议周围农户实施绿色生产"。在生态绩效方面，绿色生产行为的生态绩效主要体现在污染治理、减少温室气体、提升土壤肥力和增加生物多样性等方面（孔文杰，2011；梁曼恬 等，2021；姜林杰 等，2019）。本章借鉴赵晓颖（2022）和潘艳婷等（2011）的研究，选取土壤肥力的提升程度和周围环境的改善程度两个指标来考察柑橘绿色生产的生态绩效。问卷中的具体问题分别是

"绿色生产行为对周围土壤肥力的提升程度（1~5 程度递增）"和"绿色生产行为对周围环境的改善程度（1~5 程度递增）"。

（2）自变量。依据熵值法确定指标权重，加权平均得到成员绿色生产行为水平均值为 0.511（详见前文样本特征 4.4.3）。本章借鉴（曹慧，2019）的做法，将成员绿色生产行为分为高、低两组，大于或等于平均值为高绿色生产组赋值为 1，小于平均值为低绿色生产组赋值为 0。

（3）匹配变量。对于 PSM 的匹配变量，本书将同时影响成员经济绩效、社会绩效、生态绩效与绿色生产行为的相关变量考虑进来，同时根据匹配效果进行调整，经过反复的操作尝试，在借鉴已有研究的基础上（刘浩 等，2021；田伟 等，2021），从个人特征、家庭特征和外部环境特征三个方面选取多个变量作为匹配变量。个人特征方面包括成员的年龄、受教育程度、外出务工经历、是否使用智能手机四个变量；家庭特征变量包括柑橘种植面积、家庭农业收入比例、合作社入股情况三个变量；外部环境方面包括距离农技站最近的路程、本乡镇水果批发市场情况、柑橘去年销售难易程度以及经济区划分四个变量。变量选取及赋值说明见表 7-1。

表 7-1　变量选取及赋值说明

变量	变量含义与赋值
因变量	
经济绩效	
柑橘净利润	柑橘销售净利润/万元
销售价格	柑橘销售价格/元
社会绩效	
技术咨询主动性	主动向相关技术人员咨询次数/次
带动周围农户的积极性	是否会带动或建议周围农户实施绿色生产：1=是，0=否
生态绩效	
土壤肥力提升程度	您周围土壤肥力的提升程度：（1~5 程度递增）
周围环境改善程度	您周围环境改善程度：（1~5 程度递增）
自变量	
绿色生产行为	按照平均数值 0.511 分为高、低两组；高于或等于平均值=1，低于平均值=0
匹配变量	

表7-1（续）

变量	变量含义与赋值
年龄	受访者实际年龄（周岁）对数
受教育程度	受访者实际受教育年限对数
外出务工经历	受访者是否外出务工：1＝是，0＝否
是否使用智能手机	受访者是否使用智能手机：1＝是，0＝否
柑橘种植面积	受访者家庭柑橘实际种植面积/亩
家庭农业收入占比	受访者农业销售收入与家庭总收入的比值
合作社入股情况	受访者及家庭成员是否在合作社入股：1＝是，0＝否
农技站距离	受访者家距离最近农技站路程/千米
水果批发市场	本乡镇是否有水果批发市场：1＝是，0＝否
柑橘去年销售难易程度	受访者柑橘销售的难易程度：困难程度1~5递增
地区变量	受访者所在地：1＝成都平原经济区，2＝川东北经济区，3＝川南经济区

7.2.2.2 描述性统计分析与均值差异分析

对高绿色生产水平成员与低绿色生产水平成员的特征变量的描述性统计与均值差异分析如表7-2所示。

表7-2 描述性统计与均值差异分析

变量	全样本	高绿色生产水平成员	低绿色生产水平成员	差值
经济绩效				
柑橘销售净收入	8.430 (0.787)	13.410 (1.412)	2.996 (0.381)	10.414*** (1.008)
柑橘销售价格	3.579 (0.084)	3.952 (0.134)	3.170 (0.093)	0.782*** (0.084)
社会绩效				
技术咨询的主动性	3.253 (0.125)	3.901 (0.174)	2.524 (0.172)	1.377*** (0.245)
带动周围农户的积极性	0.828 (0.015)	0.956 (0.011)	0.689 (0.027)	0.267*** (0.028)
生态绩效				
土壤肥力提升程度	3.834 (0.040)	4.210 (0.044)	3.422 (0.061)	0.788*** (0.074)

表7-2(续)

变量	全样本	高绿色生产水平成员	低绿色生产水平成员	差值
改善周围环境程度	3.782 (0.037)	4.071 (0.042)	3.462 (0.056)	0.604*** (0.070)
匹配变量				
年龄	4.037 (0.006)	3.991 (0.008)	4.085 (0.009)	0.093*** (0.012)
受教育程度	1.989 (0.026)	2.165 (0.028)	1.796 (0.042)	0.369*** (0.050)
外出务工经历	0.562 (0.019)	0.572 (0.027)	0.550 (0.028)	0.022 (0.039)
是否使用智能手机	0.781 (0.016)	0.788 (0.019)	0.763 (0.032)	0.025 (0.037)
柑橘种植面积	25.429 (3.000)	41.274 (5.479)	8.192 (1.352)	33.082*** (5.860)
家庭农业收入占比	0.440 (0.018)	0.487 (0.024)	0.317 (0.022)	0.169*** (0.041)
合作社入股情况	0.400 (0.019)	0.479 (0.027)	0.311 (0.027)	0.168*** (0.038)
水果批发市场	0.122 (0.013)	0.139 (0.019)	0.104 (0.017)	0.034 (0.026)
农技站距离	7.902 (0.230)	6.876 (0.266)	9.021 (0.372)	−2.144*** (0.452)
柑橘去年销售难易程度	2.722 (0.038)	2.832 (0.053)	2.601 (0.055)	0.231*** (0.076)

注：*** 表示在1%的水平上显著。

在经济绩效方面，成员去年柑橘销售净收入和销售价格分别为8.430万元和3.579元，其中，高绿色生产水平成员的柑橘销售净收入和柑橘销售价格分别为13.410万元和3.952元，比低绿色生产水平成员分别高10.414万元和0.782元。在社会绩效方面，成员向相关人员进行技术咨询的次数平均为3.253次，82.87%的成员愿意向他人推荐和建议绿色生产，其中，高绿色生产水平成员的技术咨询的主动性和带动农户的积极性分别为3.901次和0.956次，比低绿色生产水平成员分别高1.377次和26.7%。在生态绩效方面，成员认为土壤肥力提升的平均程度为3.843，对周围环境的改善程度为3.782，其中，高绿色生产水平成员的土壤肥力提升程度和周围环境改善程度分别为 4.210 和 4.071，比低绿色生产水平成员分别高 0.788 和 0.604。

在匹配变量方面，两组成员在实际年龄、受教育程度、柑橘种植面积、家庭农业收入占比、合作社入股情况、距离农技站最近的路程、柑橘销售难易程度等变量上表现出显著差异。总体来看，相较于低绿色生产水平成员，高绿色生产水平成员往往更为年轻、受教育程度较高、柑橘种植面积相对更大、家庭农业收入占比更高、更有可能在合作社入股、距离农技站的路程往往也更近、柑橘销售的难度较大。

7.3 模型回归结果与分析

7.3.1 成员绿色生产行为的绩效分析

7.3.1.1 Logit 模型估计结果

为了实现高绿色生产水平成员与低绿色生产水平成员样本的匹配，对高绿色生产水平成员的条件概率拟合值进行回归分析。基于 Logit 模型成员绿色生产行为的估计结果见表 7-3。可以看出，实际年龄、受教育程度、柑橘种植面积、农业收入占比、农技站距离等变量显著影响成员的绿色生产行为。具体而言，年龄越小、受教育程度更高的成员具有更高的概率采纳绿色生产行为。家庭柑橘种植面积越大、农业收入占比更高的家庭越能为成员从事绿色生产提供支持。距离农技站较近的成员，其进行绿色生产行为的可能性更大。此外，受访者务工经历、智能手机使用情况、本乡镇水果批发市场情况、家庭成员在合作社的入股情况、柑橘销售难易程度没有通过显著性检验，在统计上不构成影响柑橘成员绿色生产行为的重要因素。

表 7-3 基于 Logit 模型成员绿色生产行为的估计结果

变量	系数	标准误	Z 统计量
年龄	-2.447***	0.755	-3.24
受教育程度	0.466***	0.191	2.43
外出务工经历	-0.147	0.193	-0.77

表7-3(续)

变量	系数	标准误	Z 统计量
是否使用智能手机	0.329	0.259	1.27
柑橘种植面积	0.011**	0.004	2.55
家庭农业收入占比	0.670**	0.326	2.06
合作社入股情况	0.106	0.209	0.51
水果批发市场	0.319	0.288	1.11
农技站距离	−0.038**	0.017	−2.22
柑橘去年销售难易程度	0.111	0.103	1.08
经济区划分	控制	控制	控制
常数项	7.074**	3.268	2.16
LR 统计量	165.47		
Pseudo R^2	0.194		
样本量	619		

注:**、*** 分别表示在 5%、1% 的水平上显著。

7.3.1.2 共同支撑域检验

为了保证样本数据匹配质量,需要考虑检验匹配后的共同支撑域。共同支撑域范围越广,匹配过程中的样本损失就越小,样本数据匹配质量越高。为了更加直观考察高绿色生产水平成员组和低绿色生产水平成员组的共同支撑域,图7-1给出了绿色生产处理组与对照组的共同支撑域。从图7-1中可以看出,匹配后两组样本倾向得分的函数区间有较大范围重叠,倾向得分匹配的质量可信。

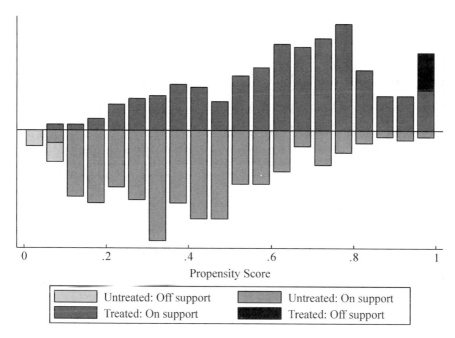

图 7-1　绿色生产处理组与对照组的共同支撑域

7.3.1.3　平衡性检验

对照组和处理组完成匹配后，进一步检验两组样本协变量方面的系统性差异。平衡性检验结果如表 7-4 所示，Pseudo R^2 由匹配前 0.191 下降到 0.013~0.019；LR 统计量由 162.44 下降到 10.75~15.52；均值偏差由 38.5 下降到 6.0~7.1；中位数偏差由 45.7 下降到6.6~9.0。由此可见，匹配后处理组和对照组之间的总偏误显著降低，匹配度较好。

表 7-4　平衡性检验结果

匹配方法	Pseudo R^2	LR 值	P 值	均值偏差	中位数偏差
匹配前	0.191	162.44	0.000	38.5	45.7
K 近邻匹配	0.017	14.28	0.218	7.1	6.7
卡尺匹配	0.019	15.52	0.160	8.1	9.0
核匹配	0.013	10.75	0.464	6.0	6.6

7.3.1.4　绿色生产对成员绩效的效应分析

（1）经济绩效分析。本书采用常用的 K 近邻匹配、卡尺匹配、核匹配三种方法分别估计经济绩效的平均处理效应。在柑橘销售纯收入方面，如表7-5所示，三种匹配方式ATT分别在10%、5%、5%的显著性水平上通过检验。从平均值来看，成员如果绿色生产行为较少，其柑橘销售纯收入均值为6.463万元；但如果绿色生产行为较多，其柑橘销售纯收入均上升到10.488万元，增加了4.025万元，增长率为62.28%。在柑橘销售价格方面，如表7-5所示，三种匹配方式ATT均在1%的显著性水平上通过检验。从平均值来看，如果成员绿色生产行为较少，其柑橘销售价格均值为3.236元；但如果成员绿色生产行为较多，其柑橘销售价格均值上升到3.969元，增加了0.746元，增长率为23.05%。可见，绿色生产行为对成员经济绩效有显著的促进作用。

表7-5　绿色生产对成员经济绩效总体效应的估计结果

测算指标	匹配方法	处理组均值	对照组均值	ATT	t 值
柑橘销售净收入	K 近邻匹配	10.699	7.207	3.492** (1.395)	2.50
	卡尺匹配	10.067	5.652	4.414*** (1.367)	3.23
	核匹配	10.699	6.531	4.168*** (1.342)	3.10
	平均值	10.488	6.463	4.025	
柑橘销售价格	K 近邻匹配	3.964	3.201	0.763*** (0.219)	3.48
	卡尺匹配	3.979	3.150	0.828*** (0.229)	3.61
	核匹配	3.964	3.359	0.649*** (0.211)	3.08
	平均值	3.969	3.236	0.746	

注：**、*** 分别表示在5%、1%的水平上显著。

（2）社会绩效分析。在成员向技术人员咨询的主动性方面，如表7-6所示，三种匹配方式ATT均在5%的显著性水平上通过检验。从平均值来看，如果成员绿色生产行为较少，其技术咨询的主动性均值为2.903；但如果成员绿色生产行为较多，其技术咨询的主动性均值上升到3.858，增加了0.954，增长率为32.86%。在带动周围农户的积极性方面，如表7-6所示的三种匹配方式ATT均在5%的显著性水平上通过检验。从平均值来看，如果成员绿色生产行为较少，其带动周围农户的积极性为0.821；但如果成员绿色生产行为较多，其带动周围农户的积极性均值上升到0.953，增加了0.132，增长率为16.08%。可见，绿色生产对成员社会绩效有显著的促进作用。

表7-6 绿色生产对成员社会绩效总体效应的估计结果

测算指标	匹配方法	处理组	对照组	ATT	t 值
技术咨询的积极性	K近邻匹配	3.827	2.807	1.019** (0.361)	2.82
	卡尺匹配	3.921	2.910	1.010** (0.364)	2.77
	核匹配	3.827	2.992	0.834** (0.332)	2.51
	平均值	3.858	2.903	0.954	
带动周围农户的主动性	K近邻匹配	0.954	0.822	0.131** (0.048)	2.74
	卡尺匹配	0.952	0.817	0.135** (0.049)	2.72
	核匹配	0.954	0.823	0.131** (0.046)	2.86
	平均值	0.953	0.821	0.132	

注：** 表示在5%的水平上显著。

（3）生态绩效分析。在土壤肥力提升程度方面，如表7-7所示，三种匹配方式ATT均在1%的显著性水平上通过检验。从平均值来看，如果成员绿色生产行为较少，其土壤肥力提升程度均值为3.700；但如果成员绿色生产行为较多，其土壤肥力提升程度均值上升到4.215，增加了0.524，增长率为14.16%。在改善周围环境程度方面，如表7-7所示，三种匹配方式ATT均在1%的显著性水平上通过检验。从平均值来看，如果成员绿色生产行为较少，其改善周围环境程度为3.694；但如果成员绿色生产行为较多，其改善周围环境程度均值上升到4.073，增加了0.379，增长率为10.25%。可见，绿色生产对成员生态绩效有显著的促进作用。

表 7-7 绿色生产对成员生态绩效总体效应的估计结果

测算指标	匹配方法	处理组	对照组	ATT	t 值
土壤肥力提升程度	K 近邻匹配	4.220	3.702	0.517*** (0.112)	4.62
	卡尺匹配	4.206	3.730	0.476*** (0.118)	4.02
	核匹配	4.220	3.669	0.580*** (0.551)	4.91
	平均值	4.215	3.700	0.524	
周围环境改善程度	K 近邻匹配	4.074	3.718	0.356*** (0.105)	3.39
	卡尺匹配	4.071	3.712	0.359*** (0.109)	3.28
	核匹配	4.074	3.652	0.422*** (0.103)	4.08
	平均值	4.073	3.694	0.379	

注: *** 表示在1%的水平上显著。

7.3.1.5 成员绿色生产行为绩效的稳定性检验

为了检验上述模型回归结果的稳健性,本书使用 IPWRA 模型(具有回归调整的逆概率加权)验证成员绿色生产行为的经济绩效、社会绩效、生态绩效。选择该模型的原因主要是,IPWRA 作为双稳健的估计模型,由逆概率加权的方法(IPW)和回归调整的方法(RA)相结合而得到。这两种方法的其中之一能够被正确设定,即可获得待估参数的一致估计。成员绿色生产行为绩效的稳健性检验见表7-8,可以发现其估计结果与前文 PSM 模型分析大致相同,成员绿色生产行为的经济绩效、社会绩效、生态绩效均较为显著,可以认为 PSM 模型回归结果较为稳健,结论较为可靠。

表 7-8 成员绿色生产行为绩效的稳健性检验

指标	具体内容	IPWRA
经济绩效	柑橘销售净收入	3.849** (1.888)
	柑橘销售价格	0.598** (0.231)

表7-8（续）

指标	具体内容	IPWRA
社会绩效	技术咨询的积极性	1.126*** （0.253）
	带动周围农户的主动性	0.199*** （0.029）
生态绩效	土壤肥力提升程度	0.659*** （0.097）
	周围环境改善程度	0.525*** （0.079）

注：**、***分别表示在5%、1%的水平上显著。

7.3.2 合作社交易契约对成员绿色生产行为绩效影响的分析

为了验证合作社交易契约对成员绿色生产行为绩效的影响，进一步对选择合作社交易契约成员样本的绿色生产绩效和未选择合作社交易契约成员样本的绿色生产绩效做比较分析。

（1）Logit 模型估计结果。从表 7-9 中可以看出，在选择合作社交易契约成员的样本中，年龄越小、受教育程度更高、家庭柑橘种植面积越大、距离农技站的路程较近的成员具有更大的概率实施绿色生产行为。从表 7-10 中可以看出，在未选择合作社交易契约成员的样本中，年龄越小、家庭农业收入占比更高的成员具有更大的概率实施绿色生产行为。

表 7-9 交易成员组的 Logit 模型估计结果

变量	系数	标准误	Z 统计量
年龄	-2.345**	0.931	-2.52
受教育程度	0.516**	0.191	2.13
务工经历	-0.216	0.193	-0.95
智能手机	0.358	0.259	1.00
柑橘种植面积	0.014**	0.004	2.33
农业收入占比	0.358	0.326	0.60
入股情况	0.147	0.209	1.16
水果批发市场	0.156	0.288	0.61
农技站距离	-0.037**	0.017	-1.69

表7-9（续）

变量	系数	标准误	Z 统计量
柑橘销售难易程度	0.071	0.103	0.51
经济区划分	控制	控制	控制
常数项	7.062*	3.268	1.75
LR 统计量		107.40	
Pseudo R^2		0.178	
样本量		450	

注：*、**分别表示在 10%、5%的水平上显著。

表 7-10　未交易成员组的 Logit 模型估计结果

变量	系数	标准误	Z 统计量
年龄	−3.016**	1.418	−2.12
受教育程度	0.245	0.317	0.77
务工经历	−0.121	0.395	−0.31
智能手机	0.268	0.601	0.45
柑橘种植面积	0.005	0.007	0.74
农业收入占比	1.610**	0.760	2.12
入股情况	−0.828	0.828	−1.52
水果批发市场	0.309	1.029	0.30
农技站距离	−0.019	0.030	−0.64
柑橘销售难易程度	−0.026	0.226	−0.12
经济区划分	控制	控制	控制
常数项	9.696*	3.268	1.71
LR 统计量		34.19	
Pseudo R^2		0.163	
样本量		169	

注：*、**分别表示在 10%、5%的水平上显著。

（2）共同支撑域检验。图 7-2 中的（a）和（b）分别表示选择合作社交易契约成员样本与未选择合作社交易契约成员样本匹配前后倾向得分的共同支撑域。从图 7-2 中可以看出，匹配后两组样本倾向得分的函数区间有较大范围的重叠，倾向得分匹配的质量可信。

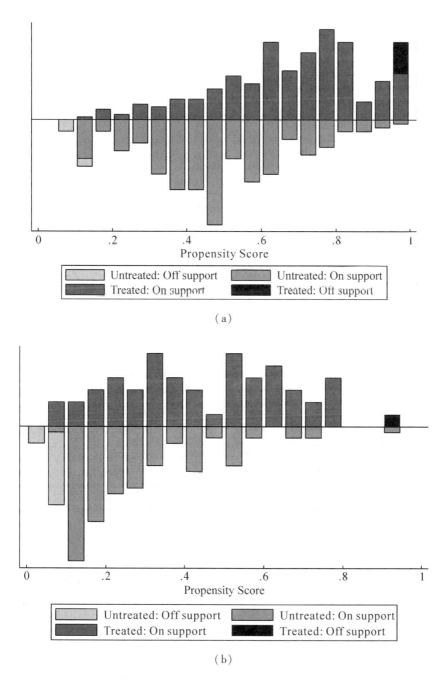

（a）

（b）

图 7-2　交易成员组和未交易成员组绿色生产处理组与对照组共同支撑域

（3）平衡性检验。交易成员组的平衡性检验结果如表7-11所示，Pseudo R^2 由匹配前0.174下降到0.014~0.022；LR统计量由104.65下降到9.19~15.81；均值偏差由35.5下降到5.6~6.7；中位数偏差由39.8下降到6.3~6.7。未交易成员组的平衡性检验结果如表7-12所示，Pseudo R^2 由匹配前的0.163下降到0.020~0.074；LR统计量由34.12下降到2.80~8.38；均值偏差由32.0下降到7.9~17.8；中位数偏差由34.4下降到7.2~17.4。两组样本匹配后，样本处理组和对照组之间的总偏误显著降低，匹配度较好。

表7-11　交易成员组的平衡性检验结果

匹配方法	Pseudo R^2	LR值	P值	均值偏差	中位数偏差
匹配前	0.174	104.65	0.000	35.5	39.8
K近邻匹配	0.022	15.81	0.148	6.7	6.7
卡尺匹配	0.014	9.19	0.604	5.6	6.3
核匹配	0.016	11.34	0.415	6.7	6.7

表7-12　未交易成员组的平衡性检验结果

匹配方法	Pseudo R^2	LR值	P值	均值偏差	中位数偏差
匹配前	0.163	34.12	0.000	32.0	34.4
K近邻匹配	0.038	5.45	0.908	7.9	7.2
卡尺匹配	0.074	8.38	0.679	17.8	17.4
核匹配	0.020	2.80	0.993	9.5	8.8

7.3.2.1　合作社交易契约对成员绿色生产行为经济绩效影响的分析

在柑橘销售纯收入层面，交易成员组的三种匹配方式ATT均在1%的水平上通过显著性检验，交易成员组如果选择绿色生产行为，其柑橘销售净收入从4.291万元提升到7.719万元，增加了3.427万元，增长率为79.86%。未交易成员组的绿色生产对成员柑橘销售净收入没有显著的促进作用。在柑橘销售价格层面，交易成员组的三种匹配方式ATT均在1%的水平上通过显著性检验，交易组成员如果选择绿色生产行为，其柑橘销售价格从3.174元提升到3.909元，增加了0.735元，增长率为22.78%。未交易成员组的绿色生产对成员柑橘销售价格没有显著的促进作用（如表7-13所示）。

表 7-13 经济绩效的异质性分析

测算指标	匹配方法	交易成员组			未交易成员组		
		处理组	对照组	ATT	处理组	对照组	ATT
柑橘销售净收入	K 近邻匹配	7.924	4.417	3.506***	5.018	4.717	0.301
	卡尺匹配	7.308	4.059	3.249***	4.235	3.655	0.569
	核匹配	7.924	4.398	3.525***	5.032	5.736	-0.704
	平均值	7.719	4.291	3.427	4.762	4.703	0.055
柑橘销售价格	K 近邻匹配	3.932	3.201	0.731***	4.190	3.537	0.652
	卡尺匹配	3.863	3.128	0.734***	4.190	3.537	0.652
	核匹配	3.932	3.194	0.737***	4.211	3.489	0.721
	平均值	3.909	3.174	0.735	4.197	3.521	0.675

注：*** 表示在 1% 的水平上显著。

7.3.2.2　交易契约对成员绿色生产行为社会绩效影响的分析

如表 7-14 所示，在成员向技术人员咨询主动性层面，交易成员组的三种匹配方式 ATT 均在 10% 的水平上通过显著性检验，交易组成员如果选择绿色生产行为，其向技术人员咨询的主动性从 2.978 提升到 3.677，增加了 0.699，增长率为 23.47%。未交易成员组没有通过显著性检验。在带动周围农户的积极性层面，选择合作社交易契约成员组的三种匹配方式 ATT 均在 5% 的水平上通过显著性检验。交易组成员如果选择绿色生产行为，其带动周围农户的积极性从 0.842 提升到 0.959，增加了 0.117，增长率为 13.89%。未交易成员组没有通过显著性检验。

表 7-14 社会绩效的异质性分析

测算指标	匹配方法	交易成员组			未交易成员组		
		处理组	对照组	ATT	处理组	对照组	ATT
向技术人员咨询的主动性	K 近邻匹配	3.693	3.022	0.670*	4.549	3.053	1.495
	卡尺匹配	3.646	2.948	0.698*	3.823	2.403	1.420
	核匹配	3.693	2.964	0.728*	4.540	3.154	1.385
	平均值	3.677	2.978	0.699	4.304	2.870	1.433
带动周围农户的积极性	K 近邻匹配	0.957	0.84	0.117**	0.902	0.658	0.244
	卡尺匹配	0.961	0.844	0.117**	0.902	0.653	0.249
	核匹配	0.960	0.842	0.118**	0.909	0.672	0.237
	平均值	0.959	0.842	0.117	0.904	0.661	0.243

注：*、** 分别表示在 10%、5% 的水平上显著。

7.3.2.2 交易契约对成员绿色生产行为生态绩效影响的分析

如表 7-15 所示，在土壤肥力提升程度层面，交易成员组的三种匹配方式 ATT 均在 1%的水平上通过显著性水平检验，交易组成员如果选择绿色生产行为，其土壤肥力提升程度从 3.740 提升到 4.286，增加了 0.546，增长率为 14.59%。未交易成员组的绿色生产对成员土壤肥力提升程度没有显著的促进作用。在周围环境改善程度层面，交易成员组的三种匹配方式 ATT 均在 1%的水平上通过显著性检验，交易组成员如果选择绿色生产行为，其周围环境改善程度从 3.709 提升到 4.099，增加了 0.390，增长率为 10.51%。未交易成员组如果选择绿色生产行为，其周围环境改善程度从 3.569 提升到 3.902，增加了 0.333，增长率为 9.33%。

表 7-15　生态绩效的异质性分析

测算指标	匹配方法	交易成员组			未交易成员组		
		处理组	对照组	ATT	处理组	对照组	ATT
土壤肥力提升程度	K 近邻匹配	4.295	3.682	0.612***	3.826	3.370	0.456
	卡尺匹配	4.268	3.791	0.477***	3.780	3.524	0.255
	核匹配	4.295	3.747	0.548***	3.823	3.293	0.529
	平均值	4.286	3.740	0.546	3.810	3.396	0.413
周围环境改善程度	K 近邻匹配	4.105	3.636	0.468***	3.903	3.563	0.341*
	卡尺匹配	4.088	3.807	0.280***	3.903	3.676	0.225*
	核匹配	4.105	3.684	0.421***	3.901	3.467	0.434*
	平均值	4.099	3.709	0.390	3.902	3.569	0.333*

注：*、**、*** 分别表示在 10%、5%、1%的水平上显著。

7.4　小结

本章基于四川省 619 个柑橘成员的实地调查数据，采用倾向得分匹配法通过构造反事实框架，实证分析了成员绿色生产行为带来的经济绩效、社会绩效与生态绩效，并进一步检验合作社交易契约对成员绿色生产行为绩效的异质性效果。主要研究结论如下：

（1）绿色生产行为能有效地提高成员经济绩效、社会绩效、生态绩效。在经济绩效层面，绿色生产行为较少的成员，其柑橘销售纯收入和柑橘销售价格均值分别为 6.463 万元和 3.236 元；绿色生产行为较多的成员，其柑橘销售纯收入和柑橘销售价格均值分别为 10.488 万元和 3.969 元，增长率分别为 62.28% 和 23.05%。在社会绩效层面，绿色生产行为较少的成员，其技术咨询的积极性和带动周围农户的积极性均值分别为 2.903 和 3.858；绿色生产行为较多的成员，其技术咨询的积极性和带动周围农户的积极性均值分别为 3.858 和 0.953，增长率分别为 32.86% 和 16.08%。在生态绩效层面，绿色生产行为较少的成员，其土壤肥力提升程度和改善周围环境程度均值分别为 3.700 和 3.694；绿色生产行为较多的成员，其土壤肥力提升程度和改善周围环境程度均值分别为 4.215 和 4.073，增长率分别为 14.16% 和 10.25%。

（2）合作社交易契约对成员绿色生产行为绩效有显著影响。在选择合作社交易契约的成员样本中，成员的绿色生产行为对柑橘销售纯收入和柑橘销售价格两方面经济绩效的提升程度分别为 79.86% 与 22.78%；成员的绿色生产行为对技术咨询的积极性和带动周围农户的积极性两方面社会绩效的提升程度分别为 23.47% 与 13.89%；成员的绿色生产行为对土壤肥力提升程度和改善周围环境程度两方面生态绩效的提升程度分别为 14.59% 与 10.51%。在未选择合作社交易契约的成员样本中，绿色生产行为对成员经济绩效和社会绩效均没有显著提升，仅仅对周围环境改善程度有一定提升，提升程度为 9.33%。

8 研究结论、政策建议及研究的不足与展望

8.1 研究结论

本书首先界定了柑橘合作社、合作社交易契约、农业绿色生产行为和成员绿色生产行为等核心概念的内涵与外延，并基于交易费用理论、农户行为理论、不完全契约理论和农业绿色发展理论，搭建理论分析框架。其次，从宏观和中观角度对我国及四川柑橘产业总体状况及产业特性进行了介绍，接着微观剖析了样本柑橘合作社交易契约及成员绿色生产行为的现状特征。再次，基于四川省69个柑橘合作社及其619个成员的实地调研数据，仔细考察了成员交易契约选择决策的影响因素；实证分析了合作社交易契约对成员绿色生产行为的影响及其作用机理；系统剖析了合作社交易契约对成员绿色生产行为经济绩效、社会绩效、生态绩效的影响。最后，本书得出以下结论：

（1）成员绿色生产行为受到合作社交易契约的深刻影响。合作社交易契约影响成员绿色生产行为的原因主要在于两方面：一方面是提高成员与产品收购方的议价能力，增强高端绿色农产品的市场竞争力，对成员绿色生产方式转型产生"持续动态的经济激励"；另一方面是节约成员与各类交易主体产生的交易费用，为成员优化要素配置与引进绿色生产技术与提供资金支持。同时，随着成员和合作社之间交易频率与额度的提高、交易稳定性的增强，两者会进行更复杂的社会互动，有利于合作社带动成员融入绿色产业链。

（2）成员在柑橘生产过程中的绿色生产行为涵盖肥水管理、病虫害绿

色防控、树体管理、废弃物处理四个环节。依据熵值法对成员绿色生产行为水平进行评估时发现，成员绿色生产水平综合均值为 0.511，区间为 0.093~0.944，其中，选择合作社交易契约成员的绿色生产行为综合均值为 0.544，区间为 0.139~0.944；未选择合作社交易契约成员的绿色生产行为综合均值为 0.422，区间为 0.093~0.726。

（3）交易特性是影响成员交易契约选择决策的重要因素。成员交易契约选择决策受到资产专用性、不确定性、交易频率三个交易特性的影响。从资产专用性来看，合作社所在乡镇是否有水果批发市场、合作社提供的信息服务和技术培训丰富程度、合作社产品质量认证以及拥有的加工资产设备、理事长社会关系显著正向影响成员选择合作社交易契约，合作社与成员家距离的负向影响显著。从不确定性来看，销售市场引起的环境不确定性会显著正向影响成员选择合作社交易契约，病虫害等引起的生产不确定性无显著影响。从交易频率来看，交易频率显著正向影响成员选择合作社交易契约。

（4）合作社交易契约能够有效提升成员的绿色生产水平。运用内生转换模型解决内生性问题后发现，成员不选择合作社交易契约会导致其绿色生产水平下降，下降比例为 22.09%，说明合作社交易契约能够提升成员的绿色生产水平。合作社交易契约的不同类型和模式对成员绿色生产水平的影响具有差异性，书面契约类型对成员绿色生产水平的提升程度大于口头契约类型；"合作社+龙头企业"模式对成员绿色生产水平的提升程度最高，其次是"合作社+批发商/批发市场"模式，而"合作社+电商"模式无显著影响。

（5）合作社交易契约通过治理功能约束成员的绿色生产行为。合作社交易契约通过控制性治理功能防范成员在生产过程中的机会主义行为，利用协调性治理功能解决成员在生产过程中的合作难题。合作社交易契约的控制性治理功能主要体现在规定成员购买化肥和农药等投入品类型的要素投入管控机制，制定遵守（违背）绿色生产行为的生产奖惩处理机制，实行盈余返还制度和要求产品质量标准的产品结算交付机制。合作社交易契约的协调性治理功能主要体现在监管成员化肥和农药使用行为的生产过程管理机制，提供技术服务和市场信息服务的生产服务支持机制，建立农药残留检测的产品质量检测管理机制。

（6）合作社交易契约对成员绿色生产行为的经济绩效、社会绩效、生态绩效有显著影响。绿色生产行为能够显著提升成员的经济绩效、社会绩效、生态绩效。合作社交易契约对成员柑橘销售净收入、柑橘售价两方面经济绩效的提升程度分别为79.86%和22.78%；对成员向技术人员咨询的主动性、带动周围农户的积极性两方面社会绩效的提升程度分别为23.47%和13.89%；对成员土壤肥力提升程度、周围环境改善程度两方面生态绩效的提升程度分别为14.59%和10.51%。

8.2 政策建议

柑橘产业作为我国南方丘陵山区经济发展中的支柱产业，其绿色生产不仅能够给消费者提供高品质农产品，推动柑橘产业可持续发展，还可以提升柑橘种植户的经济绩效、社会绩效、生态绩效。合作社作为小农户连接大市场的有效途径，是引导小农户实施绿色生产行为的理想载体。因此，本书立足上述研究结果，结合当前柑橘合作社发展实际情况，提出以下政策建议。

（1）注重合作社的培育壮大，促进柑橘产业交易环节组织内部化。总体而言，我国小农户农业生产具有生产经营规模小、分散且监管困难的特征，加快其转换农业生产方式，保障农产品质量安全的主要路径是鼓励农户由松散的市场交易模式向紧密的组织内部交易模式转变。一方面，政府应该注重新型经营主体的培育特别是合作社的发展壮大，引导龙头企业、种植大户、经销能人等主体创办合作社，充分发挥他们在农产品交易过程中的资源优势，提高分散柑橘种植户的商品化、专业化和规模化程度，帮助种植户将交易环节实现组织内部化，切实提高柑橘种植业组织化程度。另一方面，政府应引导合作社参加各类农产品展销会、交流会，拓宽销售渠道和提供相关市场信息，加快推进农产品交易信息平台建设；引进一些大型龙头企业，帮助合作社与相关企业对接，延长农产品产业链，起到"搭台唱戏"的作用；大力发展当地农产品区域公共品牌，建立品牌认知，用区域文化赋能产品，实现区域性产品增值，带动地方柑橘产业的规模化、标准化、品质化和品牌化经营，从而实现柑橘产业的可持续、高质量发展。

（2）促进合作社高质量发展，带动成员与合作社缔结稳定性交易契约。目前，我国合作社仍然普遍处于初级发展阶段，走合作社"规范化"发展道路任重而道远。一方面，合作社应该提升自身资产专用性，靠自身与农产品流通企业、批发市场、经销商以及其他市场经营主体联结，创新完善多元化的对接机制和利益联结机制，形成资源共享、风险共担的稳定对接关系，扩大农产品生产、加工、流通业务范围，提升合作社产加销纵向一体化程度。特别地，鼓励成立农民合作社联合社，通过联合和合并的方式，提升合作社的组织化和规模化程度，提高生产和配货能力，这样能够帮助合作社较大程度地开拓市场渠道、获得较为稳定的合作关系和较强的谈判地位，变成具有较强营销能力的市场竞争主体，带领各个"单打独斗"的合作社走上新型农产品产业化道路，实现大范围的农民共同致富。另一方面，由于大多数合作社领头人虽然具有较为丰富的种植经验，但是在农产品营销方面的经验较为不足，因此应该加强对合作社理事长及核心成员进行分批分次的营销专业技能培训，增强其合作互助意识，转变其市场营销观念从而提升其经营管理水平，培养出一批有文化、有手段、有理念的新型管理者。培训的内容包括最新市场动态解析、营销手段剖析、农产品流通管理规定和农产品质量安全规程等方面。与此同时，合作社应该大力宣传合作社相关知识以及加强对成员的合作教育，鼓励成员通过合作社交易农产品，让他们意识到通过合作社能够节约交易费用从而实现经济效益提升。

（3）完善合作社内部治理结构，实现合作社与成员嵌入式协同绿色生产。成员不同的交易契约选择决策实际代表了契约治理多功能的制度安排，从而影响成员绿色生产行为。一方面，强化契约治理的控制性功能机制。比如合作社规定农业投入品的种类和品牌等使用清单，对于违反（遵守）契约规定的成员采取相应的惩罚（奖励）措施。合作社还应推动产品质量认证营造新的生产经营环境，带动成员共享农产品产业链、价值链的增值收益。盈余分配制度作为合作社治理结构的核心构件，鼓励合作社按照交易额进行一定的盈余分配，提供二次返利，提高成员的积极性，成员与合作社形成"风险共担、利益共享"的利益联结机制。引导成员与合作社缔结书面契约，能够显著提升成员履约率及农产品品质。另一方面，提升契约治理的协调性功能机制。制定相关农产品生产技术规程并要求成员填写田间生产档案，对成员产品生产过程中的关键环节进行定时的监督和检查，对交易的农产品加强产品质量检测，有利于成员进行绿色生产。大力开展技术指导服务，有助于农户将合作社农业技术培训中绿色生产相关的内容进行转换和贮存，形成相关的生产认知，从而提升其参与绿色生产的意愿，缓解成员绿色生产过程中的信息不对称。合作社的市场信息服务有利于打破信息壁垒，进一步了解绿色生产技术在增加作物产量和收益、改善生态环境、保护人身体健康等方面的作用，优化其要素配置决策行为。

（4）营造良好的市场营销环境，完善政府激励与监管并重的政策体系。国际经验表明，良好的市场营销环境离不开完备的产品质量分级体系、完善的市场营销渠道以及正确的政策设计。一方面，我国农产品主要是依靠"三品一标"来实现产品质量分级，但是质量分级体系仍存在分级指标和要求较为简单、无法有效区分质量和安全两大维度指标以及认证机构参差不齐等问题，这导致优质农产品不能实现优质优价，严重打击了农户推行绿色生产的积极性，因此应该建立起一套简明、可追溯、易推广的柑橘质量分级体系，让消费者对柑橘质量进行有效识别，营造绿色农产品消费氛围，增强消费者的绿色消费意识。另一方面，鼓励政府构建绿色生产者信用体系，并优先采购信用名单中的产品，在此信用体系名单中的经营主体可以获得渠道及物流体系建设的补贴、产品渠道推介、农超对接等绿色通道政策。与此同时，政府应制定相关法律法规，如农药残留标准、农产品产地质量要求等来规制农户的生产行为，加大对农业投入品的监督力度，定期进行抽查，一经发现经销商有违规售卖农业投入品严惩不贷，并且加大对农产品的质量检测抽查力度。

8.3 研究的不足与展望

本书以四川柑橘合作社及其成员为例，深入探讨合作社交易契约对成员绿色生产行为的影响，得到较为科学的研究结论，并提出了相关政策建议。但因成本和时间有限，本书主要存在以下不足：

（1）本书仅对四川省柑橘合作社及其成员进行了调查。受限于调研区域限制及调研成本的影响，本书并未对全国范围内的柑橘合作社进行调研，四川柑橘合作社的情况不能代表全国的情况。

（2）本书基于实地调研数据对问题进行研究，但由于无法获得柑橘成员选择合作社交易契约前后的动态面板数据，只采用静态的截面数据来进行实证检验，难以全面反映柑橘成员选择合作社交易契约前后的多维动态变化。

（3）本书重点考虑和分析合作社交易契约对成员绿色生产行为的影响，对于其他市场交易模式没有进一步分析，横向对比稍显不足。

此外，本书提出以下两点展望：

（1）将合作社置身于整个交易市场体系中，深入分析合作社交易契约与其他市场主体交易契约对成员的绿色生产行为影响差异，进而从宏观层面来考察合作社的功能与价值。

（2）在未来研究中，应该以更大范围、更为全面的调研数据深入分析合作社交易契约对成员绿色生产行为的影响，进一步考察本书的研究结论是否适用于其他省份。还可以在现有调查数据基础上，构建柑橘成员的动态面板数据库，以检验柑橘成员选择合作社交易契约后绿色生产行为的动态效果。

参考文献

[1] 蔡海龙. 农业产业化经营组织形式及其创新路径 [J]. 中国农村经济, 2013 (11): 4-11.

[2] 蔡键. 风险偏好、外部信息失效与农药暴露行为 [J]. 中国人口·资源与环境, 2014, 24 (9): 135-140.

[3] 蔡荣, 蔡书凯. "公司+农户" 模式: 风险转移制度与农户契约选择 [J]. 南京农业大学学报 (社会科学版), 2013, 13 (2): 19-25.

[4] 蔡荣, 马旺林. 治理结构及合约选择农业企业的货源策略: 基于鲁陕两省家果品企业调查的实证分析 [J]. 中国农村经济, 2014 (1): 25-37.

[5] 蔡荣, 易小兰. 合同生产模式与农产品质量: 一个综述及启示 [J]. 财贸研究, 2015, 26 (3): 32-41.

[6] 蔡荣. "合作社+农户" 模式: 交易费用节约与农户增收效应: 基于山东省苹果种植农户问卷调查的实证分析 [J]. 中国农村经济, 2011 (1): 58-65.

[7] 蔡荣. 合作社内部交易合约安排及对农户生产行为的影响: 以山东省苹果产业为例 [D]. 杭州: 浙江大学, 2011.

[8] 蔡荣. 龙头企业与农户合作的契约选择及决策权配置研究: 来自山东省苹果行业的实证 [J]. 软科学, 2013, 27 (2): 32-35.

[9] 蔡晓琳, 方凯, 张倩秋. 乡村振兴背景下农户产业组织模式的选择 [J]. 统计与决策, 2021, 37 (15): 161-165.

[10] 曹慧. 粮食主产区农户粮食生产中亲环境行为研究 [D]. 咸阳: 西北农林科技大学, 2019.

[11] 常倩, 王士权, 李秉龙. 农业产业组织对生产者质量控制的影响分析: 来自内蒙古肉羊养殖户的经验证据 [J]. 中国农村经济, 2016 (3): 54-64, 81.

[12] 畅倩, 李晓平, 谢先雄, 等. 非农就业对农户生态生产行为的影

响：基于农业生产经营特征的中介效应和家庭生命周期的调节效应 [J].
中国农村观察，2020（1）：76-93.

[13] 陈灿.资产专用性、不确定性与交易的治理模式：基于农业龙头
企业与农户间交易的实证研究 [J].商业经济与管理，2013（4）：43-50.

[14] 陈超，翟乾乾，王莹.交易成本、生产行为与果农销售渠道模式
选择 [J].农业现代化研究，2019，40（6）：954-963.

[15] 陈东平，张雷，高名姿.互联性交易与股份合作制专业合作社内
信用合作契约治理研究：以旺庄果品专业合作社为例 [J].农业经济问题，
2017，38（5）：28-35.

[16] 陈富桥，丁士军，姜爱芹.产销对接方式对农户农产品销售收入的
影响：基于茶叶种植户的实证研究 [J].农业技术经济，2013（7）：72-77.

[17] 陈吉平，任大鹏.合作社绿色生产何以可能：来自四川案例的过
程追踪 [J].农业经济问题，2022：1-11.

[18] 陈吉平.农业绿色生产行为的内涵与外延 [J].新疆农垦经济，
2020（3）：24-30.

[19] 陈茉，周霞.农户与农民合作社的契约关系及其影响因素实证分
析：基于山东省9个县（市、区）的问卷调查 [J].山东财政学院学报，
2014（3）：112-120.

[20] 陈强.高级计量经济学及 Stata 应用 [M].北京：高等教育出版
社：543-545.

[21] 陈鲜妮，岳西杰，葛玺祖，等.长期秸秆还田对娄土耕层土壤有机
碳库的影响 [J].自然资源学报，2012，27（1）：25-32.

[22] 陈晓琴，黄大勇.民族地区小农户衔接大市场的契约选择行为：
基于武陵山区的样本分析 [J].中南民族大学学报（人文社会科学版），
2022，42（2）：127-134，186.

[23] 程广华.信息意识、营销组合与合作社市场能力：基于137个合
作社网站的内容分析 [J].安徽大学学报（哲学社会科学版），2013，37
（3）：143-149.

[24] 程慧，贾广宇.乡村振兴背景下河北省农民合作社发展研究
[J].河北师范大学学报（哲学社会科学版），2022，45（3）：124-131.

[25] 程杰贤，郑少锋.农产品区域公用品牌使用农户"搭便车"生产
行为研究：集体行动困境与自组织治理 [J].农村经济，2018（2）：78-85.

[26] 程良晓, 范萌, 陈良富, 等. 秋季秸秆焚烧对京津冀地区霾污染过程的影响分析 [J]. 中国环境科学, 2017, 37 (8): 2801-2812.

[27] 程漱兰. 两个趋向: 农村合作经济发展的 "新契机" [J]. 中国合作经济, 2005 (4): 26.

[28] 崔宝玉, 程春燕. 农民专业合作社的关系治理与契约治理 [J]. 西北农林科技大学学报 (社会科学版), 2017, 17 (6): 40-47.

[29] 崔宝玉, 刘丽珍. 交易类型与农民专业合作社治理机制 [J]. 中国农村观察, 2017 (4): 17-31.

[30] 崔宝玉, 王孝璱, 孙迪. 农民合作社电商采纳能否 "一网就灵"?: 兼论 "合伙人" 制度形成的可能性 [J]. 中国农业大学学报 (社会科学版), 2021, 38 (2): 105-118.

[31] 戴迎春, 韩纪琴, 应瑞瑶. 新型猪肉供应链垂直协作关系初步研究 [J]. 南京农业大学学报, 2006 (3): 122-126.

[32] 邓衡山, 孔丽萍, 廖小静. 合作社的本质规定与政策反思 [J]. 中国农村观察, 2022 (3): 32-48.

[33] 邓衡山, 王文烂. 合作社的本质规定与现实检视: 中国到底有没有真正的农民合作社? [J]. 中国农村经济, 2014 (7): 15-26, 38.

[34] 邓宏图, 赵燕, 杨芸. 从合作社转向合作联社: 市场扩展下龙头企业和农户契约选择的经济逻辑: 以山西省太谷县某龙头企业和土地合作社为例 [J]. 管理世界, 2020, 36 (9): 111-128.

[35] 邓秀新. 中国水果产业供给侧改革与发展趋势 [J]. 现代农业装备, 2018 (4): 13-16.

[36] 丁声俊. 中国 "商品市场之治" 的时代成就及其本源解读: 中国制度优势在 "商品市场之治" 中的创新实践 [J]. 价格理论与实践, 2020 (1): 4-10, 61.

[37] 杜三峡, 罗小锋, 黄炎忠, 等. 外出务工促进了农户采纳绿色防控技术吗? [J]. 中国人口·资源与环境, 2021, 31 (10): 167-176.

[38] 范太胜, 潘津. 农业产业链组织演化视角下农产品源头质量安全约束机制设计 [J]. 农村经济, 2018 (4): 65-69.

[39] 范旺达. 农产品供应链契约模式选择与合作社内部治理策略研究 [D]. 无锡: 江南大学, 2015.

[40] 冯晓龙, 刘明月, 仇焕广, 等. 资产专用性与专业农户气候变化适

应性生产行为：基于苹果种植户的微观证据［J］.中国农村观察，2018（4）：74-85.

［41］傅晨."公司+农户"产业化经营的成功所在：基于广东温氏集团的案例研究［J］.中国农村经济，2000（2）：41-45.

［42］高华云.盈余分配、契约选择与农民专业合作社发展：基于核心成员、普通成员及政府之间的博弈分析［J］.中南民族大学学报（人文社会科学版），2018，38（5）：144-148.

［43］高鸣，张哲晰.碳达峰、碳中和目标下我国农业绿色发展的定位和政策建议［J］.华中农业大学学报（社会科学版），2022（1）：24-31.

［44］高楠.工程合约对项目复杂性的治理作用研究［D］.天津：天津大学，2018.

［45］高锁平，裴红罗.农民专业合作社：控制农产品质量安全的有效载体：以浙江临海市上盘凹兰花合作社为例［J］.农村经济，2011（1）：127-129.

［46］高杨，牛子恒.风险厌恶、信息获取能力与农户绿色防控技术采纳行为分析［J］.中国农村经济，2019（8）：109-127.

［47］高钰玲.农民专业合作社服务功能：理论与实证研究［D］.杭州：浙江大学，2014.

［48］耿宇宁，郑少锋，刘婧.农户绿色防控技术采纳的经济效应与环境效应评价：基于陕西省猕猴桃主产区的调查［J］.科技管理研究，2018，38（2）：245-251.

［49］龚继红，何存毅，曾凡益.农民绿色生产行为的实现机制：基于农民绿色生产意识与行为差异的视角［J］.华中农业大学学报（社会科学版），2019（1）：68-76.

［50］苟茜，邓小翔.交易特性、社员身份与农业合作社合约选择［J］.华南农业大学学报（社会科学版），2019，18（1）：86-98.

［51］郭斐然，孔凡丕.农业企业与农民合作社联盟是实现小农户与现代农业衔接的有效途径［J］.农业经济问题，2018（10）：46-49.

［52］郭锦墉，肖剑，贺雨昕.农民合作社生产规范、供货质量与"农超对接"供应链稳定性的关系研究［J］.江苏大学学报（社会科学版），2020，22（3）：40-55.

［53］郭利京，仇焕广.合作社再联合如何改变农业产业链契约治理

[J]. 农业技术经济, 2020 (10): 103-114.

[54] 郭利京, 王少飞. 基于调节聚焦理论的生物农药推广有效性研究 [J]. 中国人口·资源与环境, 2016, 26 (4): 126-134.

[55] 郭熙保, 吴方. 参加合作社对家庭农场标准化生产遵从的影响: 基于1324个家庭农场问卷调查数据的分析 [J]. 经济纵横, 2022 (1): 31-45.

[56] 郭显光. 改进的熵值法及其在经济效益评价中的应用 [J]. 系统工程理论与实践, 1998 (12): 99-103.

[57] 郭晓鸣, 廖祖君, 付娆. 龙头企业带动型、中介组织联动型和合作社一体化三种农业产业化模式的比较: 基于制度经济学视角的分析 [J]. 中国农村经济, 2007 (4): 40-47.

[58] 郭晓鸣. 合作社是创造荷兰农业奇迹的有力制度支撑 [J]. 中国农垦, 2020 (5): 61-62.

[59] 郭欣旺. 市场参与方式对农户收入与分配的影响研究 [D]. 北京: 中国农业科学院, 2011.

[60] 韩洁, 胡盼盼. 绿色发展理念引领合作社生态、经济、社会"三效合一" [J]. 中国农民合作社, 2020 (11): 64-66.

[61] 韩秋明. 农民专业合作社信息服务消费的作用力分析: 基于农业产业链与价值链的视角 [J]. 图书情报知识, 2015 (5): 23-31.

[62] 韩旭东, 李德阳, 王若男, 等. 盈余分配制度对合作社经营绩效影响的实证分析: 基于新制度经济学视角 [J]. 中国农村经济, 2020 (4): 56-77.

[63] 何慧丽. 农民合作销售与村庄经纪人角色的冲突与调适 [J]. 中国农业大学学报 (社会科学版), 2007 (2): 110-115.

[64] 何劲. 农业绿色生产问题研究回顾与展望: 一个文献综述 [J]. 经济体制改革, 2021 (2): 81-87.

[65] 何可, 汪昊, 张俊飚. "双碳"目标下的农业转型路径: 从市场中来到"市场"中去 [J]. 华中农业大学学报 (社会科学版), 2022 (1): 1-9.

[66] 何一鸣, 罗必良, 高少慧. 农业要素市场组织的契约关联逻辑 [J]. 浙江社会科学, 2014 (7): 47-53, 62, 157.

[67] 何悦. 农户绿色生产行为形成机理与实现路径研究: 基于川渝柑橘种植户化学品投入的实证 [D]. 雅安: 四川农业大学, 2021.

[68] 侯建昀, 霍学喜. 交易成本与农户农产品销售渠道选择: 来自7省124村苹果种植户的经验证据 [J]. 山西财经大学学报, 2013, 35 (7): 56-64.

[69] 胡定寰, 陈志钢, 孙庆珍, 等. 合同生产模式对农户收入和食品安全的影响: 以山东省苹果产业为例 [J]. 中国农村经济, 2006 (11): 17-24, 41.

[70] 胡浩, 杨泳冰. 要素替代视角下农户化肥施用研究: 基于全国农村固定观察点农户数据 [J]. 农业技术经济, 2015 (3): 84-91.

[71] 胡浩志, 吴梦娇. 资产专用性的度量研究 [J]. 中南财经政法大学学报, 2013 (1): 38-46.

[72] 胡军, 张镓, 芮明杰. 线性需求条件下考虑质量控制的供应链协调契约模型 [J]. 系统工程理论与实践, 2013, 33 (3): 601-609.

[73] 胡半波. 农民专业合作社中农民合作行为激励分析: 基于正式制度与声誉制度的协同治理关系 [J]. 农业经济问题, 2013, 34 (10): 73-82.

[74] 华春林, 陆迁, 姜雅莉, 等. 农业教育培训项目对减少农业面源污染的影响效果研究: 基于倾向评分匹配方法 [J]. 农业技术经济, 2013 (4): 83-92.

[75] 黄凤, 杨丹. 农民合作社内部治理对其农业服务能力的影响: 来自中国 15 省市的调查数据 [J]. 湖南农业大学学报 (社会科学版), 2014, 15 (6): 39-45.

[76] 黄季焜, 邓衡山, 徐志刚. 中国农民专业合作经济组织的服务功能及其影响因素 [J]. 管理世界, 2010 (5): 75-81.

[77] 黄丽萍. 林业专业合作经济组织内部契约选择初探: 以福建尤溪 "护林联防协会" 为例 [J]. 西北农林科技大学学报 (社会科学版), 2009, 9 (3): 33-37.

[78] 黄梦思, 孙剑, 曾晶. "农业龙头企业+农户" 营销渠道: 契约功能、伙伴合作与交易绩效 [J]. 南京农业大学学报 (社会科学版), 2017, 17 (5): 121-131.

[79] 黄梦思, 孙剑, 陈新宇. "农业龙头企业+农户" 模式中治理机制与农户续约意愿 [J]. 华中农业大学学报 (社会科学版), 2018 (4): 81-88.

[80] 黄胜忠, 伏红勇. 成员异质性、风险分担与农民专业合作社的盈余分配 [J]. 农业经济问题, 2014, 35 (8): 57-64.

[81] 黄胜忠,张海洋. 农民专业合作社理事长胜任特征及其绩效的实证分析 [J]. 经济与管理,2014,28(5):68-73.

[82] 黄炎忠,罗小锋,李容容,等. 农户认知、外部环境与绿色农业生产意愿:基于湖北省 632 个农户调研数据 [J]. 长江流域资源与环境,2018,27(3):680-687.

[83] 黄炎忠,罗小锋,唐林,等. 绿色防控技术的节本增收效应:基于长江流域水稻种植户的调查 [J]. 中国人口·资源与环境,2020,30(10):174-184.

[84] 黄宗智. 中国农业面临的历史性契机 [J]. 读书,2006(10):118-129.

[85] 黄宗智. 中国的隐性农业革命(1980—2010):一个历史和比较的视野 [J]. 开放时代,2016(2):11-35,5.

[86] 黄祖辉,张静,Kevin Chen. 交易费用与农户契约选择:来自浙冀两省 15 县 30 个村梨农调查的经验证据 [J]. 管理世界,2008(9):76-81.

[87] 黄祖辉,钟颖琦,王晓莉. 不同政策对农户农药施用行为的影响 [J]. 中国人口·资源与环境,2016,26(8):148-155.

[88] 黄祖辉. 改革开放四十年:中国农业产业组织的变革与前瞻 [J]. 农业经济问题,2018(11):61-69.

[89] 姜林杰,耿岳,王璐,等. 设施番茄和黄瓜田土壤中农药残留及其对蚯蚓的急性风险 [J]. 农业环境科学学报,2019,38(10):2278-2286.

[90] 姜维军,颜廷武,江鑫,等. 社会网络、生态认知对农户秸秆还田意愿的影响 [J]. 中国农业大学学报,2019,24(8):203-216.

[91] 焦少俊,单正军,蔡道基,等. 警惕"农田上的垃圾":农药包装废弃物污染防治管理建议 [J]. 环境保护,2012(18):42-44.

[92] 金梦夏. 工程合约复杂性对承包方机会主义行为的影响 [D]. 天津:天津大学,2018.

[93] 巨晓棠,谷保静. 我国农田氮肥施用现状、问题及趋势 [J]. 植物营养与肥料学报,2014,20(4):783-795.

[94] 康芒斯. 制度经济学(上)[M]. 赵睿,译. 北京:商务印书馆,1997.

[95] 孔文杰. 有机无机肥配施对蔬菜轮作系统重金属污染和产品质量

的影响［J］. 植物营养与肥料学报，2011，17（4）：977-984.

［96］孔祥智，岳振飞，张琛. 合作社联合的本质：一个交易成本解释框架及其应用［J］. 新疆师范大学学报（哲学社会科学版），2018，39（1）：100-106.

［97］奎国秀，祁春节. 我国柑橘产业生产贸易的变化及机遇与挑战［J］. 中国果树，2021（6）：93-97.

［98］雷家乐，吴雪莲，李万红，等. 长江经济带农户绿色生产行为及其影响因素研究：基于改进的 TPB 框架［J］. 湖北农业科学，2021，60（13）：200-207.

［99］李芬妮，张俊飚，何可. 非正式制度、环境规制对农户绿色生产行为的影响：基于湖北 1105 份农户调查数据［J］. 资源科学，2019，41（7）：1227-1239.

［100］李海斌，荆文英. 契约规则在农民专业合作社中的地位、作用和影响［J］. 经济问题，2019（9）：81-85.

［101］李晗，陆迁. 产品质量认证能否提高农户技术效率：基于山东、河北典型蔬菜种植区的证据［J］. 中国农村经济，2020（5）：128-144.

［102］李昊. 公平性感知、信任与农业环境保护：不确定情形下农户行为选择［J］. 长江流域资源与环境，2020，29（11）：2498-2507.

［103］李后建，曹安迪. 绿色防控技术对稻农经济收益的影响及其作用机制［J］. 中国人口·资源与环境，2021，31（2）：80-89.

［104］李康. 龙头企业领办型合作社的制度特征、治理机制及盈余分配［J］. 内蒙古社会科学，2021，42（4）：129-135.

［105］李靓，穆月英.“农户+合作社+超市”模式下的农产品价格形成研究：以北京番茄市场为例［J］. 农业产业组织，2020（3）：63-73.

［106］李霖. 蔬菜产业组织模式选择及其对农户收入和效率的影响研究［D］. 杭州：浙江大学，2018.

［107］李顺，李廷亮，何冰，等. 有机肥替代化肥对旱地小麦水氮利用及经济效益的影响［J］. 山西农业科学，2019，47（8）：1359-1365.

［108］李维安，刘绪光，陈靖涵. 经理才能、公司治理与契约参照点：中国上市公司高管薪酬决定因素的理论与实证分析［J］. 南开管理评论，2010，13（2）：4-15.

［109］李文欢. 社会资本对生猪养殖场户粪污资源化利用技术采纳的

影响研究 [D]. 长春：吉林农业大学，2020.

[110] 李武江. 农业大户和龙头企业领办型农民专业合作社的契约研究：基于交易费用理论的解释 [J]. 嘉兴学院学报，2014，26（4）：91-97.

[111] 李向阳. 品牌视角下的柑橘价值链研究 [D]. 中国农业科学院，2021.

[112] 李小洁，邹富良. 农民专业合作社对农业生产标准化的促进作用研究 [J]. 广东农业科学，2012，39（18）：200-202.

[113] 李晓静. 参与电商对猕猴桃种植户绿色生产行为的影响研究 [D]. 咸阳：西北农林科技大学，2021.

[114] 李英，张越杰. 基于质量安全视角的稻米生产组织模式选择及其影响因素分析：以吉林省为例 [J]. 中国农村经济，2013（5）：68-77.

[115] 李长生，刘西川. 土地流转的创业效应：基于内生转换 Probit 模型的实证分析 [J]. 中国农村经济，2020（5）：96-112.

[116] 李珠怀，韩青. 北京市郊区现代农业节水灌溉技术的经济效益分析 [J]. 水利经济，2009，27（6）：51-54.

[117] 力世敏. 江苏省葡萄种植户高质量栽培技术采纳行为研究：以疏花疏果技术为例PH [D]. 南京：南京农业大学，2019.

[118] 梁红卫. 农民专业合作社是推行农业标准化的重要依托 [J]. 科技管理研究，2009，29（6）：421-422.

[119] 刘浩，刘宇荧，傅新红. 合作社标准化生产服务能够提升农户收入吗？ [J]. 农村经济，2021（12）：55-62.

[120] 刘洁，祁春节，陈新华. 农民专业合作社契约模式选择的影响因素分析：基于江西赣州98家合作社企业的实证研究 [J]. 经济经纬，2012（5）：27-32.

[121] 刘洁，祁春节. "公司+农户" 契约选择的影响因素研究：一个交易成本分析框架 [J]. 经济经纬，2009，016（4）：106-109.

[122] 刘洁. 农民专业合作社契约选择与运营绩效的理论分析与实证研究 [D]. 武汉：华中农业大学，2011.

[123] 刘小兰. 批发市场交易模式下农产品质量安全研究 [D]. 昆明：昆明理工大学，2014.

[124] 刘学侠，温啸宇. 企业领办型农民合作社新发展模式若干重要问题的讨论 [J]. 农业经济问题，2021（6）：47-59.

[125] 刘颖娴, 郭红东. 资产专用性与中国农民专业合作社纵向一体化经营 [J]. 华南农业大学学报 (社会科学版), 2012, 11 (4): 47-56.

[126] 刘源, 王斌, 朱炜. 纵向一体化模式与农业龙头企业价值实现: 基于圣农和温氏的双案例研究 [J]. 农业技术经济, 2019 (10): 114-128.

[127] 娄博杰. 基于农产品质量安全的农户生产行为研究 [D]. 北京: 中国农业科学院, 2015.

[128] 卢华, 陈仪静, 胡浩, 等. 农业社会化服务能促进农户采用亲环境农业技术吗 [J]. 农业技术经济, 2021 (3): 36-49.

[129] 陆倩, 孙剑, 向云. 农民合作社产权治理现状、类型划分及社员利益比较: 中国为何缺乏有效的农民合作社 [J]. 经济学家, 2016 (9): 86-95.

[130] 陆文聪, 刘聪. 化肥污染对粮食作物生产的环境惩罚效应 [J]. 北京: 中国环境科学, 2017, 37 (5): 1988-1994.

[131] 罗岚, 刘杨诚, 马松, 等. 政府规制、市场收益激励与果农采纳绿色生产技术 [J]. 科技管理研究, 2021, 41 (15): 178-183.

[132] 罗磊, 唐露菲, 乔大宽, 等. 农民合作社培训、社员认知与绿色生产意愿 [J]. 中国农业资源与区划, 2022, 43 (9): 79-89.

[133] 罗千峰, 罗增海. 合作社再组织化的实现路径与增效机制: 基于青海省三家生态畜牧业合作社的案例分析 [J]. 中国农村观察, 2022 (1): 91-106.

[134] 罗小娟, 冯淑怡, 黄挺, 等. 测土配方施肥项目实施的环境和经济效果评价 [J]. 华中农业大学学报 (社会科学版), 2014 (1): 86-93.

[135] 吕杰, 金雪, 韩晓燕. 农户采纳节水灌溉的经济及技术评价研究: 以通辽市玉米生产为例 [J]. 干旱区资源与环境, 2016, 30 (10): 151-157.

[136] 吕美晔, 王凯. 山区农户绿色农产品生产的意愿研究: 安徽皖南山区茶叶生产的实证分析 [J]. 农业技术经济, 2004 (5): 33-37.

[137] 麻丽平, 霍学喜. 农户农药认知与农药施用行为调查研究 [J]. 咸阳: 西北农林科技大学学报 (社会科学版), 2015, 15 (5): 65-71.

[138] 麻丽平. 苹果种植户安全生产行为研究: 基于典型交易模式的比较分析 [D]. 咸阳: 西北农林科技大学, 2017.

[139] 马锞, 李建国, 赖旭辉, 等. 果园管道喷药系统建设及效益分析

[J].中国南方果树，2018，47（2）：165-166.

[140] 马兴栋.苹果种植户标准化生产行为研究：以无公害生产为例 [D].咸阳：西北农林科技大学，2019.

[141] 马彦丽，胡一宁，郗悦平.中国农民专业合作社的异化及未来发展 [J].农村经济，2018（5）：104-109.

[142] 马彦丽.农地股份合作社的固定租金契约优于分成契约：兼论农地股份合作社的功能定位和发展空间 [J].农业经济问题，2019（3）：108-120.

[143] 毛慧，周力，应瑞瑶.契约农业能改善农户的要素投入吗：基于"龙头企业+农户"契约模式分析 [J].南京农业大学学报（社会科学版），2019，19（4）：147-155.

[144] 毛慧，周力，应瑞瑶.风险偏好与农户技术采纳行为分析：基于契约农业视角再考察 [J].中国农村经济，2018（4）：74-89.

[145] 梅星星.中国食用农产品质量安全政府监管制度变迁轨迹 [J].世界农业，2017（2）：184-189.

[146] 聂辉华.契约理论的起源、发展和分歧 [J].经济社会体制比较，2017（1）：1-13.

[147] 聂辉华.不完全契约理论的转变 [J].教学与研究，2011（1）：71-78.

[148] 聂辉华.交易费用经济学：过去、现在和未来：兼评威廉姆森《资本主义经济制度》[J].管理世界，2004（12）：146-153.

[149] 牛若峰.立法要体现合作经济的性质和特点 [J].调研世界，2004（4）：6-7.

[150] 潘璐.村集体为基础的农业组织化：小农户与现代农业有机衔接的一种路径 [J].中国农村经济，2021（1）：112-124.

[151] 潘艳婷，徐秋兰.水稻秸秆还田技术应用效果分析 [J].农业研究与应用，2011（4）：13-15.

[152] 彭佳.农产品市场契约安排与交易模式选择 [J].经济研究导刊，2012（36）：115-116.

[153] 彭满秀，刘红明，李进学，等.修剪方式对幼龄柠檬树产量与效益的影响 [J].湖南农业大学学报（自然科学版），2013，39（5）：519-523.

[154] 彭世彰，和玉璞，杨士红，等.控制灌溉稻田的甲烷减排效果

[J]. 农业工程学报，2013，29（8）：100-107.

[155] 祁春节，顾雨檬，曾彦. 我国柑橘产业经济研究进展 [J]. 华中农业大学学报，2021，40（1）：58-69.

[156] 祁春节，赵玉. 基于交易效率、分工和契约选择视角的农民增收问题研究 [J]. 经济评论，2009（5）：68-75.

[157] 钱龙，洪名勇，龚丽娟，等. 差序格局、利益取向与农户土地流转契约选择 [J]. 中国人口·资源与环境，2015，25（12）：95-104.

[158] 乔家君. 改进的熵值法在河南省可持续发展能力评估中的应用 [J]. 资源科学，2004（1）：113-119.

[159] 乔娟，张翊. 政府干预与道德责任对养殖废弃物治理绩效的影响：基于养殖场户视角 [J]. 中国农业大学学报，2019，24（9）：248-259.

[160] 屈小博，霍学喜. 交易成本对农户农产品销售行为的影响：基于陕西省6个县27个村果农调查数据的分析 [J]. 中国农村经济，2007（8）：35-46.

[161] 屈小博. 不同经营规模农户市场行为研究 [D]. 咸阳：西北农林科技大学，2008.

[162] 权基琢鍫. 工程项目合约治理对承包商合作行为的影响 [D]. 天津：天津大学，2017.

[163] 任大鹏，于欣慧. 论合作社惠顾返还原则的价值：对"一次让利"替代二次返利的质疑 [J]. 农业经济问题，2013，34（2）：44-48.

[164] 任重，薛兴利 基于计划行为理论的粮农质量安全行为实施意愿及其影响因素分析 [J]. 中国农业资源与区划，2016，37（6）：133-138.

[165] 邵科，徐旭初. 成员异质性对农民专业合作社治理结构的影响：基于浙江省88家合作社的分析 [J]. 西北农林科技大学学报（社会科学版），2008（2）：5-9.

[166] 沈兆敏. 世界柑橘产销现状及做强我国柑橘产业的建议 [J]. 果农之友，2020（3）：1-3.

[167] 施晟，卫龙宝，伍骏骞. "农超对接"进程中的溢价产生与分配：基于"农户+合作社+超市"模式创新的视角 [J]. 财贸经济，2012，85-92（9）.

[168] 施晟，卫龙宝，伍骏骞. "农超对接"进程中农产品供应链的合作绩效与剩余分配：基于"农户+合作社+超市"模式的分析 [J]. 中国农村观察，2012（4）：14-28.

[169] 石志恒, 崔民. 个体差异对农户不同绿色生产行为的异质性影响: 年龄和风险偏好影响劳动密集型与资本密集型绿色生产行为的比较 [J]. 西部论坛, 2020, 30 (1): 111-119.

[170] 石志恒, 崔民. 资本禀赋视角下农户绿色生产行为及影响因素 [J]. 开发研究, 2019 (5): 104-110.

[171] 史冰清, 钟真. 农户参与不同产销组织的意愿及影响因素研究: 基于鲁、宁、晋三省 (区) 调研数据的分析 [J]. 中国农村经济, 2012 (9): 13-25.

[172] 税尚楠. 农业经营模式的选择: 资本农场或合作经营 [J]. 农业经济问题, 2013, 34 (8): 32-36, 111.

[173] 宋金田, 祁春节. 交易成本对农户农产品销售方式选择的影响: 基于对柑橘种植农户的调查 [J]. 中国农村观察, 2011 (5): 33-44.

[174] 宋金田, 祁春节. 农户合作行为形成与发展: 基于新制度经济学视角的案例分析 [J]. 华中农业大学学报 (社会科学版), 2013 (6): 44-52.

[175] 宋金田. 新制度经济学视角农户生产经营行为实证研究: 以柑橘种植农户为例 [D]. 武汉: 华中农业大学, 2013.

[176] 宋雅楠, 张璋. "公司+合作社+农户" 模式的契约治理及实践: 以湖北省某县果品专业合作社为例 [J]. 经济论坛, 2019 (1): 78-84.

[177] 宋言奇. 发达地区农民环境意识调查分析: 以苏州市 714 个样本为例 [J]. 中国农村经济, 2010 (1): 53-62.

[178] 宋燕平, 滕瀚. 农业组织中农民亲环境行为的影响因素及路径分析 [J]. 华中农业大学学报 (社会科学版), 2016 (3): 53-60, 134.

[179] 孙红雨, 佟光霁. 绿色贸易壁垒对中俄农产品出口贸易的影响研究 [J]. 改革, 2019 (2): 149-157.

[180] 孙天合, 马彦丽, 孙永珍. 农民专业合作社理事长提高社员有效参与的行为意向研究 [J]. 农业技术经济, 2021 (11): 130-144.

[181] 孙枭雄, 仝志辉. 农产品交易中的 "代办制" 及其实践逻辑 [J]. 中国农村观察, 2021 (2): 2-14.

[182] 孙艳华, 刘湘辉. 紧密垂直协作与农产品质量安全控制的机理分析 [J]. 科学决策, 2009 (6): 29-33.

[183] 谭永风, 陆迁, 张淑霞. 契约农业能否促进养殖户绿色生产转型 [J]. 农业技术经济, 2022 (5): 1801-1807.

[184] 谭智心, 孔祥智. 不完全契约、内部监督与合作社中小社员激励: 合作社内部"搭便车"行为分析及其政策含义 [J]. 中国农村经济, 2012 (7): 17-28.

[185] 唐浩. 农户与市场之间的契约联接方式研究: 交易费用经济学理论框架的应用与完善 [J]. 经济经纬, 2011 (3): 113-117.

[186] 唐林, 罗小锋. 邻里效应能否促使稻农施用生物农药: 基于鄂、赣、浙三省农户调查数据的考察 [J]. 自然资源学报, 2022, 37 (3): 718-733.

[187] 唐宗焜. 合作社功能和社会主义市场经济 [J]. 经济研究, 2007 (12): 11-23.

[188] 唐宗焜. 中国合作社政策与立法导向问题: 国际劳工组织《合作社促进建议书》对中国的意义 [J]. 经济研究参考, 2003 (43): 2-23.

[189] 陶源. 农户减施化肥行为及其效应研究 [D]. 泰安: 山东农业大学, 2021.

[190] 田伟, 易向益, 向平安. 合作社对小农户发展生态农业的影响: 基于倾向得分匹配法的实证分析 [J]. 重庆社会科学, 2021 (6): 53-65.

[191] 田艳丽, 修长柏. 牧民专业合作社利益分配机制的构建: 生命周期视角 [J]. 农业经济问题, 2012, 33 (9): 70-76, 111-112.

[192] 田永胜. 合作社何以供给安全食品: 基于集体行动理论的视角 [J]. 中国农业大学学报 (社会科学版), 2018, 35 (4): 117-126.

[193] 万俊毅, 曾丽军. 合作社类型、治理机制与经营绩效 [J]. 中国农村经济, 2020 (2): 30-45.

[194] 万凌霄, 蔡海龙. 合作社参与对农户测土配方施肥技术采纳影响研究: 基于标准化生产视角 [J]. 农业技术经济, 2021 (3): 63-77.

[195] 汪恭礼, 崔宝玉. 乡村振兴视角下农民合作社高质量发展路径探析 [J]. 经济纵横, 2022 (3): 96-102.

[196] 王常伟, 顾海英. 规模化、农户能力对农产品合格率影响的实证分析 [J]. 农业技术经济, 2017 (11): 4-15.

[197] 王芳, 王宁, 隋明姜, 等. 合作社实施农业标准化分析: 基于河北、吉林、陕西、浙江四省份调查 [J]. 农业技术经济, 2013 (9): 67-75.

[198] 王建华, 马玉婷, 朱湄. 从监管到治理: 政府在农产品安全监管中的职能转换 [J]. 南京农业大学学报 (社会科学版), 2016, 16 (4):

119-129.

[199] 王建华, 钭露露. 环境素养对消费者绿色消费行为的影响研究 [J]. 华中农业大学学报（社会科学版）, 2021 (3)：39-50, 184-185.

[200] 王军, 李霖, 刘亚辉. 农民合作社组建联合社的影响因素分析 [J]. 农业现代化研究, 2021, 42 (4)：703-712.

[201] 王丽佳, 霍学喜. 合作社成员与非成员交易成本比较分析：以陕西苹果种植户为例 [J]. 中国农村观察, 2013 (3)：54-64, 71, 92.

[202] 王丽佳. 交易成本视角的农户合作交易模式研究 [D]. 咸阳：西北农林科技大学, 2013.

[203] 王卫卫. 经营规模对农户柑橘新品种采用行为及效果的影响研究：来自川渝主产区的证据 [D]. 重庆：西南大学, 2021.

[204] 王秀丽, 王士海. 农户农业清洁生产行为的影响因素和实施效果对比分析：以测土配方施肥和高效低毒农药技术为例 [J]. 新疆农垦经济, 2018 (5)：16-23.

[205] 王学婷, 张俊飚, 童庆蒙. 参与农业技术培训能否促进农户实施绿色生产行为：基于家庭禀赋视角的 ESR 模型分析 [J]. 长江流域资源与环境, 2021, 30 (1)：202-211.

[206] 王颖. 交易机制、交易契约与中间性组织理论的构建 [J]. 云南社会科学, 2009 (2)：96-101.

[207] 王颖丹, 王哲, 王永强. 农业生产服务模式的演变历程及其影响研究：以河北省滦县百信合作社为例 [J]. 世界农业, 2022 (6)：115-125.

[208] 王真, 王谋. 自然保护区周边环境友好型农业产业组织模式演进分析：以朱鹮保护区为例 [J]. 生态经济, 2016, 32 (12)：192-197.

[209] 王真. 合作社治理机制对社员增收效果的影响分析 [J]. 中国农村经济, 2016 (6)：39-50.

[210] 王征兵, 许婕, 孙浩杰. 国外发展农民专业合作社的经验及其借鉴：以美国、西班牙和日本为例 [J]. 湖南农业大学学报（社会科学版）, 2010, 11 (2)：61-65.

[211] 王志刚, 吕冰. 蔬菜出口产地的农药使用行为及其对农民健康的影响：来自山东省莱阳、莱州和安丘三市的调研证据 [J]. 中国软科学, 2009 (11)：72-80.

[212] 王志涛, 谢欣. 契约选择与食品的安全供给：基于交易成本的视

角 [J]. 江苏商论, 2013 (10)：3-8.

[213] 王忠锐, 刘德第, 蔡建设. 以专业合作社为龙头促进绿色农业发展：上盘西兰花产业合作社的实践与启示 [J]. 商业研究, 2004 (4)：137-138.

[214] 卫龙宝, 张菲. 交易费用、农户认知及其契约选择：基于浙赣琼黔的调研 [J]. 财贸研究, 2013, 24 (1)：1-8.

[215] 温斐斐, 王礼力. 农民专业合作社社员履行契约行为的影响因素：基于陕西省关中地区的实证分析 [J]. 江苏农业科学, 2014, 42 (10)：415-418.

[216] 温映雪, 刘伟平. 资产专用性与交易频率对农户林业生产环节外包决策的影响 [J]. 东南学术, 2021 (6)：196-205.

[217] 吴彬. 农民专业合作社治理结构：理论与实证研究 [D]. 杭州：浙江大学, 2014.

[218] 吴欢, 刘西川, 扶玉枝. 农民合作社二次返利的增收效应分析：基于浙江 185 家合作社的调查数据 [J]. 湖南农业大学学报 (社会科学版), 2018, 19 (4)：18-26.

[219] 吴锐光, 赵维清. 葡萄合作社社员产品交易行为影响因素分析：基于浙江省实证研究 [J]. 农村经济与科技, 2014, 25 (2)：29-31, 64.

[220] 吴贤荣, 张俊飚, 田云, 等. 中国省域农业碳排放：测算、效率变动及影响因素研究：基于 DEA-Malmquist 指数分解方法与 Tobit 模型运用 [J]. 资源科学, 2014, 36 (1)：129-138.

[221] 吴雪莲, 张俊飚, 何可, 等. 农户水稻秸秆还田技术采纳意愿及其驱动路径分析 [J]. 资源科学, 2016, 38 (11)：2117-2126.

[222] 吴颖, 肖源, 苏洪, 等. 基于参照点的产学研知识产权冲突协调契约设计 [J]. 中国管理科学, 2021, 29 (1)：168-177.

[223] 西奥多·舒尔茨. 改造传统农业 [M]. 梁小民, 译. 北京：商务印书馆, 1999.

[224] 肖端. 不完全契约视野的农民合作社组织绩效比较及其提升策略 [J]. 宏观经济研究, 2016 (5)：128-138.

[225] 肖文韬. 交易封闭性、资产专用性与农村土地流转 [J]. 学术月刊, 2004 (4)：37-42.

[226] 谢欣. 契约选择、治理机制与食品质量安全控制：A 集团的案例研究 [D]. 郑州：河南工业大学, 2014.

[227] 幸家刚. 新型农业经营主体农产品质量安全认证行为研究 [D].杭州：浙江大学, 2016.

[228] 熊焰. 控制机制、合作行为与供应商绩效关系研究 [J]. 管理科学, 2009, 22 (1): 30-38.

[229] 熊鹰, 何鹏. 绿色防控技术采纳行为的影响因素和生产绩效研究：基于四川省水稻种植户调查数据的实证分析 [J]. 中国生态农业学报（中英文）, 2020, 28 (1): 136-146.

[230] 徐虹, 林钟高, 吴玉莲. 内部控制治理契约：一个理论框架：从交易成本、信任与不确定性的组织内合作的角度分析 [J]. 审计与经济研究, 2009, 24 (2): 81-88.

[231] 徐细雄, 谭瑾. 高管薪酬契约、参照点效应及其治理效果：基于行为经济学的理论解释与经验证据 [J]. 南开管理评论, 2014, 17 (4): 36-45.

[232] 徐晓鹏. 农户农药施用行为变迁的社会学考察：基于我国 6 省 6 村的实证研究 [J]. 中国农业大学学报（社会科学版）, 2017, 34 (1): 38-45.

[233] 徐旭初, 金建东. 联合社何以可能：基于典型个案的实践逻辑研究 [J]. 农业经济问题, 2021 (1): 107-120.

[234] 徐旭初, 吴彬, 高钰玲. 合作社的质性与现实：一个基于理想类型的类型学研究 [J]. 东岳论丛, 2014, 35 (4): 86-92.

[235] 徐旭初. 农民专业合作组织立法的制度导向辨析：以《浙江省农民专业合作社条例》为例 [J]. 中国农村经济, 2005 (6): 19-24.

[236] 徐志刚, 朱哲毅, 邓衡山, 等. 产品溢价、产业风险与合作社统一销售：基于大小户的合作博弈分析 [J]. 中国农村观察, 2017 (5): 102-115.

[237] 薛宝飞. 组织支持对农户农产品质量控制行为影响研究 [D].咸阳：西北农林科技大学, 2019.

[238] 薛莹. 基于交易费用视角农户农业生产性服务行为与契约选择研究：以东北玉米生产为例 [D]. 沈阳：沈阳农业大学, 2020.

[239] 薛洲, 曹光乔. 农户采纳信息服务意愿分析 [J]. 华南农业大学学报（社会科学版）, 2017, 16 (2): 60-70.

[240] 闫贝贝, 刘天军. 信息服务、信息素养与农户绿色防控技术采纳：基于陕西省 827 个苹果种植户的调研数据 [J]. 干旱区资源与环境,

2022, 36（5）：46-52.

　　[241] 严静娴，陈昭玖. 资源禀赋、交易费用与农户销售契约的选择 [J]. 商业经济研究，2016（17）：166-168.

　　[242] 严玲，王智秀，邓娇娇. 建设项目承包人履约行为的结构维度与测量研究：基于契约参照点理论 [J]. 土木工程学报，2018，51（8）：105-117.

　　[243] 严文高. 农业废弃物循环利用技术采纳的农户响应及影响因素的实证研究 [D]. 武汉：华中农业大学，2013.

　　[244] 杨春红，凌志东. 农业节水项目社会效益产生机理分析 [J]. 安徽农业科学，2007（9）：2800-2801.

　　[245] 杨柳，万江红. 农业产业化中企业与合作社的关系结构研究 [J]. 学习与实践，2018（5）：107-114.

　　[246] 杨明洪. 农业产业化经营组织形式演进：一种基于内生交易费用的理论解释 [J]. 中国农村经济，2002（10）：11-15，20.

　　[247] 杨志海，王洁. 劳动力老龄化对农户粮食绿色生产行为的影响研究：基于长江流域六省农户的调查 [J]. 长江流域资源与环境，2020，29（3）：725-737.

　　[248] 杨致瑷. 农业供给侧改革背景下绿色生产方式的作用和意义 [J]. 安徽农业科学，2017，45（14）：211-215.

　　[249] 姚文，祁春节. 茶叶主产区订单农业有效性及契约稳定性研究：以西南地区茶叶生产为例 [J]. 农业现代化研究，2017，38（1）：89-95.

　　[250] 殷慧慧，刘永悦，刘从敏. 蔬菜"农超对接"绩效评价研究：以中国黑龙江省哈尔滨市"农户+合作社+超市"为例 [J]. 世界农业，2015（8）：48-52.

　　[251] 应瑞瑶，王瑜. 交易成本对养猪户垂直协作方式选择的影响：基于江苏省542户农户的调查数据 [J]. 中国农村观察，2009（2）：46-56.

　　[252] 应瑞瑶，薛莘绮，周力. 基于垂直协作视角的农户清洁生产关键点研究：以生猪养殖业为例 [J]. 资源科学，2014，36（3）：612-619.

　　[253] 于超，张园园，孙世民. 基于全过程的规模养猪场户清洁生产认知与行为分析：以山东省509家规模养猪场户的调查为例 [J]. 农村经济，2018（9）：62-69.

　　[254] 于艳丽. 地理标志保护下茶农绿色生产行为及其收入效应研究

［D］．咸阳：西北农林科技大学，2020.

［255］余建宇，高坚盾．现代农业合作社质量控制与激励机制：以法国Savéol番茄合作社为例［J］．中国农民合作社，2014（11）：66-68.

［256］余威震，罗小锋，李容容，等．绿色认知视角下农户绿色技术采纳意愿与行为悖离研究［J］．资源科学，2017，39（8）：1573-1583.

［257］俞雅乖．农业产业化契约类型及稳定性分析：基于资产专用性视角［J］．贵州社会科学，2008（2）：99-105.

［258］袁雪霈，刘天军，侯晓康．交易模式对农户安全生产行为的影响：来自苹果主产区1001户种植户的实证分析［J］．农业技术经济，2019（10）：27-37.

［259］袁雪霈．合作社对苹果种植户安全生产行为的影响研究［D］．咸阳：西北农林科技大学，2019.

［260］苑鹏．中国特色的农民合作社制度的变异现象研究［J］．中国农村观察，2013（3）：40-46，91-92.

［261］张灿强，王莉，华春林，等．中国主要粮食生产的化肥削减潜力及其碳减排效应［J］．资源科学，2016，38（4）：790-797.

［262］张复宏，宋晓丽，霍明．苹果种植户采纳测土配方施肥技术的经济效果评价：基于PSM及成本效率模型的实证分析［J］．农业技术经济，2021（4）：59-72.

［263］张红宇．中国农业管理体制：问题与前景：相关的国际经验与启示［J］．管理世界，2003（7）：90-98.

［264］张晖，虞祎，胡浩．不同类型农户对于畜牧业污染认知差异研究［J］．山西农业大学学报（社会科学版），2011，10（3）：234-238.

［265］张会．产业链组织模式对农户安全农产品生产影响研究［D］．咸阳：西北农林科技大学，2012.

［266］张静．交易费用与农户契约选择：来自梨农调查的经验证据［D］．杭州：浙江大学，2009.

［267］张俊．农民专业合作社营销渠道模式与选择研究［D］．武汉：华中农业大学，2015.

［268］张康洁，于法稳，尹昌斌．产业组织模式对稻农绿色生产行为的影响机制分析［J］．农村经济，2021（12）：72-80.

［269］张康洁．产业组织模式视角下稻农绿色生产行为研究［D］．北

京：中国农业科学院，2021.

[270] 张利国，刘芳，王慧芳.水稻种植农户产品营销方式选择行为分析 [J].农业技术经济，2015（3）：54-60.

[271] 张利国.垂直协作方式对水稻种植农户化肥施用行为影响分析：基于江西省189户农户的调查数据 [J].农业经济问题，2008（3）：50-54.

[272] 张露，罗必良.农业减量化：农户经营的规模逻辑及其证据 [J].中国农村经济，2020（2）：81-99.

[273] 张露，唐晨晨，罗必良.土地流转契约与农户化肥施用：基于契约盈利性、规范性和稳定性三个维度的考察 [J].农村经济，2021（9）：1-8.

[274] 张明月，薛兴利，郑军.合作社参与"农超对接"满意度及其影响因素分析：基于15省580家合作社的问卷调查 [J].中国农村观察，2017（3）：87-101.

[275] 张童朝，颜廷武，何可，等.资本禀赋对农户绿色生产投资意愿的影响：以秸秆还田为例 [J].中国人口·资源与环境，2017，27（8）：78-89.

[276] 张巍，于宇，沈淑霞.农药污染对生态环境的影响分析与可持续治理对策 [J].价值工程，2020，39（19）：103-104.

[277] 张五常.交易费用的范式 [J].社会科学战线，1999（1）：2.

[278] 张晓山.大户和龙头企业领办合作社是当前中国合作社发展的现实选择 [J].中国合作经济，2012（4）：10-11.

[279] 张艳，祁春节.水果种植者鲜果流通模式选择意愿影响因素的实证研究：基于全国4省（市）21县560个柑橘种植者的调查 [J].华中农业大学学报（社会科学版），2013（5）：86-92.

[280] 张艳平，武拉平.基于"农户+合作社+公司"型订单农业执行情况及影响因素探析：以山东胶州农村合作社白菜订单为例 [J].江西农业大学学报（社会科学版），2012，11（4）：7-12.

[281] 张益丰，颜冠群.农产品交易市场能成为小农户与现代农业有机衔接的载体吗：基于供应链学习理论的案例比较 [J].农业经济问题，2021（12）：69-80.

[282] 张益丰.社会关系治理、合作社契约环境及组织结构的优化 [J].社会学研究，2019（4）：69-81.

[283] 张益丰. 社会关系治理、合作社契约环境及组织结构的优化 [J]. 中国合作经济评论, 2018 (2): 94-110.

[284] 张云华, 孔祥智, 罗丹. 安全食品供给的契约分析 [J]. 农业经济问题, 2004 (8): 25-28, 79.

[285] 张正岩, 王志刚, 孙文策, 等. 何以破解特困地区合作社的集体行动困境: 基于社会资本视阈的多案例分析 [J]. 农业经济问题, 2022 (3): 1-20.

[286] 赵财, 黄高宝, 邓忠. 三种节水灌溉技术对日光温室黄瓜生产效率及经济效益的影响 [J]. 甘肃农业大学学报, 2006 (1): 52-55.

[287] 赵昶, 孔祥智, 仇焕广. 农业经营规模扩大有助于化肥减量吗: 基于全国 1274 个家庭农场的计量分析 [J]. 农业技术经济, 2021 (4): 110-121.

[288] 赵佳佳, 刘天军, 田祥宇. 合作意向、能力、程度与 "农超对接" 组织效率: 以 "农户+合作社+超市" 为例 [J]. 农业技术经济, 2014 (7): 105-113.

[289] 赵建欣, 王俊阁. 农民专业合作组织农产品质量控制机制分析: 基于浙江临海合作社的调查 [J]. 农业经济, 2010 (3): 61-63.

[290] 赵建欣, 张忠根. 农户安全蔬菜供给决策机制实证分析: 基于河北省定州市、山东省寿光市和浙江省临海市菜农的调查 [J]. 农业技术经济, 2009 (5): 31-38.

[291] 赵鹏程, 原贺贺. 农民合作社对农民组织化的作用探究: 基于四川省示范合作社的调查 [J]. 农村经济, 2015 (3): 126-129.

[292] 赵冉, 苏群. 美国、日本农业合作社发展特点及启示 [J]. 世界农业, 2016 (5): 26-29, 218.

[293] 赵晓峰. 信任建构、制度变迁与农民合作组织发展: 一个农民合作社规范化发展的策略与实践 [J]. 中国农村观察, 2018 (1): 14-27.

[294] 赵晓颖, 郑军, 张明月, 等. "茶农+种植合作社" 模式下茶农绿色生产行为影响因素分析: 基于委托-代理理论 [J]. 世界农业, 2020 (1): 72-80, 130-131.

[295] 赵晓颖. 蔬菜家庭农场绿色生产行为研究: 以绿色施药和绿色施肥为例 [D]. 泰安: 山东农业大学, 2022.

[296] 郑丹. 农民专业合作社盈余分配状况探究 [J]. 中国农村经济,

2011（4）：74-80.

[297] 郑凤田，王若男，刘爽，等. 合作社自办企业能否更好地带动农户增收？：基于纵向外部性与不完全契约理论 [J]. 中国农村经济，2021（8）：80-102.

[298] 郑少红，王诗俊，郑小玲. 基于后SCP分析范式的"公司+合作社+农户"契约关系分析 [J]. 台湾农业探索，2013（4）：47-51.

[299] 郑旭媛，张晓燕，林庆林，等. 施肥外包服务对兼业农户化肥投入减量化的影响 [J]. 农业技术经济，2022：1-17.

[300] 郅正鸿，魏顺泽. 种植专业合作社纵向一体化经营对农产品质量安全的影响：基于四川甘阿地区的调研 [J]. 安徽农业科学，2017，45（23）：239-242.

[301] 钟真，孔祥智. 产业组织模式对农产品质量安全的影响：来自奶业的例证 [J]. 管理世界，2012（1）：79 92.

[302] 钟真，穆娜娜，齐介礼. 内部信任对农民合作社农产品质量安全控制效果的影响：基于三家奶农合作社的案例分析 [J]. 中国农村经济，2016（1）：40-52.

[303] 钟真，王舒婷，孔祥智. 成员异质性合作社的制度安排与合作稳定性：以三家奶农合作社为例 [J]. 2017（6）：1-8.

[304] 钟真，张琛，张阳悦. 纵向协作程度对合作社收益及分配机制影响：基于4个案例的实证分析 [J]. 中国农村经济，2017（6）：16-29.

[305] 钟真 生产组织方式、市场交易类型与生鲜乳质量安全：基于全面质量安全观的实证分析 [J]. 农业技术经济，2011（1）：13-23.

[306] 周力，薛苹绮. 基于纵向协作关系的农户清洁生产行为研究：以生猪养殖为例 [J]. 南京农业大学学报（社会科学版），2014，14（3）：29-36.

[307] 周霞，邓秀丽. 基于交易频率的农产品交易机制选择研究 [J]. 山东科技大学学报（社会科学版），2012，14（3）：71-77.

[308] 周月书，彭媛媛. 参加合作社如何影响规模农户商业信用获得 [J]. 南开经济研究，2022（6）：87-103.

[309] 周振，孔祥智. 资产专用性、谈判实力与农业产业化组织利益分配：基于农民合作社的多案例研究 [J]. 中国软科学，2017（7）：28-41.

[310] 朱茂然，钱泽森. "农超对接"供应链稳定性的影响因素分析：以"农户+合作社+超市"为例 [J]. 湖北农业科学，2018，57（16）：138-142.

［311］朱宁. 畜禽养殖户废弃物处理及其对养殖效果影响的实证研究：以蛋鸡粪便处理为例［D］. 北京：中国农业大学，2014.

［312］朱涛，邹双. 资产专用性、交易频率与农民专业合作社［J］. 中州大学学报，2013，30（2）：7-10.

［313］朱玮晗，陈梅英. 家庭资源禀赋对农户绿色生产行为影响的研究：基于福建省 458 户茶农的调查数据［J］. 台湾农业探索，2021（1）：27-31.

［314］朱哲毅，邓衡山，应瑞瑶. 价格谈判、质量控制与农民专业合作社农资购买服务［J］. 中国农村经济，2016（7）：48-58.

［315］朱哲毅，宁可，刘增金. 契约安排与合作社绿色生产行为：市场监督 VS 组织约束［J］. 世界农业，2021（2）：108-118.

［316］邹杰玲，董政祎，王玉斌. "同途殊归"：劳动力外出务工对农户采用可持续农业技术的影响［J］. 中国农村经济，2018（8）：83-98.

［317］邹薇，方迎风. 中国农村区域性贫困陷阱研究：基于"群体效应"的视角［J］. 经济学动态，2012（6）：3-15.

［318］ABDOLLAHZADEH G, SHARIFZADEH M S, DAMALAS C A. Perceptions of the beneficial and harmful effects of pesticides among Iranian rice farmers influence the adoption of biological control［J］. Crop Protection, 2015, 75：124-131.

［319］ABDULAI A, BIRACHI E A. Choice of coordination mechanism in the Kenyan fresh milk supply chain［J］. Review of Agricultural Economics, 2010, 31（1）：103-121.

［320］ABEBAW D, HAILE M G. The impact of cooperatives on agricultural technology adoption：Empirical evidence from Ethiopia［J］. Food Policy, 2013, 38：82-91.

［321］ADEGBESAN J. A, HIGGINS M J. The intra-alliance division of value created through collaboration［J］. Strategic Management Journal, 2011, 32（2）：187-211.

［322］AJATES R. An integrated conceptual framework for the study of agricultural cooperatives：from repolitisation to cooperative sustainability［J］. Journal of Rural Studies, 2020, 78：467-479.

［323］AJZEN I. The theory of planned behavior, organizational behavior and human decision processes [J]. Journal of Leisure Research, 1991, 50 (2): 176-211.

[324] ARROW K J. The organization of economic activity: Issues pertinent to the choice of market versus non-market allocation [J]. Government Printing Office. 1969.

[325] BAGHERI A, EMAMI N, ALLAHYARI M S, et al. Pesticide handling practices, health risks, and determinants of safety behavior among Iranian apple farmers [J]. Human and ecological risk assessment, 2018, 24 (8): 2209-2223.

[326] BARHAM B L, WEBER J G. The Economic Sustainability of Certified Coffee: Recent Evidence from Mexico and Peru [J]. World Development, 2012, 40 (6): 1269-1279.

[327] BARTON D. What Is a Cooperative? Unpublished paper, Arthur Capper Cooperative Center, Kansa State University, USA, 2000.

[328] BARZEL Y. Economic analysis of property rights [M]. Cambridge Books, 1997.

[329] BERNARD T, SPIELMAN D. Reaching the Rural Poor through Rural Producer Organizations? A Study of Agricultural Marketing Cooperatives in Ethiopia [J]. Food Policy, 2009, 34 (1): 60-69.

[330] BERNARD T, TAFFESSE A. S, GABRE-MADHIN E. Impact of cooperatives on smallholders' commercialization behavior: evidence from Ethiopia [J]. Agricultural Economics, 2008, 39 (2): 147-161.

[331] BERTHON P, PITT L. F, EWING M. T, et al. Norms and power in marketing relationships: Alternative theories and empirical evidence [J]. Journal of Business Research, 2003, 56 (9): 699-709.

[332] BIJMAN J, CECHIN A, PASCUCCI S. From governance structure to governance mechanisms: opening the black box of the member-cooperative relationship [C]. Economics and Management of Networks Conference, Agadir, Morocco, 2013.

[333] BLACKMAN A, NARANJO M A. Does eco-certification have environmental benefits? Organic coffee in Costa Rica [J]. Ecological Economics, 2012, 83: 58-66.

[334] BONUS H. The cooperative association as a business enterprise: a study in the economics of transactions [J]. Journal of Institutional and Theoretical Economics (JITE), 1986 (6): 26-28.

[335] BRAVO-URETA B E, LEE T C. Socioeconomic and technical characteristics of New England dairy cooperative members and nonmembers [J]. Journal of Agricultural Cooperation, 1988, 3: 12-27.

[336] BRUYNIS C L, GOLDSMITH P D, HAHN D E, et al. Key success factors for emerging agricultural marketing cooperatives [J]. Journal of Cooperatives, 2000, 16: 14-24.

[337] CHAGWIZA C, MURADIAN R, RUBEN R. Cooperative membership and dairy performance among smallholders in Ethiopia [J]. Food Policy, 2016, 59: 165-173.

[338] CHANG A S, SHEN F Y. Effectiveness of coordination methods in construction projects [J]. Journal of Management in Engineering, 2013, 30 (3): 04014008.

[339] CHARALAMBOUS M, FRYER P J, PANAYIDES S, et al. Implementation of Food Safety Management Systems in small food businesses in Cyprus [J]. Food Control, 2015, 57: 70-75.

[340] COASE R H. The Nature of the Firm [J]. Economica, 1937, 4 (16): 386-405.

[341] COOK. The Future of U. S. agricultural cooperatives: a Neo-Institutional approach [J]. American Journal of Agricultural Economics, 1995, 77 (5): 1153-1159.

[342] DAMALAS C A. Farmers' intention to reduce pesticide use: the role of perceived risk of loss in the model of the planned behavior theory [J]. Environmental Science and Pollution Research, 2021, 28 (26): 35278-35285.

[343] DEKKER H C. Control of inter-organizational relationships: evidence on appropriation concerns and coordination requirements [J]. Accounting, Organizations and Society, 2004, 29 (1): 27-49.

[344] DENG H HUANG J, XU Z, et al. Policy support and emerging farmer professional cooperatives in rural China [J]. China Economic Review, 2010, 21 (4): 495-507.

［345］DENG W, HENDRIKE G. Uncertainties and governance structure in incentives provision for product quality ［M］. Berlin Heidelberg: Springer, 2013.

［346］EATON, CHARLES, SHEPHERD, et al. Andrew, contract farming partnerships for growth ［J］. FAO Agricultural Services Bulletin, 2001 (145).

［347］FAEMS D, JANSSENS M, MADHOK A, et al. Toward an integrative perspective on alliance governance: Connecting contract design, trust dynamics, and contract application ［J］. Academy of Management Journal, 2008, 51 (6): 1053-1078.

［348］FARES M, OROZCO L. Tournament mechanism in wine-grape contracts: evidence from a french wine Cooperative ［J］. Journal of Wine Economics, 2014, 9 (3): 320-345.

［349］FATAS E, JIMENEZ F, MORALES A. Blind Fines in Cooperatives ［J］. Applied Economic Perspectives and Policy, 2010, 32 (4): 564-587.

［350］FERTO I, SZABO G. The choice of the supply channels in hungarian fruit and vegetable sector. Long Beach Paper presented at the American Agricultural Economics Association Annual Meeting, 2002.

［351］FISCHER E, QAIM M. Linking Smallholders to Markets: Determinants and Impacts of Farmer Collective Action in Kenya ［J］. World Development, 2012, 40 (6): 1255-1268.

［352］GARNEVSKA E, LIU G, SHADBOLT N M. Factors for Successful Development of Farmer cooperatives in Northwest China ［J］. International Food and Agribusiness Management Review, 2011, 14 (4): 69-84.

［353］GAVA O, ARDAKANI Z, DELALIC A, et al. Agricultural cooperatives contributing to the alleviation of rural poverty. The case of Konjic (Bosnia and Herzegovina) ［J］. Journal of Rural Studies, 2021, 82: 328-339.

［354］GOODHUE R E, HEIEN D, LEE H, et al. Contract and quality in the california wine grape industry ［J］. Review of Industrial Organization, 2003, 23 (2) : 277.

［355］GROSSMAN S J, HART O D. The costs and benefits of ownership: A theory of vertical and lateral integration ［J］. The Journal of Political Economy, 1986, 94 (4): 691-719.

[356] HAKELIUS K, HANSSON H. Members' attitudes towards cooperatives and their perception of agency problems [J]. International Food and Agribusiness Management Review, 2016, 19 (4): 23-36.

[357] HAO J, BIJMAN J, GARDEBROEK C, et al. Cooperative membership and farmers' choice of marketing channels − Evidence from apple farmers in Shaanxi and Shandong Provinces, China [J]. Food Policy, 2018, 74: 53-64.

[358] HARADA H, KOBAYASHI H, SHINDO H. Reduction in greenhouse gas emissions by no-tilling rice cultivation in Hachirogata polder, northern Japan: Life-cycle inventory analysis [J]. Soil science and Plant Nutrition, 2010, 53 (5): 668-677.

[359] HART O, MOORE J. A theory of debt based on the inalienability of human capital [J]. Quarterly Journal of Economics, 1994, 109 (4): 841-879.

[360] HART O, MOORE J. Contracts as reference points [J]. Quarterly Journal of Economics, 2008, 123 (1): 1-48.

[361] HART O, MOORE J. Debt and seniority: Ananalysis of the role of hard claims in constraining management [J]. American Economic Review, 1995, 85 (3): 567-585.

[362] HART O, MOORE J. Default and renegotiation: A dynamic model of debt [J]. Quarterly Journal of Economics, 1998, 113 (1): 1-41.

[363] HART O, MOORE J. Incomplete contracts and ownership: Some new thoughts [J]. American Economic Review, 2007, 97 (2): 182-186.

[364] HART O, MOORE J. On the design of hierarchies: Coordination versus specialization [J]. Journal of Political Economy, 2005, 113 (4): 675-702.

[365] HART O, MOORE J. Property rights and the nature of the firm [J]. Journal of Political Economy, 1990, 98 (6): 1119-1158.

[366] HART O, MOORE J. The governance of exchanges: members' cooperatives versus outside ownership [J]. Oxford Review of Economic Policy, 1996, 12 (4): 53-69.

[367] HART O. A new bank ruptcy procedure that uses Multiple auctions [J]. European Economic Review, 1997, 41 (3-5): 461-473.

[368] HART O. Firms, Contracts, and Financial Structure [D]. Oxford University Press, 1995.

[369] Hayenga, M L. The U. S. Pork Sector: changing structure and organization [D]. Ames. IA, United States: Iowa State University Press, 1985.

[370] HECKMAN J J. Dummy endogenous variables in a simultaneous equation system [R]. National Bureau of Economic Research, 1977.

[371] HELLIN J, LUNDY M, MEIJER M. Farmer organization, collective action and market access in Meso-America [J]. Food Policy, 2009, 34 (1): 16-22.

[372] HENDRIKSE G W J, VEERMAN C P. Marketing Co-operatives: An Incomplete Contracting Perspective [J]. Journal of Agricultural Economics, 2008, 52 (1): 53-64.

[373] HENDRIKSE G W J. On the co-existence of spot and contract markets: the delivery requirement as contract externality [J]. European Review of Agricultural Economics, 2007, 34 (2): 257 282.

[374] HENNESSY D A. Information asymmetry as a reason for food industry vertical integration [J]. American Journal of Agricultural Economics, 1996, 78 (4): 1034-1043.

[375] HOBBS J E, YOUNG L M. Closer vertical co-ordination in agri-food supply chains: A conceptual framework and some preliminary evidence [J]. Supply Chain Management, 2000, 5 (3): 131-143.

[376] HOLMSTROM B, PAUL M. Multi task principal agent analyses: Incentive contracts, Asset ownership and job design [J]. Journal of Law, Economics and Organization, 1991, 7: 24-52.

[377] HOLMSTROM B. Moral Hazard and Obesrvability [J]. Bell Journal of Economics, 1979, 10 (1) : 74-91.

[378] HUFFMAN W E. Agricultural household models: survey and critique. In M. C. Hallberg, J. L. Findeis, & D. A. lass (Eds.), multiple job-holding among farm families. [M]. Ames, IA: Iowa State University Press, 1991.

[379] IBANEZ M, BLACKMAN A. Is Eco-Certification a Win-Win for Developing Country Agriculture? Organic Coffee Certification in Colombia [J]. World Development, 2016, 82: 14-27.

[380] JHA K N, IYER K C. Critical determinants of project coordination

[J]. International journal of project management, 2006, 24 (4): 314-322.

[381] JHA K N, MISRA S. Ranking and classification of construction coordination activities in Indian projects [J]. Construction Management and Economics, 2007, 25 (4): 409-421.

[382] JI C, CHEN Q, TRIENEKENS J, et al. Determinants of cooperative pig farmers' safe production behaviour in China—Evidences from perspective of cooperatives' services [J]. Journal of Integrative Agriculture, 2018, 17 (10): 2345-2355.

[383] JI C, JIN S, WANG H, et al. Estimating effects of cooperative membership on farmers' safe production behaviors: Evidence from pig sector in China [J]. Food Policy, 2019, 83: 231-245.

[384] JOSKOW P L. Contract Duration and Relationship-Specific Investments: Empirical Evidence from Coal Markets [J]. The American Economic Review, 1987, 77 (1): 168-185.

[385] KASSIE M, JALETA M, SHIFERAW B, et al. Adoption of interrelated sustainable agricultural practices in smallholder systems: Evidence from rural Tanzania [J]. Technological Forecasting and Social Change, 2013, 80 (3): 525-540.

[386] KIM K. On determinants of joint action in industrial distributor supplier relationships: Beyond economic efficiency [J]. International journal of research in marketing, 1999, 16 (3): 217-236.

[387] KIREZIEVA K, BIJMAN J, JACXSENS L, et al. The role of cooperatives in food safety management of fresh produce chains: Case studies in four strawberry cooperatives [J]. Food Control, 2016, 62: 299-308.

[388] KLEEMANN L, ABDULAI A. Organic certification, agro-ecological practices and return on investment: Evidence from pineapple producers in Ghana [J]. Ecological Economics, 2013, 93: 330-341.

[389] KLEIN B. Contracts and incentives: The role of contract terms in assuring performance [C]. Contract economics, U. S.: Blackwell, 1992: 149.

[390] KLEIN W A, GULATI M. Economic organization in the construction industry: A case study of collaborative production under high uncertainty [J]. Berkeley Business Law Journal, 2004, 1: 137-174.

[391] LARSSON R. The H&s hake between invisible and visible hands [J]. International Studies of Management and Organization, 1993, 23 (1): 87-106.

[392] LAWRENCE P, LORSCH J. Organization and Environment [M]. Boston: Harvard Business School Press, 1967.

[393] LAZEAR, EDWARD, SHERWIN. Rank Order Tournament as Optimal Labor Contracts [J]. Journal of Political Economy, 1981, 89: 841-64.

[394] LEIBLEIN M J. The choice of organizational governance form and performance: Predictions from transaction cost, resource-based, and real options theories [J]. Journal of Management, 2003, 29 (6): 937-961.

[395] LI H, LIU Y, ZHAO X, et al. Estimating effects of cooperative membership on farmers' safe production behaviors: evidence from the rice sector in China [J]. Environmental Science and Pollution Research, 2021, 28 (20): 25400-25418.

[396] LI Q, ZENG F, MEI H, et al. Roles of motivation, opportunity, ability, and trust in the willingness of farmers to adopt green fertilization techniques [J]. Sustainability, 2019, 11 (24): 6902.

[397] LIU R, GAO Z, YAN G, et al. Why should we protect the interests of "green food" certified product growers? evidence from kiwifruit production in China [J]. Sustainability, 2018, 10 (12): 4797.

[398] LIU T, WU G. Does agricultural cooperative membership help reduce the overuse of chemical fertilizers and pesticides? Evidence from rural China [J]. Environ Sci Pollut Res Int, 2022, 29 (5): 7972-7983.

[399] LIU Y, MA W, RENWICK A, et al. The role of agricultural cooperatives in serving as a marketing channel: evidence from low-income regions of Sichuan province in China [J]. International Food and Agribusiness Management Review, 2019, 22 (2): 265-282.

[400] LOKSHIN M S Z. Maximum-likelihood estimation of endogenous switching regression models [J]. Stata Journal Promoting Communications on Statistics & Stata, 2004, 4 (3): 282-289.

[401] LU C, FENSKE R A, SIMCOX N J, et al. Pesticide exposure of children in an agricultural community: evidence of household proximity to farmland and take home exposure pathways [J]. Environmental Research, 2000, 84

（3）：290-302.

［402］LU H, TRIENEKENS J H, OMTA S W F. Guanxi networks buyer-seller relationships. and farmers`participation in modern vegetable markets in China ［J］. Journal of International Food and Agribusiness Marketing, 2010, 22: 70-93.

［403］LUMINEAU F, HENDERSON J E. The influence of relational experience andcontractual governance on the negotiation strategy in buyer – supplier disputes ［J］. Journal of Operations Management, 2012, 30 （5）: 382-395.

［404］LUMINEAU F, QUÉLIN B V. An empirical investigation of interorganizational opportunism and contracting mechanisms ［J］. Strategic Organization, 2012, 10 （1）: 55-84.

［405］LUO Y. Contract, cooperation, and performance in international joint ventures ［J］. Strategic Management Journal, 2002, 23 （10）: 903-919.

［406］LUSCH R F, BROWN J R. Interdependency, contracting, and relational behavior in marketing channels ［J］. The Journal of Marketing, 1996, 60 （4）: 19-38.

［407］MA W, ABDULAI A, GOETZ R. Agricultural cooperatives and investment in organic soil amendments and chemical fertilizer in China ［J］. American Journal of Agricultural Economics, 2017, 100 （2）: 502-520.

［408］MA W, ABDULAI A, MA C. The effects of off – farm work on fertilizer and pesticide expenditures in China ［J］. Review of development economics, 2018, 22 （2）: 573-591.

［409］MA W, ABDULAI A. IPM adoption, cooperative membership and farm economic performance: Insight from apple farmers in China ［J］. China Agricultural Economic Review, 2019, 11 （2）: 218-236.

［410］MALHOTRA D, LUMINEAU F. Trust and collaboration in the aftermath of conflict: The effects of contract structure ［J］. Academy of Management Journal, 2011, 54 （5）: 981-998.

［411］MARKELOVA H, MWANGI E. Collective action for smallholder market access: evidence and implications for africa ［J］. Review of Policy Research, 2010, 27 （5）: 621-640.

［412］MCCAIN R A. Cooperative games and cooperative organizations

[J]. The Journal of Socio-Economics, 2008, 37 (6): 2155-2167.

[413] MELLEWIGT T, MADHOK A, WEIBEL A. Trust and formal contracts in interorganizational relationships substitutes and, complements [J]. Managerial and Decision Economics, 2007, 28 (8): 833-847.

[414] MENARD C. Maladaptation of regulation to hybrid organizational forms [J]. International review of law and economics, 1998, 18 (4): 403-417.

[415] MICHALEK J, CIAIAN P, POKRIVCAK J. The impact of producer organizations on farm performance: The case study of large farms from Slovakia ☆ [J]. Food Policy, 2018, 75: 80-92.

[416] MILGROM P R. Employment contracts, influence activities, and efficient organization design [J]. The Journal of political economy, 1988, 96 (1): 42-60.

[417] MOUSTIER P, TAM P T G, ANH D T, et al. The role of farmer organizations in supplying supermarkets with quality food in Vietnam [J]. Food Policy, 2010, 35 (1): 69-78.

[418] NAZARI A, KEYPOUR R. A cooperative expansion program for Disco and independent microgrids based on a bargaining framework [J]. Sustainable Energy, Grids and Networks, 2019, 20: 147.

[419] NAZIRI D, AUBERT M, CODRON J, et al. Estimating the Impact of Small-Scale Farmer Collective Action on Food Safety: The Case of Vegetables in Vietnam [J]. The Journal of Development Studies, 2014 50 (5): 715-730.

[420] NIU Z. Peer effects, attention allocation and farmers' adoption of cleaner production technology: Taking green control techniques as an example [J]. Journal of Cleaner Production, 2022, 20: 339.

[421] NORTH D C. Transaction costs, institution s and economic history [J]. Journal of Institutional and Theoretical Economics, 1984, 140: 7-17.

[422] OLSON M. The logic of collective action: public goods and the theory of groups [M]. Cambridge, Massachusetts: Harvard University Press, 1971.

[423] OMAMO S W. Farm - to - market transaction costs and specialisation in small - scale agriculture: Explorations with a non - separable household model [J]. The Journal of Development Studies, 1998, 35 (2): 152-163.

[424] PAN Y, REN Y, LUNING P A. Factors influencing Chinese farmers'

proper pesticide application in agricultural products – A review [J]. Food Control, 2021, 122: 107788.

[425] PAPISTA E, KRYSTALLIS A. Investigating the types of value and cost of green brands: proposition of a conceptual framework [J]. Journal of Business Ethics, 2013, 115 (1): 75-92.

[426] PASCUCCI S, GARDEBROEK C, DRIES L. Some like to join, others to deliver: an econometric analysis of farmers' relationships with agricultural co – operatives [J]. European Review of Agricultural Economics, 2011, 39 (1): 51-74.

[427] PETERSON H C, WYSOCKI A F, HARSH S B. Quantifying strategic choice along the vertical coordination continuum. International Food and Agribusiness Management Review, 2001, 4 (2): 149-166.

[428] POPKIN S. The rational peasant [M]. University of California Press, 1979.

[429] POPPO L, ZENGER T. Do formal contracts and relational governance function as substitutes or complements? [J]. Strategic Management Journal, 2002, 23 (8): 707-725.

[430] PRETTY J, BHARUCHA Z. Integrated pest management for sustainable intensification of agriculture in asia and africa [J]. Insects, 2015, 6 (1): 152-182.

[431] PRIEST S H. Public discourse and scientific controversy [J]. Science Communication, 2016, 28 (2): 195-215.

[432] QIAO F, HUANG J, ZHANG L, et al. Pesticide use and farmers' health in China's rice production [J]. China Agricultural Economic Review, 2012, 4 (4): 468-484.

[433] REUER J J, ARIÑO A. Strategic alliance contracts: dimensions and determinants of contractual complexity [J]. Strategic Management Journal, 2007, 28 (3): 313-330.

[434] RIORDAN M H, WILLIAMSON O E. Asset specificity and economic organization [J]. International Journal of Industrial Organization, 1985, 3 (4): 365-378.

[435] ROBELO J, CALDAS J V, MATULICH S C. Manager power, mem-

ber behavior and capital structure: portuguese douro wine cooperatives [J]. Agricultural Economics Review, 2008, 9 (2): 5-15.

[436] ROBINSON D T, STUART T E. Financial contracting in biotech strategic alliances [J]. The Journal of law & economics, 2007, 50 (3): 559-596.

[437] ROYER A, BIJMAN J, BITZER V. Linking smallholder farmers to high quality food chains: Appraising institutional arrangements quality and Innovation in Food Chains--Lessons and Insights from Africa [J]. 2016, 33-62.

[438] SCOTT S, SI Z, SCHUMILAS T, et al. Contradictions in state- and civil society-driven developments in China's ecological agriculture sector [J]. Food Policy, 2014, 45: 158-166.

[439] STERN P C. New environmental theories: toward a coherent theory of environmentally significant behavior [J]. Journal of Social Issues, 2000, 56 (3): 407 424.

[440] TIROLE J. The Theory of corporate finance [M]. New Jersey: Princeton University Press, 1996.

[441] TRAN D, GOTO D. Impacts of sustainability certification on farm income: Evidence from small-scale specialty green tea farmers in Vietnam [J]. Food Policy, 2019, 83: 70-82.

[442] VAN RIJSBERGEN B, ELBERS W, RUBEN R, et al. The ambivalent impact of coffee certification on farmers' welfare: a matched panel approach for cooperatives in central kenya [J]. World Development, 2016, 77: 277-292.

[443] VERHOFSTADT E, MAERTENS M. Can Agricultural cooperatives reduce poverty? heterogeneous impact of cooperative membership on farmers' welfare in rwanda [J]. Applied Economic Perspectives and Policy, 2014, 37 (1): 86-106.

[444] WALKER G, WEBER D. A transaction cost approach to make-or-buy decisions [J]. Administrative Science Quarterly, 1984, 29 (3): 373-391.

[445] WANG F, LIU Y, OUYANG X, et al. Comparative environmental impact assessments of green food certified cucumber and conventional cucumber cultivation in China [J]. Renewable Agriculture and Food Systems, 2018, 33 (5): 432-442.

[446] WILLIAMSON O E. Comparative economic organization the analysis

of discrete structural alternatives [J]. Administrative Science Quarterly, 1991, 36 (2): 269-296.

[447] WILLIAMSON O E. Markets and Hierarchies: Analysis and Antitrust Implications [M]. New York: Free Press, 1975.

[448] WILLIAMSON O E. The Economic institutions of capitalism: firms, markets, relational contracting [M]. China Social Sciences Pub. House, 1999.

[449] WILLIAMSON O E. The economic institutions of capitalism [M]. New York United States: The Free Press, 1985.

[450] WILLIAMSON O E. Transaction cost economics: how it works; where it is headed [J]. De economist, 1998, 146 (1): 23-58.

[451] WILLIAMSON O E. Transaction-cost economics: The governance of contractual relations[J]. Journal of Law and Economics, 1979, 22 (2): 233-261.

[452] WOSSEN T, ABDOULAYE T, ALENE A, et al. Impacts of extension access and cooperative membership on technology adoption and household welfare [J]. Journal of rural studies, 2017, 54: 223-233.

[453] WUYTS S H K, GEYSKENS I. The Formation of Buyer-Supplier Relationships: Detailed Contract Drafting and Close Partner Selection [J]. Journal of marketing, 2005, 69 (4): 103-117.

[454] XIONG Y, LUO M. Research on farmers' production willingness of safe agricultural products and its influence factors: an empirical analysis in China [J]. Energy Procedia, 2011, 5 (5): 53-58.

[455] XU X, ZHANG Z, KUANG Y, et al. Waste pesticide bottles disposal in rural China: policy constraints and smallholder farmers' behavior [J]. Journal of Cleaner Production, 2021, 316: 128385.

[456] YING X, MIN L. Research on farmers' production willingness of safe agricultural products and its influence factors: an empirical analysis in China [J]. Energy Procedia, 2011, 5: 53-58.

[457] ZHANG C, HU R, SHI G, et al. Overuse or underuse? An observation of pesticide use in China [J]. Science of The Total Environment, 2015, 538: 1-6.

[458] ZHANG W C. The contractual nature of the firm [J]. Journal of Law and Economics, 1983, 26.

[459] ZHANG X Y, HU D H. Farmer-buyer relationships in China: the effects of contracts, trust and market environment [J]. China Agricultural Economic Review, 2011, 3 (1): 42-53.

[460] ZHOU J, YANG Z, LI K, et al. Direct intervention or indirect support? the effects of cooperative control measures on farmers' implementation of quality and safety standards [J]. Food Policy, 2019, 86: 101728.

附　录

附录1　我国农业绿色发展相关政策脉络梳理

时间	政策名称	相关的内容
1982 年 1 月	中央 1 号文件	强调农业应当走对生态环境有利的发展道路
1984 年 5 月	《关于环境保护工作的决定》	提出要保护农业生态环境,积极推广生态农业,防止农业环境的污染和破坏
1989 年 12 月	《中华人民共和国环境保护法》	首次在法律中使用了农业环境概念,将加强农业环境的保护写入法律条文
1998 年 10 月	《中共中央关于农业和农村工作若干重大问题的决定》	提出了农业可持续发展的概念,指出必须"严格保护耕地、森林植被和水资源,防治水土流失、土地荒漠化和环境污染"
2002 年 12 月	《中华人民共和国农业法》	首次将提高农产品质量写入法律。此后,农业绿色发展支持政策开始聚焦农产品质量提升,与此同时,推动农业经济增长的重点从增加产值转向提高农民收入,并对农业资源和环境保护工作进行了更细致的部署
2002 年 4 月	《无公害农产品管理办法》	开始建立无公害农产品质量认证制度
2002 年 7 月	《全面推进"无公害食品行动计划"的实施意见》	在全国范围内推进"无公害食品行动计划",对产地环境、生产过程实施全程质量控制

时间	政策名称	相关的内容
2002 年 8 月	《国务院关于加强新阶段"菜篮子"工作的通知》	首次提出将质量的重要性提到数量之前，将提高农副产品质量安全水平作为工作核心
2002 年 6 月	《农药限制使用管理规定》	将农产品卫生质量作为农药限制使用考虑因素之一，规范农药限制使用的申请、审查、批准和发布标准，进一步加强对农产品生产过程的监督管理
2005 年 12 月	《中华人民共和国畜牧法》	将质量安全保障作为单独一章对畜禽的饲养、交易与运输的监督管理做出了明确规定，以保障畜禽产品的质量安全
2006 年 4 月	《中华人民共和国农产品质量安全法》	对农产品质量安全标准、产地、生产过程、保障和标识、监督等做出了明确规定
2010 年 3 月	《国务院办公厅关于统筹推进新一轮"菜篮子"工程建设的意见》	积极推进生产方式转变，既重视生产能力，又重视农业生态环境保护，建设环境友好型、资源节约型农业，实现"菜篮子"产品生产可持续发展
2012 年 6 月	《绿色食品标志管理办法》	以保证质量为核心，以标准化生产为基础，以规范审核为保障，以证后监管为手段，切实维护绿色食品品牌的公信力
2016 年 1 月	中央 1 号文件	提出推动农业绿色发展
2016 年 10 月 17 日	《全国农业现代化规划（2016—2020 年）》	提出绿色兴农的理念，将"补齐生态建设和质量安全短板，实现资源利用高效、生态系统稳定、产地环境良好、产品质量安全"
2017 年 9 月	《关于创新体制机制推进农业绿色发展的意见》	提出创新体制机制，推进农业绿色发展，将保障国家食物安全、资源安全和生态安全联系在一起，以探求保供给、保收入、保生态的协调统一
2017 年 4 月	《农业资源及生态保护补助资金管理办法（修订）》	该办法对耕地质量提升、草原生态修复、渔业资源保护等补助资金的管理办法做出具体规定，进一步推进农业绿色补贴体系的构建

时间	政策名称	相关的内容
2018 年 1 月	《农业生态环境保护项目资金管理办法》	加强农业环境保护项目资金管理，严格规定必须将其用于农业污染防治和生态农业建设等农业生态环境保护有关工作
2018 年 7 月	《农业绿色发展技术导则（2018—2030 年）》	提出农业绿色发展技术体系的改革方向为更加注重质量和数量双重效益，更加注重生产和生态双重功能，更加注重全要素生产率的提高，与此同时，将研究制定绿色农业技术标准作为完善绿色标准体系的重要任务
2019 年 4 月	《关于进一步做好受污染耕地安全利用工作的通知》	要求加快建立省级土壤污染防治基金，保障耕地污染治理修复的资金投入
2020 年 2 月	《关于抓好"三农"领域重点工作确保如期实现全面小康的意见》	继续调整优化农业结构，加强绿色食品、有机农产品、地理标志农产品认证和管理，打造地方知名农产品品牌，增加优质绿色农产品供给
2021 年 9 月	《"十四五"全国农业绿色发展规划》	资源同聚，资金、人才、技术等资源要素要向农业绿色发展的重点领域和重点区域聚集，发挥集合效应，提升农业发展质量
2022 年 4 月	《关于开展 2022 年农业现代化示范区创建工作的通知》	要求推动投入品应用绿色化，开展绿色种养生态循环试点，打造生态农场；有条件的示范区建设国家农业绿色发展先行区，示范引领农业全面绿色转型
2022 年 6 月	《减污降碳协同增效实施方案》	提出推行农业绿色生产方式，协同推进种植业、畜牧业、渔业节能减排与污染治理；加强种植业面源污染防治；提升秸秆综合利用水平，强化秸秆焚烧管控等

附录 2　柑橘成员问卷

问卷编号：_____　　　　　　调研员姓名：_____
地址：_____市_____县（市、区）_____镇（乡）_____村
合作社名称：_____　调研日期（如 2020-07-16）：_____
受访者姓名：_____　受访者联系电话：_____

A　柑橘种植户基本情况

A_1 性别：_____。1＝男，0＝女

A_2 年龄：_____岁。

A_3 受教育年限：_____年。

A_4 您是否为党员：_____。1＝是，0＝否

A_5 您家是否有村干部或公务员：_____。1＝是，0＝否

A_6 您是否有外出务工经历_____。1＝是，0＝否

A_7 您现在除务农外，是否从事其他行业_____。1＝是，0＝否

A_8 您更倾向于哪类生产经营项目：_____。1＝高风险，2＝一般风险，3＝低风险

A_9 您是否使用智能手机：_____。1＝是，0＝否；是否会使用智能手机查询农业生产信息：_____。1＝是，0＝否；每月话费_____元。

A_{10} 您家去年送了多少人情礼金_____元；去年借钱出去_____元；过年问候的亲朋好友数量_____人。

A_{11} 您身体健康状况：_____。1＝很差，2＝较差，3＝一般，4＝较好，5＝很好；从事农业生产的家人中患有皮肤病的_____人；患呼吸道疾病的_____人；一年中不能下床劳作天数_____天。

B　家庭经营基本特征

B_1 您家现有土地_____亩；是否有流转的土地：_____。1＝是，0＝否；土地流转难度（1～5 递增）_____。柑橘种植面积_____亩，其中，挂果园_____亩，幼园_____亩；（其中，租赁地_____亩，租赁费_____元/亩/年，租赁期限_____

年）；柑橘园地块_____块，最大地块面积：_____亩；果园主要土地类型：_____。1＝平地，2＝坡地。

B_2 近三年来，您家柑橘种植面积的变化：_____。1＝种植面积缩小，2＝保持不变，3＝种植面积扩大；缩小（扩大）了多少_____亩。如果缩小了种植面积，原因是：_____。1＝改换柑橘外的其他作物，2＝缺乏劳动力，3＝不种地了，4＝其他（请注明）：_____。

B_3 未来三年，您家是否考虑调整种植面积：_____。1＝缩小种植面积，2＝保持不变，3＝扩大种植面积；打算缩小（或扩大）多少_____亩。如果打算缩小种植面积，原因是：_____。1＝改换柑橘外的其他作物，2 缺乏劳动力，3＝不种地了，4＝其他（请注明）：_____。

柑橘种植品种（前三）	BC_1		BD_1		BE_1	
每个品种种植面积/亩	BC_2		BD_2		BE_2	
2020 年亩产量/斤/亩	BC_3		BD_3		BE_3	
2020 年平均销售单价/元	BC_4		BD_4		BE_4	
销售的柑橘量/斤	BC_5		BD_5		BE_5	

注（品种）：1＝春见（耙耙柑），2＝大雅柑，3＝不知火（丑柑），4＝清见，5＝沃柑，6＝塔罗科血橙，7＝蜜橘，8＝爱媛，9＝其他（请注明）：_____。

B_4 柑橘种植年限：_____年；您是否喜欢种柑橘：_____。1＝是，0＝否

B_5 您是否选用较强抗病性、抗逆性的品种？_____。1＝是，0＝否

B_6 近五年您是否更换过品种：_____。1＝是，0＝否；如果更换过，由_____品种更换为_____品种，更换品种的面积占总种植面积的_____%，原因是：_____。1＝品种老化，2＝品种效益不好，3＝其他（请注明）：_____。

B_7 未来五年您是否打算更换品种：_____。1＝是，0＝否，如果打算更换，原因是：_____。1＝品种老化，2＝现有品种效益不好，3＝出现效益更好的品种会选择更换，4＝其他（请注明）：_____。

B_8 您家果园是否属于标准化建设基地？_____。1＝是，0＝否

B_9 您家果园是否套种大豆等植物_____。1＝是，0＝否

B_{10}家庭总人口＿＿＿＿＿人，外出劳动力＿＿＿＿＿人，种植柑橘劳动力＿＿＿＿＿人，柑橘劳动力平均受教育＿＿＿＿＿年。

B_{11}柑橘生产面临的风险主要是（可多选）及风险程度（1~5递增）：＿＿＿＿＿。0＝没有风险，1＝自然风险＿＿＿＿＿，2＝市场风险（价格）＿＿＿＿＿，3＝技术风险＿＿＿＿＿，4＝政策风险＿＿＿＿＿，5＝其他（请注明）：＿＿＿＿＿。

B_{12}您家亲朋好友是否在卖化肥农药果袋：＿＿＿＿＿。1＝是，0＝否

B_{13}您家亲朋好友是否在卖水果：＿＿＿＿＿。1＝是，0＝否

B_{14}您家亲朋好友是否在政府部门工作：＿＿＿＿＿。1＝是，0＝否

B_{15}您家距离最近乡镇农业综合服务中心（政府农技部门）的路程：＿＿＿＿＿千米。

B_{16}您家距离最近汽车站的路程：＿＿＿＿＿千米。

B_{17}您家距离合作社的路程：＿＿＿＿＿千米。

B_{18}本乡镇是否有水果批发市场＿＿＿＿＿。1＝是，0＝否；若有，距离为＿＿＿＿＿千米。

B_{19}所在村庄地形：＿＿＿＿＿。1＝平原，2＝丘陵，3＝山区

B_{20} 2020年是否发生过霜冻、旱涝等自然灾害：＿＿＿＿＿。1＝是，0＝否

B_{21} 2020年柑橘病虫害发生次数：＿＿＿＿＿次。

B_{22}周围是否有对种植环境构成威胁的污染源（如垃圾场、污水池等）＿＿＿＿＿。1＝是，0＝否

C 生产基本特征

（一）肥料管理

C_1您家购买肥料考虑的是（可多选）：＿＿＿＿＿。1＝是否便宜，2＝是否有利提高产量，3＝是否有利改善果子品质，4＝是否安全、无污染

C_2您决定购买哪种化肥的主要依据是（可多选）：＿＿＿＿＿。1＝个人经验，2＝参考亲朋邻居，3＝参考柑橘大户，4＝农资店推荐，5＝合作社推荐或要求，6＝政府或农技站等政府部门推荐，7＝其他（请注明）：＿＿＿＿＿。

C_3合作社对您购买肥料的要求：＿＿＿＿＿。1＝无要求，2＝简单要求种类和品牌范围由您自行购买，3＝指定种类和品牌由您自行购买，4＝

合作社统一供应，5=要求仅使用农家肥。

C_4 您家栽种柑橘树时，是否施了底肥？_____。1=是，0=否；若施用，施用的底肥是以_____肥为主？_____。1=化肥，2=商品有机肥（含生物有机肥），3=腐熟农家肥。

C_5 您家化肥 2020 年施用次数：_____次，每次施用量_____斤/亩，每次投入金额：_____元；其中：氮肥施用量_____斤/亩。

C_6 施用化肥是否雇工：_____。1=是，0=否；若有雇工，雇工_____人，雇工天数_____天，雇工单价_____元/天。

C_7 2020 年，您是否做到化肥减量施用？_____。1=是，0=否；若有，减量比例为_____（%）。

C_8 您是否了解选用化肥中的氮、磷、钾等元素配比？_____。1=是，0=否

C_9 您是否做到 N、P、K 肥合理平衡施肥，避免偏施氮肥？_____。1=是，0=否

C_{10} 2020 年，您是否施用袋装商品有机肥？_____。1=是，0=否（否，则跳至 C_{15}）

C_{11} 您家商品有机肥 2020 年施用次数：_____次，每次施用量_____斤/亩，每次投入金额：_____元。

C_{12} 施用有机肥是否雇工：_____。1=是，0=否；若有雇工，雇工_____人，雇工天数_____天，雇工单价_____元/天。

C_{13} 使用袋装商品有机肥的原因（可多选）：_____。1=价格，2=效果比化肥好，3=平衡施肥需要，4=防止土壤板结，5=其他（请注明）：_____。

C_{14} 使用商品有机肥多少年？_____年；是否连续使用：_____。0=否，1=是，2=隔一两年用一次。

C_{15} 2020 年，您是否施用养殖粪便、秸秆、油枯等制作的农家肥？_____。1=是，0=否（否，则跳至 C_{21}）

C_{16} 您在施用农家肥前是否经过无害化处理？_____。0=从不处理，1=偶尔处理，2=经常处理。

C_{17} 您家农家肥 2020 年施用次数：_____次，每次施用量_____斤/亩，每次投入金额：_____元。

C_{18}施用农家肥是否雇工：_____。1＝是，0＝否；若有雇工，雇工_____人，雇工天数_____天，雇工单价_____元/天

C_{19}使用农家肥的原因是（可多选）_____。1＝价格比化肥低，2＝效果比化肥好，3＝平衡施肥需要，4＝处理自己家的农家肥方便，5＝其他（请注明）：_____。

C_{20}使用农家肥多少年？_____年；是否连续使用？_____。0＝否，1＝是，2＝隔一年或两年用一次

C_{21}2020年，您是否采用水肥一体化技术？_____。1＝是，0＝否；是否采用测土配方技术？_____。1＝是，0＝否

C_{22}在未来5年，您愿意减少化肥使用量，增加有机肥料使用量吗（1~5愿意程度递增）：_____。

C_{23}在成员生产管理中，合作社对成员施用化肥行为要求的严格程度

	填空：1~5程度依次递增	
CC_1	化肥使用量、使用次数、使用时间	[1] [2] [3] [4] [5]
CC_2	要求有机肥为主，化肥为辅	[1] [2] [3] [4] [5]
CC_3	要求仅使用有机肥、农家肥	[1] [2] [3] [4] [5]

C_{24}您身边有人过度依赖化肥提高产量：_____。1＝没有，2＝很少，3＝一般，4＝较多，5＝很多。

（二）农药管理

C_{25}您购买农药考虑的是（可多选）：_____。1＝价格，2＝药效，3＝是否有利于提高产量，4＝是否有利于改善质量，5＝是否安全、无污染，6＝农药残留

C_{26}您确定购买哪种农药的主要根据是：_____。1＝个人经验，2＝亲朋邻居推荐，3＝柑橘大户示范，4＝农资店推荐，5＝合作社推荐，6＝政府或农技站等政府部门推荐，7＝其他（请注明）_____。

C_{27}合作社对您购买农药的要求：_____。1＝无要求，2＝简单要求种类和品牌范围由您自行购买，3＝指定种类和品牌由您自行购买，4＝合作社统一供应，5＝追求高品质而不使用

C_{28} 2020年，您家农药施用次数：_____次，每次投入金额：_____元。

C_{29}施用农药是否雇工：_____。1=是，0=否；若有雇工，雇工_____人，雇工天数_____天，雇工单价_____元/天。

C_{30}您是否按说明书配药：_____。1=是，0=否_____。

C_{31}您配药时稀释农药的方式是：_____。1=精确测量（尺子/量筒测量），0=大概估计

C_{32} 2020年，您是否做到农药减量施用？_____。1=是，0=否；若有，减量比例为_____（%）。

C_{33}您家未使用完的农药是如何保存的？_____。1=锁在专门农药箱里，2=放在隐蔽处，加锁保存，3=放在隐蔽处，未加锁，4=随便放；使用完的农药包装是否进行回收？_____。1=是，0=否；是否进行集中储存？_____。1=是，0=否；是否进行分类处置？_____。1=是，0=否

C_{34}您是否知道农药有安全间隔期：_____。1=是，0=否；若知道，您是否严格执行农药安全间隔期：_____。1=是，0=否；您最后一次打药距离摘果天数_____天。

C_{35}您是否利用害虫的天敌（捕食螨等）控制害虫产生：_____。1=是，0=否；是否使用糖、酒、醋诱杀罐和性诱剂等控制害虫产生：_____。1=是，0=否

C_{36}您是否采用黑光灯、黄色黏虫板、频振式杀虫灯等物理装置：_____。1=是，0=否；使用的话，来源为：_____。1=自己购买（_____元/年），2=合作社免费发放，3=果品企业免费发放，4=政府免费发放，5=其他（请注明）：_____。

C_{37}您是否使用生物农药_____。1=是，0=否；若有，使用比例为_____（%）。

C_{38}发生病虫害时，您是否会采取剪除病虫枝、清除枯枝落叶、刮除树干裂皮等措施？_____。1=是，0=否

C_{39}您家果园2020年除草剂使用次数：_____次（没有，则为0）。

C_{40}您家果园是否使用生草（白三叶、紫花苜蓿等）技术：_____。1=是，0=否

C_{41}在成员生产管理中，合作社对成员施用农药行为要求的严格程度

	填空：1~5 程度依次递增	
CC_4	农药使用量、使用次数、使用时间	[1] [2] [3] [4] [5]
CC_5	要求仅使用生物防治和物理防治	[1] [2] [3] [4] [5]

C_{42}您身边是否有人没有按照规范配比农药：_____。1=没有，2=很少，3=一般，4=较多，5=很多

C_{43}您身边有人在安全间隔期使用农药：_____。1=没有，2=很少，3=一般，4=较多，5=很多

（三）树体管理

C_{44}您家使用的果袋类型（可多选，并按数量排序）：_____。1=未套袋，2=膜袋，3=单层纸袋，4=双层纸袋，5=三层纸袋

C_{45}您是否选用质量较好，符合标准的果袋？_____。1=是，0=否

C_{46}您家套袋购买总成本：_____元；套袋是否雇工：_____。1=是，0=否；若有雇工，雇工_____人，雇工天数_____天，雇工单价_____元/天。

C_{47}您是否做到科学控制开花数量和质量，控制结果数量，及时疏果？_____。1=是，0=否；疏花疏果是否雇工：_____。1=是，0=否；若有雇工，雇工_____人，雇工单价_____元/天。

C_{48}您是否按照柑橘不同生长发育阶段进行修枝整形？_____。1=是，0=否

C_{49}修剪是否雇工：_____。1=是，0=否；若有雇工，雇工_____人，雇工天数_____天，雇工单价_____元/天。

C_{50}通过何种渠道获取劳工：_____。1=自己找的零工，2=合作社内部成员，3=合作社帮忙找的服务组织/公司，4=自己找的服务组织/公司，5=其他（请注明）：_____。

C_{51}您是否有熏烟防霜的行为？_____。1=是，0=否，是否做到白天不熏烟，傍晚天黑后开始，减轻烟霾影响：_____。1=是，0=否

C_{52}您是否采用树体覆盖薄膜或主干覆草方式来增加树干抵御低温能力？_____。1=是，0=否

（四）其他管理

C_{53}您是否填写田间生产档案？_____。1=是，0=否

C_{54}您是否根据地势挖排水沟？_____。1=是，0=否

C_{55}您是否采用喷灌、滴灌、管道输水等节约用水方式？_____。1＝是，0＝否；若有，灌溉面积占总经营面积比例_____%。

C_{56}您是否将肥料包装袋、农膜、果树套袋等农业生产资料废弃物进行回收处理？_____。1＝是，0＝否；是否进行集中储存？_____。1＝是，0＝否；是否进行分类处置？_____。1＝是，0＝否。

C_{57}是否购置以下农机（可多选）：_____。0＝没有购置，1＝拖拉机（手扶机），2＝三轮车，3＝施肥开沟机，4＝旋耕机，5＝打药机，6＝割草机，7＝沼气池。若购置，购置金额为_____元，政府补贴_____元。

D 销售基本特征

销售渠道（可多选）	销售量比例 /%	平均售价 /元	稳定合作（1＝是，0＝否）	是否签订协议（0＝否，1＝书面，2＝口头）	未来长期合作意愿（1~5）
合作社	DD_1	DD_2	DD_3	DD_4	DD_5
龙头企业	DD_6	DD_7	DD_8	DD_9	DD_{10}
超市	DD_{11}	DD_{12}	DD_{13}	DD_{14}	DD_{15}
电子商务	DD_{16}	DD_{17}	DD_{18}	DD_{19}	DD_{20}
农贸（批发）市场	DD_{21}	DD_{22}	DD_{23}	DD_{24}	DD_{25}
经纪人、商贩	DD_{26}	DD_{27}	DD_{28}	DD_{29}	DD_{30}
其他：_____	DD_{31}	DD_{32}	DD_{33}	DD_{34}	DD_{35}

注：稳定合作指连续合作两年及以上时间。

销售质量要求（可多选）	价值属性 0＝无要求，1＝大小，2＝果皮外观，3＝酸甜度，4＝鲜度	安全属性 0＝无要求，1＝农药残留，2＝重金属，3＝质量认证，4＝追溯信息	包装属性 0＝无要求，1＝内包装，2＝外包装	营养属性 0＝无要求，1＝维 C 等
合作社	DD_{36}	DD_{37}	DD_{38}	DD_{39}
龙头企业	DD_{40}	DD_{41}	DD_{42}	DD_{43}
超市	DD_{44}	DD_{45}	DD_{46}	DD_{47}
电子商务	DD_{48}	DD_{49}	DD_{50}	DD_{51}
农贸（批发）市场	DD_{52}	DD_{53}	DD_{54}	DD_{55}
经纪人、商贩	DD_{56}	DD_{57}	DD_{58}	DD_{59}
其他：_____	DD_{60}	DD_{61}	DD_{62}	DD_{63}

D_1 电商的主要具体渠道为：_____。1=自建电商平台，2=第三方电商平台（淘宝、京东、天猫），3=微信平台，4=抖音、快手，5=拼多多，6=其他（请注明）：_____。

D_2 2020年柑橘销售收入_____万元，家庭总收入_____万元，农业收入_____万元。

D_3 2020年柑橘销售的难易程度：_____。1=很困难，2=较困难，3=一般，4=较容易，5=很容易

D_4 近两年柑橘销售价格的波动程度：_____。1=很小，2=较小，3=一般，4=较大，5=很大；最高价格为_____元，最低价格为_____元；总体价格趋势为：_____。1=下跌，2=稳定，3=上涨，4=下跌上涨交替出现

D_5 您家柑橘销售时是否对农药残留进行检测：_____。1=是，0=否；若有检测，检测方为_____。1=合作社，2=所在村负责，3=所在乡负责，4=购买果子经销商负责，5=其他（请注明）_____。

D_6 检测费用由谁承担：_____。1=自己，2=合作社，3=所在村，4=所在乡，5=购买果子经销商，6=其他（请注明）_____；大约_____元。

D_7 检测原则：_____。1=部分抽查，2=全部抽查，3=其他（请注明）_____。

D_8 若抽检不合格，是否采取违规惩罚措施：_____。1=无惩罚，2=口头警示，3=拒绝收购本年度柑橘，4=合作社内部公示通报，5=要求退社，6=罚款，7=其他（请注明）_____。

E　绿色生产意识特征

E_1 下列题项请选择（1=很不同意，2=不同意，3=不确定，4=同意，5=很同意）绿色生产行为能够显著改善环境_____；能够明显提升土壤肥力_____；有利于自己的身体健康：_____；增加柑橘产量：_____；提升柑橘质量：_____；让自家农产品卖个好价钱：_____；增加农业生产成本：_____。

E_2 您认为绿色生产技术的掌握难度：_____。1=很难，2=较难，3=一般，4=较容易，5=很容易。

E_3 您知道绿色食品标志认知吗？_____。1=是，0=否；若是，

了解程度为（1~5递增）：_____。

E$_4$ 您知道政府公布的农残限量标准吗？_____。1=是，0=否；若是，了解程度为（1~5递增）：_____。

E$_5$ 您知道"三品一标"（农产品质量合格证、绿色认证、有机认证、地理标志）标准吗？_____。1=是，0=否；若是，了解程度为（1~5递增）：_____。

E$_6$ 您清楚农药化肥等投入品重要性：_____。1=不重要，2=较不重要，3=一般，4=较重要，5=很重要

题项 E$_7$-E$_9$ 请选择：1=很不同意，2=不同意，3=不确定，4=同意，5=很同意

E$_7$ 没有采用绿色生产方式会使自己感到羞愧、内疚或者负罪感等：_____。

E$_8$ 出于环境保护，包括自己在内的合作社成员都应该采用绿色生产方式：_____。

E$_9$ 破坏生态环境的生产行为会影响自己在合作社里的声誉或者受到其他成员的谴责：_____。

E$_{10}$ 您会建议其他农户采纳绿色生产技术：_____。1=是，0=否

E$_{11}$ 您获取农业绿色生产技术/生产资料难度（1~5递增）：_____。

E$_{12}$ 您获取绿色农产品市场价格信息难度（1~5递增）：_____。

E$_{13}$ 销售绿色农产品时是否能实现优质优价：_____。1=是，0=否；若是，绿色农产品销售比同类普通产品相比价格高多少_____元（没有，则为0）。

E$_{14}$ 未来5年是否愿意继续进行绿色生产：_____。1=是，0=否；若未进行绿色生产，是否愿意尝试：_____。1=是，0=否

E$_{15}$ 2020年接受绿色生产技术培训的次数：_____次；每一次大概多久：_____小时。

E$_{16}$ 您参加培训的原因（可多选）：_____。1=欠缺相关技术，2=村干部/所在合作社要求，3=政府要求

E$_{17}$ 绿色生产技术培训实施主体是（可多选，按重要程度排序）：_____，并填写对所选主体的认可程度（1~5递增）。

1=政府农技推广人员：_____。

2＝高校专家：_____。

3＝农资店：_____。

4＝本乡镇的土专家：_____。

5＝外乡镇的土专家：_____。

6＝合作社：_____。

E_{18}绿色生产技术培训方式主要是（可多选，按重要程度排序）：_____，并填写对所有方式的认可程度（1~5递增）。

1＝微信等线上宣传：_____。

2＝公告栏、广播等线下宣传：_____。

3＝项目示范：_____。

4－集中培训：_____。

5＝技术人员现场教学：_____。

E_{19}　2020年您主动向绿色生产技术相关指导人员进行技术咨询的次数：_____次

E_{20}　2020年您与亲朋邻居进行相关技术交流的次数：_____。1＝从不，2＝较少，3＝一般，4＝较多，5＝很多

E_{21}　2020年参与合作社技术指导服务的情况，请填写具体次数；合作社的生产指导服务，是否让您能够熟练地使用以下技术？请选择，1＝是，0＝否

减量使用农药：_____次，_____；使用低毒农药：_____次，_____；测土配方施肥：_____次，_____；

减量使用化肥：_____次，_____；使用商品有机肥：_____次，_____；使用农家肥：_____次，_____；

提供新品种种苗：_____次，_____；使用黄板、杀虫灯等物理或生物防虫方式：_____次，_____；

疏花疏果技术：_____次，_____；修枝整形技术_____次，_____。

E_{22}政府是否开展过绿色生产行为方面的宣传：_____。1＝是，0＝否；若宣传过，哪种形式？_____。1＝技术指导，2＝专家培训，3＝宣传资料，4＝咨询服务，5＝电视讲座，6＝其他（请注明）：_____。

E_{23}合作社提供绿色信息服务的具体形式及每种形式丰富程度（1~5递

增）（可多选）：_____。

1＝宣传农业可持续（绿色）发展的政策信息（政策）_____，2＝科普绿色防控技术的相关信息（技术本身）_____，3＝传递绿色农产品的市场信息（市场）_____，4＝其他（请注明）：_____。

E_{24}您是否能够理解并分辨各种信息的真假：_____。1＝几乎不能，2＝大部分不能，3＝一般，4＝大部分能，5＝几乎都能

F　合作社参与情况

F_1您加入合作社的时间（如2007.7）：_____。

F_2您加入合作社是否要达到一定种植规模：_____。1＝是，0＝否

F_3您或家人在合作社中的身份：_____。1＝理事会成员，2＝监事会成员，3＝职业经理人，4＝普通成员

F_4您对本合作社的了解程度（1~5递增）：_____。

F_5您与合作社社长私人关系如何（熟悉程度1~5递增）：_____。

F_6您加入合作社是否出资（门槛费）：_____。1＝是，0＝否；如果是，出资金额_____元。

F_7您是否在合作社入股：_____。1＝是；0＝否（跳至F_{11}）

F_8入股方式（可多选）：_____。1＝资金，2＝土地，3＝劳动，4＝技术，5＝柑橘树等，6＝其他（请注明）：_____。

F_9入股是否签订协议：_____。0＝否，1＝书面协议，2＝口头协议。若有，协议期限：_____年。

F_{10}考虑长期入股意愿程度：_____。1＝很不愿意，2＝不愿意，3＝一般，4＝愿意，5＝非常愿意

合作社服务	是否使用 （1＝是，0＝否）	是否达成协议 （0＝否，1＝书面，2＝口头）	考虑长期合作 意愿程度（1~5）
统一农资（农药、化肥、果袋等）购买	FF_1	FF_2	FF_3
农机（旋耕机、打草机）服务	FF_4	FF_5	FF_6

合作社服务	是否使用 (1=是，0=否)		是否达成协议 (0=否，1=书面，2=口头)		考虑长期合作意愿程度 (1~5)	
生产管理服务（栽种、除草、灌溉、修枝整形、套袋/摘袋、疏花疏果、柑橘采收）	FF_7		FF_8		FF_9	
柑橘技术服务	FF_{10}		FF_{11}		FF_{12}	
柑橘仓储、运输服务	FF_{13}		FF_{14}		FF_{15}	
柑橘分拣、定级服务	FF_{16}		FF_{17}		FF_{18}	
柑橘包装、贴牌服务	FF_{19}		FF_{20}		FF_{21}	
柑橘深加工服务	FF_{22}		FF_{23}		FF_{24}	
柑橘收购服务	FF_{25}		FF_{26}		FF_{27}	
柑橘销售服务	FF_{28}		FF_{29}		FF_{30}	

F_{11} 若有收购服务，合作社收购柑橘定价方式：_____。1=随行就市，2=按质量，3=按合同，4=保底价；若无，则跳至 F_{13}

F_{12} 2020年合作社收购价格比市场价高吗？_____。1=是，0=否。若是，高_____元。

F_{13} 合作社对成员违反绿色生产要求（如不按规定使用化肥农药）是否采取违规惩罚措施：_____。1=无惩罚，2=口头警示，3=拒绝收购本年度柑橘，4=合作社内部公示通报，5=要求退社，6=其他（请注明）_____。

F_{14} 政府是否对柑橘安全种植行为进行监督：_____。0=否，1=是；若是，监督严格程度（1~5）：_____。

F_{15} 合作社是否提供如下优惠（可多选）：_____。1=种苗优惠，2=肥料采购优惠，3=农药采购优惠，4=农技服务优惠

F_{16} 合作社是否制定柑橘生产技术规程？_____。1=是，0=否

F_{17} 您在生产过程中是否获得过政府的补贴？_____，0=否，1=是；若是，补贴方式为_____，1=现金（_____元/亩），2=实物（_____元），3=技术指导，4=其他（请注明）：_____。

F_{18} 合作社对您遵循绿色生产要求是否采取奖励措施：_____。1=无奖励，2=内部表扬，3=经济奖励，4=其他（请注明）：_____。

F_{19}盈余分配情况：_____。1＝无，2＝按交易额（或量）分配，3＝按股分红，4＝按交易额与按股分配相结合，以按交易额（或量）分配为主，6＝按交易额与按股分配相结合，以按股分红为主，7＝其他（请注明）：_____。

F_{20}2020 年参加成员（代表）大会的次数：_____次。

F_{21}您平时给合作社经营管理提意见的次数：_____。1＝很少，2＝较少，3＝一般，4＝较多，5＝很多

F_{22}您认为你所在合作社的经营管理谁说了算：_____。1＝理事长，2＝入股多的成员，3＝理事会，4＝成员大会，5＝其他（请注明）：_____。

F_{23}您是否可以查询合作社的财务情况：_____。0＝否，1＝是，2＝不关心/不知道

F_{24}合作社社长利用自己的技术经验、销售能力帮助成员程度（1～5 递增）：_____。

F_{25}您在多大程度上会继续参加合作社的业务（1～5 递增）：_____。

注：FF～FE 请选择：1＝很低，2＝较低，3＝一般，4＝较高，5＝很高

FF_1	多大程度上在乎 别人对自己的评价	FE_1	多大程度上同意 "努力就能改变命运"
FF_2	对合作社的总体满意度	FE_2	您认为合作社的社会影响怎么样
FF_3	合作社对您个人利益的重视程度	FE_3	您对合作社的信任程度
FF_4	合作社成员值得信赖的占比	FE_4	您与其他成员的交往频率
FF_5	您认识合作社的成员数量比例	FE_5	您与其他成员互相换帮工频率
FF_6	您与其他成员信息共享程度	FE_6	您觉得合作社社长诚实、讲信用程度
FF_7	您与合作社其他管理人员的交往频率	FE_7	您对合作社社长的信任程度
FF_8	您与合作社社长的交流互动频率	FE_8	您认为合作社社长的社会关系怎么样
FF_9	您认为合作社社长的专业技术水平怎么样	FE_9	您认为合作社社长的经营管理能力怎么样

F_{26}您一个月内感到情绪低落的天数_____天；感到精神紧张、坐立不安的天数_____天；感到生活无法继续（未来没有希望）的天数_____天。

F_{27}您还希望合作社提供哪些服务？_____。

根据调查员观察进行打分（1~5分）

F_{28}受访者对调查的兴趣：_____。

F_{29}受访者对调查的疑虑（对你的信任程度）：_____。

F_{30}受访者衣着整洁程度：_____。

F_{31}受访者对调查的配合程度：_____。

F_{32}受访者能够快速明白问卷中的问题：_____。

F_{33}受访者在回答问题时，能够清楚表达自己的观点：_____。

F_{34}受访者的整体表现让你感觉相处起来舒服的程度：_____。

附录3　四川柑橘合作社问卷

问卷编号：_____　调研员姓名：_____　复核人：_____

地址：_____市_____县（市/区）_____镇（乡）_____村　调研日期：_____

合作社名称：_____　理事长姓名/电话：_____

A　理事长基本情况

A_1性别：_____。1＝男，0＝女

A_2年龄：_____岁

A_3受教育程度：_____年

A_4身体健康状况：_____。1＝很差，2＝较差，3＝一般，4＝较好，5＝很好

A_5您是否为党员：_____。1＝是，0＝否

A_6您家是否有村干部或公务员：_____。1＝是，0＝否

A_7您是否有过外出务工经历：_____。1＝是，0＝否

A_8现在除务农外，是否从事其他行业：_____。1＝是，0＝否

A_9 您是否拥有与农业生产经营相关的证书（如农艺师、农业职业经理人等）：_____。1＝是，0＝否

A_{10} 您是否接受过电商培训：_____。1＝是，0＝否

A_{11} 您更倾向于哪类生产经营项目：_____。1＝高风险，2＝一般风险，3＝低风险

A_{12} 您是否使用智能手机：_____。1＝是，0＝否；若是，使用年限_____年；每月话费_____元。

A_{13} 在智能手机上一般通过什么方式查询农业生产（技术/销售）信息（可多选）：_____。1＝没有学习，2＝抖音、快手等小视频，3＝微信中别人推送的文章，4＝直接百度，5＝其他（请注明）：_____。

A_{14} 柑橘种植年限：_____年。

A_{15} 您家是否有亲朋好友卖农资：_____。1＝是，0＝否

A_{16} 您家是否有亲朋好友卖水果：_____。1＝是，0＝否

B 合作社基本信息

B_1 合作社工商注册登记时间（如 2007.9）：_____。

B_2 发起人：_____。1＝政府部门，2＝企业，3＝村"两委"，4＝种养大户，5＝家庭农场，6＝普通农户，7＝其他（请注明）：_____。

B_3 注册时成员：_____人；现有成员：_____个，单位会员：_____个。

B_4 注册资本：_____万元，现有负债：_____万元，成员出资比例：_____（%）。

B_5 合作社与成员间合作方式（可多选）：_____。1＝资金互助，2＝经纪人角色，3＝雇工，4＝土地租金，5＝反租倒包，6＝其他（请说明）：_____。

B_6 合作社是否具有以下资产（可多选）：_____，若有，总价值约为_____元，政府补贴_____元。1＝都没有，2＝灌溉系统，3＝冷库，4＝运输车辆，5＝加工设备，6＝注册商标，7＝厂房，8＝农机（旋耕机、打草机等）

B_7 产品认证（可多选）：_____。1＝无，2＝地理标志产品，3＝食用农产品合格证，4＝绿色食品，5＝有机产品

B_8 品牌拥有情况（可多选）：_____。1＝无，2＝自有品牌，3＝

区域公用品牌，4＝其他（请注明）：_____。

B_9在本乡镇是否有其他柑橘合作社：_____。1＝有，0＝没有；若有，距离最近的有：_____千米。

B_{10}本乡镇其他柑橘合作社是否有以下产品认证（可多选）：_____。1＝无，2＝地理标志产品，3＝食用农产品合格证，4＝绿色食品，5＝有机产品，6＝不清楚

B_{11}与本乡镇其他柑橘合作社的竞争情况：_____。1＝非常小，2＝比较小，3＝一般，4＝比较大，5＝非常大

B_{12}示范社等级：_____。1＝非示范社，2＝县级，3＝市级，4＝省级，5＝国家级

B_{13}合作社是否聘职业经理人：_____。1＝有，年薪_____万元；0＝没有（跳至B_{15}）。

B_{14}职业经理人经营管理成就：_____。1＝很差，2＝较差，3＝一般，4＝较好，5＝很好

B_{15}与外部其他组织合作情况（可多选）：_____。1＝公司，2＝联合社，3＝协会，4＝产业化联合体，5＝其他（请注明）：_____；若与公司合作，公司与合作社之间关系是：_____。1＝相互独立，2＝公司从属于合作社，3＝合作社从属于公司。

C 柑橘生产服务情况

C_1柑橘的主要品种（限种植面积前3名）：_____。1＝春见（耙耙柑），2＝大雅柑，3＝不知火，4＝清见，5＝沃柑，6＝塔罗科血橙，7＝蜜橘，8＝爱媛，9＝其他（请注明）_____。

C_2 2020年合作社柑橘种植总面积_____亩；其中，合作社基地面积_____亩（其中，挂果园_____亩，幼园_____亩），成员经营面积_____亩。

C_3合作社是否进行土地流转：_____。1＝是，0＝否；若是，转入_____亩（租赁费_____元/亩/年，租赁期限_____年）。

C_4当前柑橘生产面临的主要风险是：_____。1＝自然风险，2＝市场风险，3＝技术风险，4＝政策风险，5＝其他（请注明）：_____风险程度：_____。1＝有较小风险，2＝有适当风险，3＝有较大风险，4＝风险很大。

C_5 合作社是否制定统一的生产技术规程：_____。1=是，0=否

C_6 合作社是否要求成员写田间生产记录档案：_____。1=是，0=否

C_7 合作社是否提供农资（种苗、农药、化肥、果袋等）统一购买服务：_____。1=是，0=否（跳至C8）；若是，服务覆盖成员比例_____（%），是否收手续费_____。1=是，0=否，比市场价格优惠多少_____（%）。

C_8 合作社对成员施用肥料的要求：_____。1=无要求，2=简单要求种类和品牌范围由成员自行施用，3=指定种类和品牌由成员自行施用

C_9 合作社对成员施用农药的要求：_____。1=无要求，2=简单要求种类和品牌范围由成员自行施用，3=指定种类和品牌由成员自行施用，4=追求高品质而不使用

C_{10} 合作社是否提供生产管理（栽种、施肥、除草、灌溉、修枝整形、套袋/摘袋、疏花疏果、柑橘采收等）服务：_____。1=是，0=否；若是，服务覆盖成员比例_____（%）。

C_{11} 在成员生产管理中，合作社对成员施用化肥、农药行为要求的严格程度

		填空：1~5 程度依次递增
CC_6	化肥使用量、使用次数、使用时间	[1] [2] [3] [4] [5]
CC_7	要求有机肥为主，化肥为辅	[1] [2] [3] [4] [5]
CC_8	要求仅使用有机肥、农家肥	[1] [2] [3] [4] [5]
CC_9	农药使用量、使用次数、使用时间	[1] [2] [3] [4] [5]
CC_{10}	要求仅使用生物防治和物理防治	[1] [2] [3] [4] [5]

C_{12} 合作社是否提供农机服务：_____。1=是，0=否；若是，服务覆盖成员比例_____（%），是否收手续费_____。1=是，0=否，比市场价格优惠多少_____（%）。_____。

C_{13} 合作社是否对成员开展以下生产技术培训（可多选）：_____。1=减量使用农药，2=农家肥处理技术，3=农药施用技术，4=生物农药施用技术，5=节水技术，6=有机肥施用技术，7=水肥一体施用技术，8=物理（生物）防虫技术，9=轮作、免耕等耕作技术，10=废

弃物利用技术，11＝疏花疏果技术，12＝修枝整形技术，13＝以上均无

C_{14}合作社是否为成员提供以下信息服务（可多选）：_____。1＝宣传农业可持续（绿色）发展的政策信息（政策），2＝科普绿色防控技术的相关信息（技术本身），3＝传递绿色农产品的市场信息（市场），4＝均无

C_{15}合作社是否提供分拣定级服务：_____。1＝是，0＝否；若是，服务覆盖成员比例_____（％）。

C_{16}合作社是否提供包装贴牌服务：_____。1＝是，0＝否；若是，服务覆盖成员比例_____（％）。

C_{17}合作社是否提供储藏运输服务：_____。1＝是，0＝否；若是，服务覆盖成员比例_____（％）。

C_{18}合作社是否提供深加工服务：_____。1＝是，0＝否；若是，服务覆盖成员比例_____（％）。

D 柑橘收购销售服务情况

D_1合作社是否提供收购服务：_____。1＝是，0＝否（跳至D_8）；若是，服务覆盖成员比例_____（％）

D_2合作社收购成员的柑橘产量：_____斤；占成员柑橘总产量的比例：_____（％），若非100％，原因为：_____。1＝成员产品质量不合格，2＝其他收购渠道价格更高，3＝合作社外销困难，无法收购全部柑橘，4＝其他（请注明）：_____。

D_3合作社与成员之间的购销方式：_____。1＝随行就市，2＝按质量分级，3＝按合同，4＝保底价

D_4合作社收购时是否制定统一的质量检测标准：_____。1＝是，0＝否；收购时是否对柑橘质量，特别是农药残留进行检查：_____。1＝从来不会，2＝偶尔会，3＝经常检测

D_5农药检测设备由谁购买：_____。1－合作社，2＝所在村，3＝所在乡，4＝购买柑橘经销商，5＝其他（请注明）_____；检测费用由谁承担：_____。1＝合作社，2＝所在村，3＝所在乡，4＝购买果子经销商，5＝其他（请注明）_____；大约多少_____元。

D_6收购是否签订合同：_____。0＝不签订合同，1＝签订书面合同，2＝口头协议

D₇如果有签订，是否有违约现象：_____。1＝是，0＝否；如果有违约，谁违约：_____。1＝成员（农户），0＝合作社；如果有违约，违约原因：_____。1＝产品质量不合格，2＝价格原因，3＝其他（请注明）：_____。

D₈ 2020年柑橘销售的难易程度：_____。1＝很困难，2＝较困难，3＝一般，4＝较容易，5＝很容易

D₉ 2020年柑橘销售价格的波动程度：_____。1＝很低，2＝较低，3＝一般，4＝较高，5＝很高；最高价格为_____元/千克，最低价格为_____元/千克。

D₁₀合作社是否提供销售服务：_____。1＝是，0＝否；若是，服务覆盖成员比例_____（％）。

D10合作社鲜销比例：_____（％），粗加工比例（清洗、包装、贴牌等）：_____（％），精深加工比例：_____（％）。

D₁₁合作社柑橘生产是否有订单：_____。1＝是，0＝否；若是，订单销售量比例_____（％）。

D₁₂合作社电商的主要具体渠道为（可多选）：_____。1＝自建电商平台，2＝第三方电商平台（淘宝、京东等），3＝微信平台，4＝抖音、快手，5＝拼多多，6＝其他（请注明）：_____。

D₁₃合作社农产品需求信息获得渠道（可多选）：_____。1＝长期积累形成的稳定关系，2＝参加展会，3＝网络，4＝政府推介，5＝其他（请注明）：_____。

D₁₄对成员违反绿色生产要求（如不按规定使用化肥农药）是否采取违规惩罚措施：_____。1＝无惩罚，2＝口头警示，3＝拒绝收购本年度柑橘，4＝合作社内部公示通报，5＝要求退社，6＝其他（请注明）：_____。

D₁₅对成员遵循绿色生产要求是否采取奖励措施：_____。1＝无奖励，2＝合作社内部表扬，3＝经济奖励，4＝其他（请注明）：_____。

D₁₆合作社是否促进了农业社会化服务企业与农户对接：_____。1＝是，0＝否；去年合作社举办农业社会化服务企业与农户的洽谈会的次数：_____次

E 合作社经营制度

E_1 经营模式：_____。1＝公司＋合作社＋基地，2＝合作社＋基地＋农户，3＝合作社＋农户，4＝联合社＋公司＋合作社＋基地＋农户，5＝其他（请注明）：_____。

E_2 农户加入合作社是否具有生产规模限制：_____。1＝是，规模为_____亩；0＝否。

E_3 成员入社是否调查其有无过往不良记录以排除信誉较差的农户：_____。1＝是，0＝否

E_4 成员是否可以自由退出合作社：_____。1＝是，0＝否

E_5 成员入股方式（可多选）：_____。1＝资金，2＝土地，3＝劳动，4＝技术，5＝柑橘树，6＝其他（请注明）：_____。

E_6 理事长持股比例：_____（％）；理事会成员持股比例：_____（％）；监事会成员持股比例：_____（％）；前三大股东持股比例_____（％）。

E_7 合作社事务的具体决策方式：_____。1＝完全由核心领导人决定，2＝理事会加核心领导者决定，3＝主要由理事会决定，4＝理事会决定并参考大部分成员意见，5＝成员一人一票

E_8 您认识合作社的成员数量比例：_____。1＝少数几户，2＝一半以下，3＝大部分，4＝全部

E_9 您认为合作社成员值得信任的比例：_____。1＝少数几户，2＝一半以下，3＝大部分，4＝全部

E_{10} 您与成员日常生活中的交流互动次数：_____。1＝很少，2＝较少，3＝一般，4＝较多，5＝很多

E_{11} 有多少成员清楚自己的权利与义务：_____。1＝很少，2＝较少，3＝一般，4＝较多，5＝很多

E_{12} 成员以正式或非正式的方式向合作社提意见或建议的次数：_____。1＝很少，2＝较少，3＝一般，4＝较多，5＝很多

E_{13} 普通成员在合作社事务决策过程中的参与度（1～5 程度依次递增）：_____

E_{14} 普通成员的意见在合作社事务决策中的影响力（1～5 程度依次递增）：_____

E_{15}是否拥有专职会计：_____。1=是，0=否

E_{16}合作社成员账户记录内容有（可多选）：_____。1=无成员账户，2=成员出资额，3=量化该成员的公积金份额，4=量化给该成员的政府财政扶持金额数额，5=其他（请注明）：_____

E_{17}是否定期向成员公开财务和运营状况：_____。1=是，0=否

E_{18} 2020 年召开成员（代表）大会：_____次；理事会：_____次；召开监事会：_____次。

E_{19}成员大会的主要表决方式为：_____，理事会和监事会的主要表决方式为：_____。

1=一人一票，2=一股一票，3=按生产经营规模比例入股并按股投票，4=有些事一人一票、有些事按股投票，5=按交易额与股金额结合一人一票，6=其他（请注明）：_____。

E_{20}理事会成员的产生方式：_____。1=全体成员选举产生，2=主要由股东决定，3=看是否在当地有声望，4=其他（请注明）：_____。

E_{21}合作社的盈余分配方式为：_____。1=无，2=按交易额（或量）分配，3=按股分红，4=平均分配，5=按交易额与按股分配相结合，以按交易额（或量）分配为主，6=按交易额与按股分配相结合，以按股分红为主，7=其他（请注明）：_____。

E_{22}合作社盈余分配中按交易额（量）返还的比例为：_____（%）

E_{23}合作社是否提取公积金：_____。1=是，0=否；比例为：_____（%）

E_{24}对参与管理的大股东，合作社如何给予回报：_____。1=没有额外的报酬，2=支付额外管理工资，3=其他（请注明）：_____。

E_{25}您认为合作社的规章制度是有用的：_____（1~5 分）。

F 合作社经营绩效

F_1 2020 年，合作社生产投入：_____万元，经营收入：_____万元，带动当地非成员：_____人。

F_2盈利能力与前两年相比：_____。1=差很多，2=差一点，3=没有差别，4=好一些，5=好很多

F_3 盈利能力与其他柑橘合作社相比：_____。1＝差很多，2＝差一点，3＝没有差别，4＝好一些，5＝好很多

G 外部环境

G_1 合作社距最近农资店的路程：_____千米；距最近果业站（政府农技部门）的路程：_____千米；距汽车站最近的路程：_____千米。

G_2 合作社所在村在所属乡镇的经济发展水平排名：_____。1＝最差，2＝中偏下，3＝中等，4＝中偏上，5＝最好

G_3 本乡镇是否有水果批发市场：_____。1＝是，0＝否，若有，距离为_____千米

G_4 本乡镇农资市场的发展水平：_____。1＝很低，2＝较低，3＝一般，4＝较高，5＝很高

G_5 本乡镇仓储保鲜、冷链物流的发展水平：_____。1＝很低，2＝较低，3＝一般，4＝较高，5＝很高

G_6 本乡镇快递等电商基础设施的发展水平：_____。1＝很差，2＝较差，3＝一般，4＝较好，5＝很好

G_7 本乡镇是否有柑橘生产专业服务队（如打枝队、采果队、嫁接队等）：_____。1＝是，0＝否

G_8 本乡镇是否有柑橘协会：_____。1＝是，0＝否

G_9 本乡镇是否有（经营水果）农业龙头企业：_____。1＝是，0＝否；是否有柑橘加工企业：_____。1＝是，0＝否

G_{10} 所在村庄的地形：_____。1＝丘陵，2＝平原，3＝山区

G_{11} 政府对合作社整体的扶持力度：_____。1＝很小，2＝较小，3＝一般，4＝较大，5＝很大

G_{12} 还希望政府提供哪些帮助或服务：_____。

G_{13} 合作社目前发展面临的最大困难是什么？_____。

G_{14} 您准备怎么解决这些困难？_____。

根据调查员观察进行打分（1~5分）（通过访谈，调查员认为）

Z_1. 该合作社是否有长远的发展规划：_____。

Z_2. 合作社理事长能够及时依据市场变化调整发展规划：_____。

Z_3. 该合作社在当地的影响力如何？_____。